W0011168

Prof. Dr. Ralf Beck

CROWD
INVESTING

Die Investition der Vielen

3. Auflage

Copyright 2014:
© Börsenmedien AG, Kulmbach

Covergestaltung: Jürgen Hetz, Denksportler Grafikmanufaktur
Buchsatz: Bernd Sabat, VBS-Verlagsservice
Umschlaggestaltung und Herstellung: Johanna Wack, Börsenmedien AG
Lektorat: Egbert Neumüller
Druck: CPI – Ebner & Spiegel, Ulm

ISBN 978-3-86470-205-1

Erstmals erschienen im Eigenverlag

Bibliografische Information der Deutschen Nationalbibliothek:
Die Deutsche Nationalbibliothek verzeichnet diese Publikation in der
Deutschen Nationalbibliografie; detaillierte bibliografische Daten
sind im Internet über <http://dnb.d-nb.de> abrufbar.

BÖRSEN ⟨N⟩ MEDIEN
AKTIENGESELLSCHAFT

Postfach 1449 • 95305 Kulmbach
Tel: +49 9221 9051-0 • Fax: +49 9221 9051-4444
E-Mail: buecher@boersenmedien.de
www.boersenbuchverlag.de
www.facebook.com/boersenbuchverlag

INHALTSVERZEICHNIS

5. KAPITEL

**Rechtliche Strukturierung des Engagements und ihre Folgen
für die Akteure** 135

6. KAPITEL

Risiken eines Crowdinvestings 161

7. KAPITEL

Anforderungen an Crowdinvesting-Plattformen 193

8. KAPITEL

Marktentwicklung und Perspektiven des Crowdinvestings 213

9. Kapitel
Volkswirtschaftlicher Nutzen eines Crowdinvestings

10. Kapitel
Fazit und Ausblick

Anhang

VORWORT
ZUR 2. ERWEITERTEN AUFLAGE

Seit Erscheinen der 1. Auflage dieses Buches am 22. Dezember 2012 hat sich bezogen auf das Thema Crowdinvesting sehr viel getan. Es ist schon fast fahrlässig von mir, erst jetzt eine neue Auflage herauszubringen! Manche Entwicklungen ließen sich seinerzeit schon vorhersehen, andere wiederum nicht. Neue Erkenntnisse, neue Marktgegebenheiten und die eine oder andere Überraschung warteten darauf, auf Papier gebannt zu werden. Woher stammen die neuen Dinge? Lesen und Nachdenken? Ja, auch, aber das sind nicht die Hauptquellen. Vielmehr kommt nunmehr die Betrachtung des Themas direkt aus meiner Praxis heraus hinzu, und dies aus drei unterschiedlichen Perspektiven: aus Sicht von Unternehmen, die ein Crowdinvesting eingingen beziehungsweise sich im Bewerbungsprozess befinden, aus der Blickrichtung eines Investors, der sich über ein Crowdinvesting an Unternehmen beteiligt hat, und schließlich vom Standpunkt der als Mittler fungierenden Internet-Plattformen aus.

Welche meiner Erfahrungen stehen nun genau hinter den drei Blickwinkeln?

1. Das aktive Begleiten von zwei Start-up-Unternehmen, die sich auf ein Crowdinvesting einzulassen gedachten. Eines der beiden Unternehmen wurde Mitte 2013 erfolgreich über ein Crowdinvesting finanziert, das andere befindet sich Anfang 2014 in der Bewerbungsphase.

2. Hinzu kommt natürlich – wie sollte es anders sein – meine Beteiligung als Investor an Start-up-Unternehmen, die durch Crowdinvesting finanziert wurden. Sechs Beteiligungen sind es genau genommen, verteilt über drei Plattformen.

3. Und: Ich konnte mehrere höchst interessante Gespräche mit handelnden Personen von Crowdinvesting-Plattformen führen, durch die sich manche in der 1. Auflage geäußerten Bedenken abschwächten oder sich sogar als unbegründet herausstellten.

Ein Update ist also unausweichlich, vielmehr sogar geboten. Klar, im zurückliegenden Jahr entwickelte sich der Crowdinvesting-Markt weiterhin höchst dynamisch nach vorne, und dies fast in dem Tempo, das ich zu Beginn des Jahres 2013 prognostiziert hatte. Auslösend für die Abweichung meiner Prognose nach unten war in erster Linie das für mich unerwartet späte Ingangkommen der Plattform *Bergfürst*, die sich auf großvolumige Crowdinvesting-Projekte stützt und deren frühzeitigeren Start ich schon fest eingeplant hatte.

Was vorab außerdem noch zu berichten wäre: Die Presse liebt das Crowdinvesting, und das nicht ohne Grund. Lässt sich doch ein ganz frisches und unverbrauchtes Thema präsentieren, das noch echten Neuerungswert hat, über womöglich immense Perspektiven verfügt und sich mit ganz spannenden und innovativen Geschäftsmodellen darbieten lässt. Natürlich gibt das Thema auch einem kritischen Journalismus Raum. Was will man mehr?

VORWORT ZUR 1. AUFLAGE

„Du entdeckst im Internet ein Projekt, bist von der Idee begeistert und kannst dich an dem Unternehmen sofort und auf völlig unkomplizierte Weise finanziell beteiligen, dies auf Wunsch schon mit geringen Geldbeträgen. Welche Zeiten!"

Der grundlegende Mechanismus eines Crowdinvestings funktioniert so:

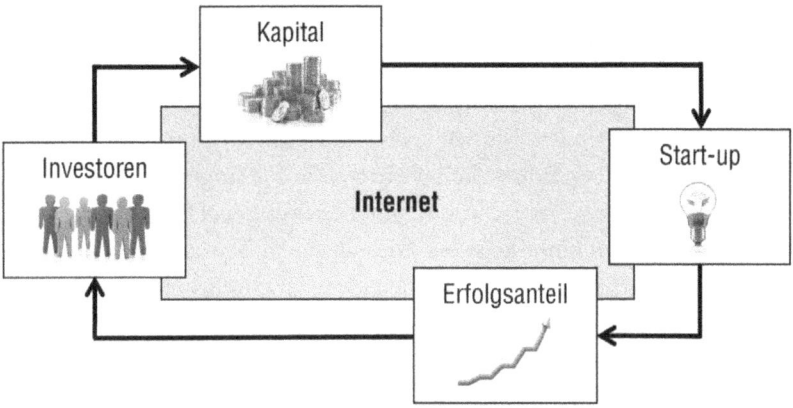

Abb. 1: Grundmechanismus eines Crowdinvestings

Über eine Internet-Plattform oder über eine eigene Projekt-Webseite wird Geld für zumeist innovative junge Unternehmen (Start-ups) eingesammelt. Die Geldgeber (Mikroinvestoren) erhalten im Gegenzug einen Erfolgsanteil an dem von ihnen ausgewählten Start-up-Unternehmen, was allerdings nicht zwingend bedeutet, dass der Investor tatsächlich auch am Vermögen des Unternehmens beteiligt wird.

„Hätte ich mich seinerzeit an der Gründung von Microsoft, Facebook und an wem nicht alles beteiligen sollen! Jetzt ist es viel zu spät, wie der Börsengang von Facebook zeigt. Ich brauche ganz neue Microsofts und Facebooks und muss von Beginn an dabei sein! Auch wenn das eine oder andere Projekt verendet, ich will dem Glück zumindest eine Chance geben. "

So oder so ähnlich wird vermutlich jemand denken, der ein typischer Crowdinvestor ist. Es sind keine großen Geldbeträge nötig, keine persönlichen Kontakte, keine komplizierten Formalitäten. Crowdinvesting ist (fast) etwas für jedermann. Übrigens: Wer Fachbegriffe nachlesen möchte, dem sei das Glossar ab Seite 250 dieses Buches nahegelegt.

Das Thema Crowdinvesting, manchmal auch als *Crowdinvestment* oder *Equity Crowdfunding* bezeichnet, gilt als *der* Megatrend im Hinblick auf die Finanzierung junger innovativer Unternehmen. Die Literatur über dieses nicht zuletzt in Deutschland neue Thema ist nach wie vor äußerst dürr, wenngleich an einigen Hochschulen kräftig in diese Richtung recherchiert und geforscht wird. In alter wissenschaftlicher Tradition überfordert ein Thema, das gerade erst rund drei Jahre alt ist, weitgehend das Reaktionsvermögen von wissenschaftlich Publizierenden. Müssen doch erst umfangreiche statistische Daten erhoben und sorgfältig anhand komplizierter Modelle ausgewertet werden, um erste (mutige) Aussagen zu treffen und zu veröffentlichen. Das aktive Begleiten von neuen Themen funktioniert so jedenfalls nicht. Schade. Ein Thema wie das Crowdinvesting lässt die Schwächen eines traditions-überladenen wissenschaftlichen Arbeitens sichtbar werden. Ein wenig gibt es aber inzwischen dennoch aus dem wissenschaftlichen Bereich, aber wirklich nur ein wenig. Die ansonsten aus der Praxis stammenden wenigen Buch- beziehungsweise Fachzeitschriften-Beiträge sind zumeist von nur geringer Qualität, vereinzelt sogar in völlig desolatem Zustand. Recht gut informiert hingegen die eine oder andere auf das Thema Crowdinvesting ausgerichtete Internet-Plattform.

Die ernüchternde Erkenntnis, dass die Thematik des Crowdinvestings in der deutschsprachigen Literatur bisher überwiegend entweder ohne oder mit wenig Kompetenz beziehungsweise nur aus speziellen Blickwinkeln heraus aufgegriffen wurde, war für mich das Signal, sämtliche mir relevant erscheinenden Aspekte dieses Themas zu recherchieren, zu durchdenken und im Rahmen dieses Buches ausführlich zu beschreiben. Wenngleich auch die internationale Entwicklung des Crowdinvestings Thema meines Buches ist, so liegt der Schwerpunkt doch eindeutig auf den entsprechenden deutschen Gegebenheiten und Marktentwicklungen.

Dieses Buch basiert auf einem breiten eigenen Erfahrungsschatz in der Unternehmenspraxis, auf umfangreichen Recherchen im Internet, dem Durcharbeiten nützlicher Bücher, Buchbeiträge und Artikel in Fachzeitschriften, dem Lesen von Gesetzestexten sowie der Diskussion mit am Thema Interessierten und selbstverständlich mit Playern aus der Crowdinvesting-Szene. Herausgekommen ist ein (so hoffe ich) verständlich geschriebenes Buch mit wissenschaftlicher Fundierung, soweit dies möglich war und sinnvoll erschien. Anders als in der 1. Auflage, die über weite Strecken allein auf eigenen Überlegungen und manchmal auf intuitiven Einschätzungen beruhte, liegen nunmehr vermehrt konkrete Erfahrungen und schon deutlich mehr statistische Daten vor.

Ziel dieses Werkes ist es, umfassend, interessant, fundiert und doch für (fast) jedermann lesbar und verständlich zu sein, letztlich aber auch neue Ideen und Ansichten zum Thema beizusteuern, womit sicherlich auch Ansatzpunkte für vertiefende Forschungsprojekte geliefert werden können, die manches bestätigen, vielleicht aber auch das eine oder andere in diesem Buch Geschriebene widerlegen mögen.

Erst während ich dieses Buch verfasste, wurde mir wirklich klar, wie revolutionär das Crowdinvesting tatsächlich ist und wie schwierig es sich gestaltet, diese neue Finanzierungsform so ohne Weiteres in klassische Denkmuster einzuordnen. Sorry, wenn zwischendurch unwillkürlich meine Begeisterung für dieses neue Instrument durchkommen mag und dadurch möglicherweise ein klein wenig die Objektivität gelitten zu haben scheint. Das war nicht gewollt. Und: Manchmal finden sich sogar etwas überspitzte Formulierungen, z. B. wenn es um die Stellung von Banken geht.

Viel Spaß beim Lesen!

EINLEITUNG

Viele höchst interessante und Erfolg versprechende unternehmerische Ideen gelangen deshalb nicht zur Umsetzung, weil die Finanzierung nicht steht. Die Gründer selbst und ihr privates Umfeld können oftmals nicht genug finanzielle Mittel aufbringen. Aufgrund ihrer hohen Risikoaversion tragen Banken zur Finanzierung junger innovativer Unternehmen wenig beziehungsweise nichts bei. Manchmal gelingt es den Gründern, Risikokapital von vermögenden Privatpersonen oder über Venture-Capital-Gesellschaften einzuwerben. Auf diesem Wege stoßen die potenziellen Gründer aber zumeist auf vorsichtige Investoren, die äußerst selektiv vorgehen und sich vor allem auf größere Projekte konzentrieren. Gerade kleinere Gründungsvorhaben fallen daher oftmals durch das Raster des Kapitalmarkts. Im Bewusstsein dieser Schwierigkeiten stellt die öffentliche Hand Fördermittel für die Gründung innovativer Unternehmen zur Verfügung, aber auch dies trifft wiederum auf Hürden, die viele Gründer nicht überwinden. Was bleibt, ist eine beträchtliche Finanzierungslücke für Unternehmensgründungen (Start-ups). Ein Crowdinvesting erscheint durchaus geeignet, entsprechende Lücken in der Finanzierung nennenswert zu reduzieren, und kann somit eine wichtige volkswirtschaftliche Rolle übernehmen.

Beim Crowdinvesting handelt es sich um eine neuartige Finanzierungsform, bei der über das Internet Investoren für die Finanzierung von zumeist neuen, innovativen Unternehmen gesucht werden, manchmal aber auch für schon länger am Markt befindliche Unternehmen. Die Investoren können sich bereits mit relativ geringen Geldbeträgen engagieren. Entsprechend viele Geldgeber werden beim Crowdinvesting fast immer benötigt, um den erforderlichen Finanzierungsbetrag zusammenzubekommen. In der Vergangenheit waren die Transaktionskosten für das Einsammeln kleiner Beträge über viele Investoren zu hoch, um ein Crowdfunding oder -investing lohnenswert erscheinen zu lassen. Das Internet hat die Transaktionskosten signifikant reduziert und damit günstige Voraussetzungen für Unternehmensfinanzierungen anhand oft nur kleiner Beträge geschaffen, die von vielen Personen (= *die Crowd*) beigesteuert werden.[1]

Das Crowdinvesting ist eine spezielle Form des weiter gefassten Begriffs Crowdfunding. Beim Crowdfunding, auch als Schwarmfinanzierung bezeichnet, finanzieren viele Geldgeber gemeinsam ein Projekt, wobei dies z. B. eine Musikproduktion sein kann, ein Film, ein aufwendiges Computerspiel oder eine Erfindung. Das bislang größte Crowdfunding-Projekt ist „Star Citizen". Dabei handelt es sich um ein PC-Spiel, das auf einer extrem aufwendigen Weltraum-Simulation fußt. Über die eigene Webseite des Projektträgers sowie über das Crowdfunding-Portal *Kickstarter* kamen bislang mehr als 330.000 Geldgeber zusammen, die in Summe über 36 Mio. US-Dollar beisteuerten. Das in Deutschland bekannteste Crowdfunding-Projekt ist der Kinofilm *Stromberg*, für den mehr als 3.000 Investoren gemeinsam über 1 Mio. Euro aufbrachten. Der Film wird 2013/2014 gedreht und soll 2014 die Kinos kommen.

Bei einem Crowdfunding steuern die Geldgeber für das jeweilige Projekt finanzielle Mittel entweder schenkungsweise bei oder sie erhalten eine wie auch immer geartete Gegenleistung. Sie werden etwa im Abspann des Filmes aufgeführt, den sie gesponsert haben; sie erhalten eine CD des unterstützten Musikprojekts; sie bekommen T-Shirts mit einem Aufdruck des finanzierten Projekts[2] oder der Geldgeber erhält eine finanzielle Erfolgsbeteiligung am Projekt beziehungsweise am Projekt-Unternehmen. Wird den zahlreichen Investoren, die im Allgemeinen über das Internet auf das Projekt stoßen, eine Erfolgsbeteiligung an dem Projekt-Unternehmen eingeräumt, dann handelt es sich um ein Crowdinvesting. Der Begriff wird später noch präziser beschrieben.

Ein Crowdinvesting können die Gründer entweder selbst über eine von ihnen eigens dafür eingerichtete Webseite initiieren, oder sie bedienen sich einer Crowdinvesting-Plattform. Es gibt Plattformen, die sich ausschließlich auf das Crowdinvesting konzentrieren, und solche, die das Crowdinvesting

---

1   Vgl. Bradford, C. S. (2012), S. 5.
2   Vgl. Klöhn, L./Hornuf, L. (2012), S. 239.

als eine von verschiedenen Leistungen anbieten. Letzteres ist z. B. dann der Fall, wenn eine klassische Crowdfunding-Plattform, wie etwa *Kickstarter*, neben ihrem bisherigen Angebot auch ein Crowdinvesting in ihr Programm aufnimmt.

Das Crowdinvesting ist ohne Umweg für jedermann leicht zugänglich, der über einen Internetzugang verfügt. Teils ist eine Beteiligung an Unternehmen schon mit sehr geringen Beträgen möglich, die vereinzelt sogar schon im einstelligen Euro-Bereich beginnen. In gewisser Weise ähnelt das Crowdinvesting einer Anlage in Aktien, aber tatsächlich eben nur in gewisser Weise. Aktien haben z. B. die Eigenschaft, dass ihre Herausgabe an ein breites Publikum (über die Börse) an deutlich umfangreichere Sorgfalts- und Informationspflichten des Emittenten gebunden ist als bei einem typischen Crowdinvesting. Aktien werden allerdings – völlig anders als beim Crowdinvesting – nur in den seltensten Fällen für junge innovative Unternehmen aufgelegt.

Meines Erachtens weist das Crowdinvesting ein enormes Zukunftspotenzial auf. Diese Einschätzung fußt auf drei positiven Argumenten: Erstens lässt sich die bereits angesprochene nicht unerhebliche Finanzierungslücke für innovative Unternehmer deutlich verringern und wird daher zahlreiche potenzielle Gründer interessieren, die sich um Kapital bewerben. Zweitens treffen die potenziellen Kapitalgeber, also die Anleger, auf eine Vielzahl höchst interessanter Projekte, an denen sie sich beteiligen können, anders als etwa bei Aktien, die im Regelfall zu sehr großen Unternehmen mit eher „langweiligen" Geschäften angeboten werden. Drittens ist das System sehr einfach und unkompliziert zugänglich, dies teils sogar mit äußerst geringem Geldeinsatz. Es eignet sich deshalb für eine breite Masse von Personen, die nahezu barrierefrei (oft nur mit wenigen Klicks und Eingaben) Zugang zu spannenden Investments finden können.

Dennoch soll nicht verschwiegen werden, dass es einige wesentliche kritische Punkte gibt, die das künftige Schicksal des Crowdinvestings nachhaltig beeinflussen werden. So ist zunächst das Risiko des Scheiterns von Projekten und damit des Verlusts des Kapitaleinsatzes als relativ hoch einzustufen, etwa im Vergleich zu einem Investment in Aktien. Weisen zu viele Projekte eine geringe Qualität auf und gibt es übermäßig viele Nachrichten über gescheiterte Projektverläufe, dann wird der Ruf des Crowdinvestings darunter womöglich stark leiden. Anzumerken ist jedoch, dass sich die Risikolage aus Sicht eines Kapitalgebers relativiert, weil er bei einigen Plattformen mit ganz geringen Beträgen einsteigen kann, deren Totalverlust nicht allzu schmerzhaft ist. Auch das Lottospielen ist sehr beliebt, obgleich die Spieler immer wieder Totalverluste ihres Einsatzes zu verzeichnen haben. Jedoch nicht nur gescheiterte Projekte allein könnten problematisch sein, sondern auch Crowdinvesting-Plattformen, die Seriosität vermissen lassen.

Und weiter: An die Bereitstellung von Kapital durch den Investor lassen sich die verschiedensten Rechte und Pflichten knüpfen. Das sehr hohe Maß an Disponierbarkeit birgt ein gewisses Risiko, nämlich dass der (unerfahrene) Investor im Dschungel der vertraglichen Vereinbarungen untergeht und möglicherweise trotz eines sich blendend entwickelnden Start-up-Unternehmens nur vergleichsweise mäßig profitiert. Die bisherigen Crowdinvesting-Plattformen sind hinsichtlich ihrer für die Investments angebotenen Konditionen in durchaus unterschiedlichem Maße als sachkundig und fair anzusehen.

Ein weiterer Punkt: Die Finanzierung über ein Crowdinvesting lässt sich in Deutschland zum Teil nur bis zu einem vom Publikum gemeinsam aufgebrachten Maximalbetrag in Höhe von 100.000 Euro je Projekt ohne Probleme organisieren. Für darüber hinausgehende Beträge hält das Vermögensanlagengesetz (VermAnlG) Regulierungen bereit, die ein höheres Finanzierungsvolumen in vielen Fällen impraktikabel werden lassen, weil eine Prospektpflicht für das Start-up-Unternehmen erwächst, deren Erfüllung teuer ist. Es gibt jedoch eine wesentliche Ausnahme! Das partiarische Nachrangdarlehen fällt durch das Raster der Kapitalmarktaufsicht, da es weder den Hürden des Kreditrechts noch den Einschränkungen des VermAnlG unterliegt. Das partiarische Nachrangdarlehen befindet sich im Niemandsland, was für das Crowdinvesting ein echter Glücksfall ist. Nur durch eine Gesetzeslücke wird also hierzulande ein Ausbremsen volkswirtschaftlich wichtiger Entwicklungen vermieden, die ein ausgedehntes Crowdinvesting zu erzeugen in der Lage ist. Die 100.000-Euro-Grenze resultiert vermutlich aus dem bisherigen Streben des Gesetzgebers, (einseitig) die vermeintlichen Interessen der Anleger vertreten zu wollen. Nur: Der Anleger möchte so sicherlich nicht vertreten und bevormundet werden, sondern lieber ungestört und eigenverantwortlich sein Geld anlegen und vermehren. Der Gesetzgeber hatte womöglich bisher noch ein altes Bild von überwiegend naiven Investoren im Kopf, die nicht verstehen, dass das eingesetzte Geld auch mal verloren gehen kann. Inzwischen haben sich die Anleger jedoch emanzipiert, sie wissen, was Verluste sind und wo diese entstehen können. Der Bildungsstand in Bezug auf Geldanlagen ist im Laufe der Zeit gestiegen und wirklich niemand hierzulande muss (noch) wie ein Kind oder wie ein Amerikaner[3] behandelt werden, wenn es um die Anlage von Geld geht. Ergo: Die 100.000-Euro-Hürde sollte nach Möglichkeit beseitigt werden, um einen Beitrag zum Ankurbeln der Wirtschaft zu leisten und die interessierten Anleger an diesem Erfolg teilhaben zu lassen.

Will man dem Anleger Eigenkapital oder eigenkapitalähnliche Finanzierungsformen anbieten, dann steht also hierzulande bisher zum Teil die 100.000-Euro-Hürde im Weg. Erst bei wiederum sehr hohen Finanzierungsbeträgen lässt sich die gesetzlich aufgebaute Kostenhürde überspringen. Dazwischen befindet sich eine für das Crowdinvesting störende Klippe, die – wie bereits erwähnt – zwar durch das (zufällig) durch das Raster fallende partiarische Nachrangdarlehen umschifft werden kann, jedoch vermutlich nicht dauerhaft. Einmal erkannte Lücken werden oft geschlossen, auch dann, wenn sie ein Segen sind.

Es könnte allerdings weitaus schlimmer sein. Andere Länder, andere Sitten: In den USA ist ein Crowdinvesting aufgrund erheblicher gesetzlicher Restriktionen bislang so gut wie ausgeschlossen (Stand: Anfang 2014). Die missliche Situation in den USA wird sich allerdings in Kürze ändern. Bereits verabschiedete neue gesetzliche Regelungen für den US-amerikanischen Kapitalmarkt werden im Rahmen des sogenannten JOBS Acts voraussichtlich ab Mitte 2014 anwendbar sein und das bisherige Problem beseitigt beziehungsweise zumindest reduziert haben. Dann ist in den USA mit einem massiven Durchbruch im Hinblick auf das Crowdinvesting zu rechnen, zumal die USA klarer Rekordhalter im Crowdfunding sind. Eine der weltweit bislang aktivsten Crowdinvesting-Plattformen stammt im Übrigen aus Deutschland. Es handelt sich um das Portal *Seedmatch*.

Nicht zuletzt aufgrund der massiv veränderten rechtlichen Rahmenbedingungen in den USA ist zu erwarten, dass sich der Crowdinvesting-Markt insgesamt höchst dynamisch entwickeln wird. Neue Crowdinvesting-Plattformen schießen wie Kraut aus dem Boden und bestimmt nicht wenige von

---

3 In den USA gibt es tatsächlich noch ein den Anleger stark bevormundendes Kapitalmarktrecht, das den Anleger im Grunde für „unmündig" erklärt. Das soll sich allerdings bezogen auf das Crowdinvesting Mitte 2014 bessern.

ihnen werden dem Selektionsprozess des Marktes später wieder zum Opfer fallen. Erste Abgänge gab es schon. Was heute noch gilt, wird morgen schon Geschichte sein. Die Beschreibung des Crowdinvesting-Marktes – sowie der dort momentan aktiven Plattformen – kann im Rahmen dieses Buches natürlich nur eine Momentaufnahme sein, denn die Veränderungen gehen rasend schnell vonstatten. Was jedoch ohne Zweifel bleibt, sind die in diesem Buch geschilderten grundlegenden Wirkungszusammenhänge eines Crowdinvestings und die hohe Wahrscheinlichkeit, dass die Finanzierung in der Gründungsphase von Unternehmen durch das Crowdinvesting massiv beeinflusst wird.

2. KAPITEL

GRUNDLAGEN DES CROWDFUNDINGS UND DES CROWDINVESTINGS

2.1 Funktionsweise und Begriff des Crowdinvestings und des Crowdfundings

Idealtypisch läuft ein Crowdinvesting in folgenden Schritten ab:

1. Schritt
Gründer oder auch etablierte Unternehmen stellen aussagekräftige Unterlagen über ihr Projekt (Businessplan) und ein Video über ihr Vorhaben zur Verfügung.

2. Schritt
Die Projektunterlagen werden vom Betreiber der Crowdinvesting-Plattform geprüft. Im Falle eines positiven Votums werden die konkreten Bedingungen festgelegt und die für ein weiteres Engagement erforderlichen Vertragsunterlagen (in der Regel anhand vorbereiteter Musterverträge) erstellt.

3. Schritt
Das Projekt wird freigeschaltet, d. h., es wird auf der Crowdinvesting-Plattform präsentiert. Die potenziellen Kapitalgeber (= Mikroinvestoren) können nun die Projektunterlagen des (Start-up-)Unternehmens einsehen und sich innerhalb eines fest definierten Zeitraums (Funding-Zeitraum) unmittelbar über die Internet-Plattform am gewünschten Unternehmen beteiligen, vorbehaltlich des Erreichens der Funding-Schwelle. Falls der Schwellenwert für die Finanzierung nicht erreicht wird, erhalten die Mikroinvestoren ihr Geld zurück.

4. Schritt
Das (Start-up-)Unternehmen erhält den Finanzierungsbetrag und baut sein Geschäft auf oder aus. Der Investor erhält turnusmäßig Informationen über den Geschäftsverlauf, und wenn das Projekt erfolgreich ist, erhält er seinen zuvor vertraglich vereinbarten Erfolgsbeitrag.

Abb. 2: Idealtypische Schritte eines Crowdinvestings

Zu Schritt 1: Auf der Crowdinvesting-Plattform findet sich im Regelfall eine Rubrik, welche die kapitalsuchenden Unternehmer gezielt anspricht. Dort werden diese aufgefordert, Kontakt mit der Plattform aufzunehmen und bestimmte Informationen, Unterlagen und Nachweise an den Plattformbetreiber weiterzureichen. Es muss sich nicht zwingend um Gründer handeln, die sich melden, denn auch bereits etablierte Unternehmen können sich per Crowdinvesting finanzieren.

Zu Schritt 2: Die Auswahl derjenigen Vorhaben, die auf die Crowdinvesting-Plattform gestellt werden, erfolgt anhand eines durch den jeweiligen Plattformbetreiber organisierten Prozederes. Auf Basis der erhaltenen Informationen und Unterlagen, ergänzt durch persönliche Gespräche, wird der Portalbetreiber ihm geeignet erscheinende Projekte auswählen. Auswahlkriterien, Vorgehensweisen und Intensität der Selektionsverfahren unterscheiden sich von Portal zu Portal. In Schritt 2 wird zudem festgelegt, welche Informationen über das Projekt auf die Plattform gestellt und damit für eine breite Öffentlichkeit einsehbar werden. Dabei müssen etwaige Geheimhaltungsbedürfnisse der Gründer beachtet werden, denn manchmal ist eine Idee schon dann fast wertlos, wenn sie vorzeitig veröffentlicht wird, andere sie ohne Weiteres aufgreifen und schnell selbst umsetzen können. Wird deshalb oder aus anderen Gründen von den Kapitalsuchenden viel Geheimniskrämerei betrieben, dann wird es kaum möglich sein, genug Interessenten zu finden, die Kapital beisteuern. Andererseits ist es auch nicht sinnvoll, die potenziellen Anleger mit Informationen zu überfrachten. Diese möchten sich in aller Regel in angemessener Zeit einen Eindruck über das Projekt verschaffen. Oftmals eignen sich zu Präsentationszwecken ein kurzer Imagefilm sowie ein pointierter und dennoch informativer Businessplan.

In Schritt 2 ist des Weiteren eine Bandbreite für die Crowd-Finanzierung festzulegen, die einen Mindestbetrag (= Funding-Schwelle) und einen Maximalbetrag (= Funding-Limit) für das von der Crowd aufzubringende Gesamtkapital vorgibt. Aufgrund der Prospektpflicht, die in Deutschland bei einem Funding-Volumen von über 100.000 Euro oftmals greift, liegt das Funding-Limit, also die Finanzierungsobergrenze, hierzulande manchmal bei exakt diesen 100.000 Euro. Inzwischen haben viele Plattformen jedoch Mittel und Wege gefunden, die 100.000-Euro-Schwelle (deutlich) zu übertreffen. Die Funding-Schwelle, also der zum Wirksamwerden der

Finanzierung nötige und von der Crowd beizusteuernde Mindestfinanzierungsbetrag, lag bei den insgesamt 96 von mir untersuchten Projekte jeweils in einer Bandbreite von 25.000 bis 100.000 Euro und damit teils sehr weit unterhalb des Funding-Limits, also der Obergrenze für die Finanzierung. Bei einem Projekt belief sich die untere Schwelle auf 150.000 Euro und bei einem weiteren sogar auf 250.000 Euro. Über die Schwellenwerte hinaus muss natürlich noch ein Zeitraum festgelegt werden, in dem das Funding möglich ist (Funding-Zeitraum). Bei der Plattform *Seedmatch* beispielsweise beträgt der standardmäßig angesetzte Zeitraum dafür 60 Tage.

Zu Schritt 3: Nach Freischaltung des Start-up-Projekts beziehungsweise des Finanzierungsgesuchs eines etablierten Unternehmens auf der Plattform kann sich der potenzielle Investor innerhalb des festgelegten Funding-Zeitraums für die Finanzierung bewerben. Zu diesem Zweck gibt es auf den Webseiten der Plattformen „Buttons", über deren Anklicken der registrierte Nutzer seine Beteiligungsabsicht verbindlich kundgibt. Falls das Funding-Limit vor Ablauf der Finanzierungsfrist erreicht wurde, es aber weitere Interessenten gibt, die sich beteiligen wollen, muss eine Auswahl erfolgen. In diesem Falle kann nicht jeder Interessent zum Zuge kommen, der an dem Projekt teilhaben möchte. Wer von den Kapitalgebern letztlich das Rennen macht, wird fast immer nach dem sogenannten Windhundverfahren entschieden, d. h., wer zuerst kommt, der ist dabei. Eine Ausnahme bildet hier die Plattform *Innovestment*, die ein Auktionsverfahren vorsieht, bei dem die besten Gebote zum Zuge kommen. Erwähnt sei nochmals, dass das Investment nur dann zustande kommt, wenn die von den Bewerbern gemeinsam aufgebrachte Finanzierung die Funding-Schwelle erreicht. Ist dies nicht der Fall, erhalten die Kapitalgeber ihr Geld vollumfänglich zurück. Ein Verfehlen der Funding-Schwelle löst also für den Investor keinerlei finanziellen Verlust aus.

Zu Schritt 4: Nicht selten wird die Funding-Schwelle noch während des Funding-Prozesses hochgesetzt. Das passiert häufig, wenn die erste Schwelle sehr schnell erreicht wird. Wenn nach Ablauf des Funding-Zeitraums der zuvor festgesetzte Mindestbetrag erreicht wurde, erhalten die Gründer beziehungsweise die etablierten Unternehmen den erzielten Gesamtbetrag und können damit arbeiten. Danach werden die Investoren turnusmäßig per Internet über die Geschäftsentwicklung informiert.

Die Crowdinvesting-Plattform Companisto schreibt:[4]

„Ferner berichten die Start-ups in regelmäßigen Abständen zu ihrem Geschäftsverlauf. Die Informationsrechte sind daher mit denen eines Aktionärs vergleichbar."

Die Plattform *Seedmatch* gibt dazu Folgendes bekannt:[5]

„Das Start-up muss Ihnen jeweils zum 30. der Monate Januar, April, Juli und Oktober einen Quartalsbericht und darüber hinaus den Jahresbericht über den Investor-Relations-Kanal, den jedes Start-up auf Seedmatch besitzt, zur Verfügung stellen."

In dieser oder ähnlicher Form wird die laufende Information auch bei anderen Portalen organisiert. Zu diesem Zweck müssen die Unternehmer natürlich die erforderlichen Informationen liefern, wozu sie vertraglich verpflichtet wurden. Des Weiteren kann der Investor nun den zugesagten Erfolgsbeitrag beanspruchen, der etwa in einer Beteiligung am Jahresergebnis des Start-ups und/oder in der Wertsteigerung des Unternehmens liegen kann, die bis zum Ausstieg des Investors nach einer bestimmten Mindestlaufzeit erreicht wurde. Das Thema Erfolgsbeitrag ist recht komplex, weshalb ihm später zwei Abschnitte (Gliederungspunkte 4.2.3 und 4.2.4) gewidmet werden.

Der Begriff Crowdinvesting soll nun genauer beschrieben werden. Es sei vorweggenommen: Der Terminus Crowdinvesting ist durchaus nicht so ohne Weiteres trennscharf abzugrenzen. Deshalb wird die begriffliche Seite an dieser Stelle ausführlich diskutiert, was zudem den Vorteil hat, ganz nebenbei einige interessante Einsichten in das Thema liefern zu können. Klöhn/Hornuf definieren Crowdinvesting wie folgt: [6]

---

4   Siehe Webseite von *Companisto* unter den „FAQ": www.companisto.de/faq (Zugriff 9.1.2014).
5   Unter der Rubrik „FAQ" auf der Webseite von *Seedmatch*: www.seedmatch.de/faq;jsessionid =0AF6607935B00A1210208F856C4E5A16.seedmatch-node1 (Zugriff: 29.12.2013).
6   Vgl. dazu etwa Klöhn, L./Hornuf, L. (2012), S. 239.

„Hierbei handelt es sich um eine Form von Crowdfunding, bei dem Emittenten Eigenkapital oder hybride Finanzierungsinstrumente über das Internet an Kleinanleger ausgeben. "

Diese Begriffsbestimmung ist meines Erachtens treffend gewählt, jedoch in dieser Form wahrscheinlich nur Eingeweihten leicht verständlich. Ich hole daher etwas weiter aus.

Um dem Begriff Crowdinvesting näher zu kommen, greife ich zunächst auf die zwei darin enthaltenen begrifflichen Komponenten zurück. Der englischsprachige Terminus „crowd" lässt sich unter anderem mit „Menge", „Ansammlung" oder „Menschenmasse" übersetzen. Der Begriffsbestandteil „investing" ist auf das Verb „to invest" zurückzuführen und bedeutet (welche Überraschung!) „investieren" beziehungsweise „anlegen". Der Begriff Crowdinvesting drückt also vordergründig zunächst aus, dass es sich um eine größere Menge an Personen handelt, die investiert. Mit Crowdinvesting ist aber noch mehr gemeint als das. Um dem genauen Begriffsinhalt auf die Spur zu kommen, gehen wir auf die „historischen" Wurzeln des Begriffs zurück.

Ausgangspunkt ist zunächst der Begriff des Crowdsourcings, der erstmals im Jahr 2006 in öffentlichen Medien auftauchte.[7] Beim Crowdsourcing handelt es sich um jedwede Form „des Auslagerns von Wissensgenerierung und Problemlösung"[8] an eine Masse von Personen (im Folgenden auch: *die Crowd*), was sich besonders gut über das Internet realisieren lässt. Manchmal sind es außenstehende Experten und oftmals auch interessierte Laien, die einem Unternehmen beim Crowdsourcing ihr (Fach-)Wissen via Internet zur Verfügung stellen und dafür im Gegenzug meist eine wie auch immer geartete Belohnung erhalten. Hierbei wird auch von Schwarmauslagerung gesprochen. Unternehmen können anhand eines Crowdsourcings bestimmte Aufgaben an eine breite Masse von fremden Personen auslagern. Grundgedanke ist dabei folgender: Fachleute in Unternehmen sind teuer und bleiben zudem manchmal in ihrem eigenen Erfahrungshorizont stecken. Sie sind daher nicht unbedingt immer in der Lage, bestmögliche Lösungen zu finden. Mit der systematischen Einbindung einer größeren Menge an Personen in

---

7   Vgl. Howe, J. (2006), S. 1.
8   Gassmann, O. (2010), S. 14.

ein Projekt kann die Wahrscheinlichkeit erhöht werden, kostengünstig eine optimale Lösung zu finden. Natürlich eignet sich nicht jede Art von Projekt für eine Auslagerung der Problemlösung an eine breite Masse. Wenn zum Beispiel die Datensicherheit und/oder die Geheimhaltung des Projekts sehr wichtig sind, ist ein Crowdsourcing in der Regel nicht geeignet.

Außerdem wäre es nicht zielführend, Projekte über ein Crowdsourcing bearbeiten zu lassen, wenn die Lösung ein sehr hohes Fachwissen voraussetzt und es somit nicht sinnvoll ist, sich an eine große Masse an Personen zu wenden. Die Quote nutzloser Antworten wäre wahrscheinlich viel zu hoch und das Herausfiltern passender Lösungen zu aufwendig. Ein Crowdsourcing eignet sich besonders zur Generierung von Ideen, weniger oder gar nicht jedoch zur Lösung komplexer Sachverhalte. Für komplexere Dinge, die nicht im eigenen Hause bearbeitet werden können oder sollen, wäre eher ein Outsourcing an professionelle Fachleute sinnhaft. Beim – manchmal unliebsamen – Outsourcing handelt es sich um die Auslagerung von Aufgaben an Drittunternehmen, also nicht an eine (unbekannte) Masse.

Die Überlegung, die Generierung von Wissen und Problemlösungen an einen breiten außenstehenden Personenkreis auszulagern, existiert natürlich schon länger und entstand nicht erst dann, als der Begriff Crowdsourcing aufkam. So wurden einem Crowdsourcing entsprechende Konzeptionen etwa schon im Jahr 2003 unter der Bezeichnung „Open Innovation" beschrieben.[9]

Das Crowdsourcing stand Pate für den nur geringfügig jüngeren Begriff des Crowdfundings, der ebenfalls im Jahr 2006 aufkam, und zwar im Zusammenhang mit den ersten über das Internet erfolgreich finanzierten Projekten von Künstlern über die Plattform *SellaBand*. Das Crowdfunding greift zunächst den Grundgedanken des Crowdsourcings auf, nutzt die Crowd allerdings nicht dazu, Informationen, Wissen oder Lösungen beizusteuern, sondern vielmehr um finanzielle Mittel für Projekte zu beschaffen.

Inzwischen haben sich für die Finanzierungsaktivitäten der Crowd drei verschiedene Oberbegriffe etabliert, die das Gleiche meinen: *Crowdfinance*, *Crowdfinancing* und *Crowdfunding*. Sie schlüsseln sich wie in nachfolgender Abbildung 3 gezeigt auf. Hierbei fällt auf, dass der Begriff Crowdfunding doppelt erscheint, und das in zwei sich eigentlich gegenseitig ausschließen-

---

9   Vgl. etwa Chesbrough, H. W. (2003), S. XXIV.

den Abgrenzungsformen: einerseits als Oberbegriff und andererseits als ein darunter fallender Unterbegriff. Wie geht das zusammen? Ja, es existieren in der Tat zwei unterschiedliche Begriffsverständnisse im Hinblick auf das Crowdfunding, was immer wieder zu Missverständnissen führt! Erstens: Crowdfunding wird in dem Sinne verstanden, dass es sich um künstlerische Projekte, Events, kreative Produktideen und Ähnliches handelt, die finanziert werden. Zweitens: Crowdfunding wird umfassender verstanden, indem auch die Beteiligung an ganzen Unternehmen sowie gegebenenfalls sogar die Speisung von Krediten durch Private (Anleger) mit erfasst werden.

Crowdfunding, Crowdfinance, Crowdfinancing			
Crowdfunding (im engeren Sinne)		Crowdinvesting	Crowdlending
ideelle Unterstützung auf Spenden basierend (ohne materielle Gegenleistung)	Produkt- oder Projektbeteiligung auf Belohnungen basierend (materielle Gegenleistung oft geringer als der hingegebene Geldbetrag)	Geldanlage auf erfolgsabhängigen Zahlungen basierend (meist mit Beteiligung an Ergebnis und Wertsteigerung des Unternehmens)	Geldanlage auf Zinszahlungen plus Tilgung basierend
• künstlerische Projekte (Musik, Film, Video) • Events • Produktideen (Produkte, Mode, Spiele) • sonstige (kreative) Projekte		• Beteiligungen an Unternehmen (insbesondere stille Beteiligungen) • Kredite an Unternehmen (insbesondere partiarische Darlehen)	• Kredite an Privatpersonen • Kredite an Unternehmer
Plattformen • **Startnext** • inkubato • pling • Visionbakery		**Plattformen** • **Seedmatch** • Companisto • Innovestment • Bergfürst • Deutsche Mikroinvest • und ca. 15 weitere	**Plattformen** • **auxmoney** • smava • Lendico • finmar
• Fundsters			

Abb. 3: Einordnung der Begriffe Crowdfunding, Crowdinvesting und Crowdlending

Wir sehen uns die genauen Hintergründe nun – ausgehend von Abbildung 3 – näher an.

Zunächst ist dort von „ideeller Unterstützung" die Rede: „Auf Spenden basierend" bedeutet an dieser Stelle, dass der Geldgeber außer einer wie auch

immer gearteten Danksagung keine weitere Gegenleistung erhält. Spenden-
aufrufe entfalten ihre Wirkung beispielsweise dann, wenn der Kapitalgeber
ein Fan von denjenigen ist, die ein Projekt finanziert haben möchten, etwa
von Musikern. Diese Art des spendenbasierten Crowdfundings wird auch
als Fan-Funding bezeichnet. Dem Spender erscheint es nicht wichtig, eine
materielle Gegenleistung zu erhalten. Eine E-Mail mit einer Danksagung
mag ihm die Hingabe eines Geldbetrags von vielleicht fünf oder zehn Euro
durchaus wert sein. Das gute Gefühl, (Bedürftigen) helfen zu können, kann
ein weiterer Grund dafür sein, Geld für ein Projekt zu geben, ohne einen
materiellen Rückfluss erwarten zu dürfen. Damit wird eine zweite Form des
spendenbasierten Crowdfundings angesprochen, die sich auf die Unterstützung sozialer Projekte bezieht.

Bei einem belohnungsbasierten Crowdfunding erhält der Geldgeber ein
Dankeschön, das über „warme Worte" hinausgeht. Auf der Webseite von
Startnext finden sich folgende Beispiele:

> *„So finanziert man vielleicht mit 15 € ganz normal eine CD vor
> und ist der Erste vor [dem] offiziellen Verkaufsstart, der sie in den
> Händen halten kann. 5 € mehr und der Künstler unterschreibt per-
> sönlich die CD. Ab 50 € wird man z. B. zur offiziellen und geheimen
> Record Release Party eingeladen und für 100 € bekommt man einen
> Backstage Pass und kann die ganze Band kennenlernen.* "[10]

Der Fantasie sind im Hinblick auf das, was bei einem belohnungsbasierten
Crowdfunding als Gegenleistung angeboten wird beziehungsweise werden
kann, nur wenige Grenzen gesetzt. Für manche wird es ein Anreiz sein, Geld
für ein Projekt zu geben, um daraufhin an einer exklusiven Veranstaltung
teilnehmen zu dürfen, z. B. einer Film- oder Konzertpremiere, die mit dem
Projekt verbunden ist. Andere werden wiederum stolz darauf sein, das mithilfe ihres Fundings entstandene Produkt, also das fertige Werk, als Erste
in der Hand halten zu können.

Beim fremdkapitalbasierten Crowdfunding, auch Crowdlending genannt,
handelt es sich bei der Geldhingabe um ein Kreditverhältnis. Der Geldgeber erhält dabei selbstverständlich keine Beteiligung an dem finanzierten

---

10 http://crowdfunding.startnext.de/ (Zugriff 1.1.2014).

Unternehmen. Im Rahmen seines Investments schließt er vielmehr einen Kreditvertrag mit einer Privatperson beziehungsweise einem Unternehmer ab, wird also zum Gläubiger, der einen Anspruch auf Verzinsung und auf Rückzahlung seines ausgereichten Kredits am Ende der Laufzeit hat. Der Rückzahlungsanspruch gilt auch in dem Falle, wenn das von ihm mitfinanzierte Projekt oder Unternehmen Verluste auslöst. Die weltweit bekannteste Crowdfunding-Plattform, die auf ein fremdkapitalbasiertes Funding setzt, ist *Lending Club*. Ebenfalls namhaft ist *Kiva*. Über *Kiva* werden Mikrokredite vermittelt, die in soziale Projekte fließen. Die größte Crowdlending-Plattform in Deutschland heißt *auxmoney*. Die auf Seite 14 oben stehende Definition des Crowdinvestings schließt ein fremdkapitalbasiertes Crowdfunding (= Crowdlending) nicht mit ein.

Ein eigenkapitalbasiertes Crowdfunding liegt dann vor, wenn der Investor für die Herausgabe von Geld (Vermögens-)Anteile an einem Start-up oder an einem etablierten Unternehmen erhält, also an diesem beteiligt ist. Er wird zum Mitunternehmer und nimmt an Gewinnausschüttungen sowie an Wertsteigerungen des Unternehmens teil. Zu erwähnen sei an dieser Stelle bereits, dass es durchaus Mischformen zwischen einem eigen- und einem fremdkapitalbasierten Crowdfunding gibt. Diese Mischformen kommen beim Crowdinvesting sogar sehr häufig vor, weshalb dieser Aspekt später ausführlich beschrieben wird (siehe Gliederungspunkt 5.2).

Von den erläuterten vier Kategorien des Crowdfundings wäre bei enger Auslegung allein die Form des eigenkapitalbasierten Crowdfundings (auch *Equity-based Crowdfunding* oder kürzer *Equity Crowdfunding* genannt) als Crowdinvesting zu bezeichnen. Es würde sich also streng genommen nur dann um ein Crowdinvesting handeln, wenn der Kapitalgeber am zu finanzierenden Unternehmen beteiligt wird. Die zuvor auf Seite 23 oben dargelegte Definition des Crowdinvestings geht allerdings über ein rein eigenkapitalbasiertes Crowdfunding hinaus und nimmt zusätzlich Situationen mit auf, die lediglich ein eigenkapitalähnliches Engagement des Investors erzeugen. Hintergrund ist die Frage, ob aus Sicht des Investors tatsächlich die gesellschaftsrechtliche Form des Investments maßgeblich ist oder einfach nur der Gedanke, Geld hinzugeben, um sich die Chance zu eröffnen, künftig parallel zur guten Entwicklung des Start-ups mehr Geld zurückzuerhalten.

Nochmals zusammengefasst und etwas ergänzt: Beim Crowdinvesting handelt es sich in folgender Weise um eine Teilmenge der Oberbegriffe Crowdfinance, Crowdfinancing beziehungsweise Crowdfunding (im weiteren Sinne):

Crowdfinance, Crowdfinancing, Crowdfunding im weiteren Sinne			
Crowdfunding im engeren Sinne		Crowdinvesting	Crowdlending
donation based (spendenbasiert)	reward based (belohnungsbasiert)	equity based (eigenkapitalbasiert)	lending based (fremdkapital-basiert)

Das fremdkapitalbasierte Crowdfunding (im weiteren Sinne) zählt nur dann zum Crowdinvesting, wenn es eine Erfolgsbeteiligung an einem Unternehmen einräumt. An dieser Stelle zeigt sich eine weitere typische Eigenschaft des Crowdinvestings: Es handelt sich immer um die Finanzierung eines Unternehmens. Beim Crowdfunding hingegen kann es sich um die Finanzierung verschiedenster Dinge handeln, von Produkten, Projekten oder Veranstaltungen etwa, jedoch auch von Unternehmen. Man sieht: Der Begriff des Crowdfundings im weiteren Sinne ist deutlich weiter gefasst als der engere Begriff des Crowdinvestings.

Die Bezeichnung *Equity Crowdfunding* stammt aus den USA. Aber: Beileibe nicht alles, was aus den USA kommt, ist gut und sinnvoll. Der in Deutschland geprägte Begriff Crowdinvesting hat einen eigenständigen Inhalt, der sich an der Praxis orientiert, also an dem, was Internet-Plattformen wie *Seedmatch* und *Companisto* machen, und nicht an den teils recht unscharfen Abgrenzungen zwischen Eigenkapital (Equity) und Fremdkapital. Ausgangspunkt des Begriffs *Equity Crowdfunding* (auch: *Equity-based Crowdfunding*) ist zunächst der Bestandteil *Equity*, was übersetzt *Eigenkapital* bedeutet. Der Mikroinvestor wird am Unternehmen beteiligt, wenn er Eigenkapital zur Verfügung stellt. Bei Kreditverhältnissen fehlt hingegen die Beteiligung. Da es in der Praxis allerdings eine bunte Palette von Finanzierungsinstrumenten gibt, ist es manchmal schwierig zu bestimmen, wann genau Eigenkapital vorliegt.

Der Begriff *Equity Crowdfunding* orientiert sich an einer formalen Abgrenzung zwischen Eigen- und Fremdkapital, die nicht wirklich sinnvoll ist. In der Finanzierungspraxis überwiegen zwar lupenreines Eigen- und lupenreines Fremdkapital, das trifft allerdings nicht auf die typischen Finanzierungen zu, die für ein Crowdinvesting genutzt werden. Hier dominieren eindeutig sogenannte hybride Finanzierungsformen wie stille Beteiligungen, Genussrechte oder partiarische Darlehen, die irgendwo inmitten eines Kontinuums zwischen den Extremformen der Eigenkapital- beziehungsweise Fremdkapitalfinanzierung wie etwa der Aktie oder dem herkömmlichen Bankkredit liegen.

Hybride Finanzierungsinstrumente nun zwanghaft in eine der beiden Kategorien, Eigen- oder Fremdkapital, einzuordnen, wird der gelebten Praxis nicht gerecht, führt dies doch zu manchmal zufälligen Ergebnissen. Der Begriff *Equity Crowdfunding* hat genau mit dieser zufälligen Grenze zu kämpfen. Unter Umständen lässt eine marginale vertragliche Änderung ein Genussrecht von der Kategorie Eigenkapital in die Kategorie Fremdkapital wandern, ohne dass sich am Charakter der Finanzierung tatsächlich merklich etwas verändert hat. Außerdem sind die Abgrenzungskriterien dafür, was als Eigen- und was als Fremdkapital durchgeht, von Land zu Land unterschiedlich. Der Begriff Crowdinvesting berücksichtigt hingegen, dass eine Grenzziehung quer durch die beim Crowdinvesting gängigen Instrumentarien nicht zielführend ist. Vielmehr schließt er – anders als der Begriff *Equity Crowdfunding* – neben den dem Eigenkapital zuzuordnenden Finanzierungen zusätzlich noch alle hybriden Finanzierungsinstrumente mit ein.

Ein reines Kreditverhältnis wird – wie zuvor bereits erwähnt – nicht mit in die Begrifflichkeit des Crowdinvestings aufgenommen. Das hat folgenden Hintergrund: Reine Kreditverhältnisse ohne Erfolgsbeteiligung bieten die gängigen Crowdinvesting-Plattformen (mit einer Ausnahme) nicht an, denn dem reinen Fremdkapital fehlt die Anreizkomponente, womöglich an (fantastischen) Wertsteigerungen teilhaben zu können. Die Crowdinvesting-Plattformen glauben offensichtlich nicht daran, dass eine reine Kreditvergabe für Mikroinvestoren attraktiv sein wird. Sobald die Mikroinvestoren jedoch in irgendeiner Form am Erfolg des Unternehmens teilhaben können, weckt das ihr Interesse, so zumindest die Überlegung.

Es wären letztlich zwei grundsätzlich unterschiedliche Definitionen des Crowdinvestings denkbar. Bei enger Auslegung verfügt das Crowdinvesting über folgende Merkmale, wobei die nachfolgende Begriffsbestimmung dem angelsächsischen Begriff *Equity Crowdfunding* entspräche:

1. Finden von vielen Kapitalgebern über das Internet (oder über Massenmedien), die Geldbeträge beisteuern, die
2. der Finanzierung der von den Kapitalgebern ausgewählten (Start-up-) Unternehmen dienen,
3. wobei die Kapitalgeber am Eigenkapital der Unternehmen beteiligt werden und damit am Erfolg des Unternehmens und an seiner Wertsteigerung teilhaben,
4. der Mindestinvestitionsbetrag so (gering) bemessen ist, dass zahlreiche Kapitalgeber gefunden werden können, und
5. die Finanzierung erst dann wirksam wird, wenn ein zu Beginn festgelegter Gesamtfinanzierungsbetrag erreicht wurde.

Dies wäre eine enge Form der Definition des Begriffs Crowdinvesting, in Punkt 3 klar Bezug nehmend auf eine Investition, die eine Beteiligung am Eigenkapital der zu finanzierenden Gesellschaft einräumt. Bei einer formal hergeleiteten Begriffsabgrenzung des Crowdinvestings ließe sich z. B. auf eine betriebswirtschaftliche oder auf eine steuerrechtliche Abgrenzung zwischen Eigen- und Fremdkapital zurückgreifen. Dann würde eben nur diejenige Form des Engagements unter den Begriff Crowdinvesting fallen, die betriebswirtschaftlich oder steuerrechtlich als Eigenkapital erfasst wird. Die dargelegte enge Abgrenzung des Crowdinvestings in Bezug auf Kriterium 3 ist aufgrund der zuvor beschriebenen Probleme nicht allzu praktikabel und würde manchmal „zufällige" Ergebnisse liefern.

Um zu einer angemessenen Lösung zu gelangen, könnte die Perspektive gewechselt werden. Statt formale Aspekte in den Mittelpunkt zu stellen, ließe sich auf die Sichtweise der Investoren schauen. Der Kapitalgeber stellt Geld für ein Projekt zur Verfügung und sieht dies – unabhängig von der rechtlichen Gestaltung – als sein Investment in ein (Start-up-)Unternehmen an, also egal, ob es sich bei dem hingegebenen Geldbetrag um Eigen- oder Fremdkapital handelt. Dies ist wie zuvor dargelegt nicht ganz abwegig, denn im Grunde ist die Einteilung in die beiden Reinformen der Finanzierung, also in Eigenkapital auf der einen Seite und Fremdkapital auf der anderen Seite, in der heutigen Finanzierungspraxis durchaus nicht mehr zeitgemäß. Das spricht dafür, allein die Sichtweise des Kapitalgebers heranzuziehen.

Inder weiten Fassung wird Crowdinvesting folglich in Punkt 3 der bisherigen Beschreibung modifiziert, womit sich insgesamt Folgendes ergibt:

1. Finden von vielen Kapitalgebern über das Internet (oder über Massenmedien), die Geldbeträge beisteuern, die

2. der Finanzierung der von den Kapitalgebern ausgewählten (Start-up-) Unternehmen dienen,

3. **wobei die Kapitalgeber einen finanziellen Rückfluss, über die Beteiligung an Gewinnausschüttungen und/oder an Wertsteigerungen und/oder anhand anderer Formen der Erfolgsbeteiligung, erhalten,**

4. der Mindestinvestitionsbetrag so (gering) bemessen ist, dass zahlreiche Kapitalgeber gefunden werden können und

5. die Finanzierung erst dann wirksam wird, wenn ein zu Beginn festgelegter Gesamtfinanzierungsbetrag erreicht wurde.

Damit wäre z. B. auch das Bereitstellen von Darlehen durch die Kapitalgeber als Crowdinvesting mit erfasst, dies aber nur unter der Voraussetzung, dass die jeweiligen Darlehen mit einer Erfolgsbeteiligung versehen sind, etwa in Gestalt von Genussrechten oder partiarischen Darlehen. Mindestvoraussetzung ist also, dass der Anleger über das Vehikel einer Erfolgsbeteiligung zumindest eine eigenkapitalähnliche Stellung in Bezug auf das zu finanzierende (Jung-) Unternehmen erlangt.

An dieser Stelle kann es im Einzelfall nun wiederum schwierig werden zu bestimmen, ab wann es sich denn nun um eine echte Erfolgsbeteiligung handelt, die über reine Symbolik hinausgeht. Dazu sei folgendes Beispiel vorgebracht: Vereinbart wird, dass der Kapitalgeber im Rahmen eines Crowdfundings (im weiteren Sinne) ein Darlehen an das Start-up-Unternehmen vergibt, das überwiegend festverzinslich ist, jedoch zusätzlich auch eine geringfügige Erfolgsbeteiligung beinhaltet. Wenn die Erfolgsbeteiligung also existiert, jedoch nur von untergeordneter Bedeutung ist, was dann? Ein Beispiel aus der Praxis wären die von *Prokon* herausgegebenen Genussscheine für ökologische Kapitalanlagen, die eine feste Mindestverzinsung in Höhe von 6 Prozent haben, und darüber hinaus eine zusätzliche Überschussbeteiligung. In den Verkaufs-Flyern gibt *Prokon* an, dass die durchschnittliche Verzinsung seit 2006 acht Prozent pro Jahr betragen habe.[11] Der Erfolgsanteil führte hier also zu einer gewissen, aber dennoch womöglich nicht allzu entscheidenden Erhöhung des Rückflusses. Mit *Prokon* stieß ich ausgerechnet auf ein Beispiel,

---

11 *Prokon*-Verkaufs-Flyer mit Drucklegung März 2013.

dessen Seriosität in Bezug auf die Hintergründe des Genussschein-Modells immer wieder angezweifelt wurde.[12]

Es gibt für Genussscheine allerdings natürlich auch völlig unumstrittene Beispiele, etwa den Medizin- und Sicherheitstechnik-Konzern *Dräger*, dessen Führungsgesellschaft, die *Drägerwerk AG & Co. KG*, Genussscheine herausgibt. Letztendlich hängt es nicht vom Finanzierungsinstrument ab, ob eine seriöse Anlage vorliegt, sondern von den herausgebenden Unternehmen. Allerdings unterscheiden sich die Finanzierungsformen darin, wie strikt oder wenig strikt die zugehörigen gesetzlichen Auflagen sind. Auch das wirkt sich womöglich darauf aus, wie wahrscheinlich es ist, bei einer bestimmten Anlageform auf Vertrauenswürdigkeit setzen zu können. Nicht für alle Anlagen bietet das Kapitalmarktrecht den Anlegern den gleichen Schutz. Allerdings ist es manchmal durchaus fraglich, ob der vorhandene gesetzliche Schutz, der aus dem Kapitalmarktrecht kommen soll, überhaupt etwas nutzt.

Zurück zu den Grenzfällen eines Crowdinvestings: Ein Kapitalvermittler lässt seine bisher auf „klassischem Wege" organisierten Finanzierungsgeschäfte nun über die eigene Webseite laufen und gewisse Abwicklungsschritte sind für die Kunden jetzt über eben diese Webseite möglich. Ist das genug, um von Crowdinvesting sprechen zu können? Entscheidend bleibt, dass die Mikroinvestoren entweder am Eigenkapital des Projekt-Unternehmens beteiligt werden oder zumindest eine eigenkapitalähnliche Stellung erhalten, und dass dies einer größeren Anzahl von Investoren über ein Massenmedium (etwa das Internet) ermöglicht wird. Gleichwohl ist die Webseite bei Finanzierungsanbietern oftmals nur als reines Informations- beziehungsweise Werbemedium anzusehen. Jedoch: Die Abwicklung der über das Internet angepriesenen Finanzierungsgeschäfte läuft bei vielen klassischen Anbietern eben nicht über ihre Webseite, sondern auf ganz herkömmlichem Wege. In diesem Falle stellt sich nun die Frage, ob die Durchführung der Transaktion über die Webseite konstituierend für ein Crowdinvesting sein sollte, und wenn ja, ab welcher über das Internet laufenden Abwicklungstiefe.

Außerdem ließe sich behaupten, dass das Internet nur ein (austauschbares) Medium ist, über das sich zwar auf einfachem Wege viele Personen erreichen lassen, allerdings kann so etwas bekanntlich auch über andere Kanäle, z. B. das

---

12 Vgl. dazu z. B. Stiftung Warentest unter: www.test.de/Prokon-Genussrechte-Prokon-Prospekt-ist-irrefuehrend-4441932-0/ oder www.zeit.de/2013/38/geldanlage-windkraftfirma-prokon-genussrechte/seite-1 (jeweils Zugriff am 7.1.2014).

Fernsehen, gelingen. Hier wäre beispielsweise daran zu denken, das Kapital für interessante Projekte über eine Fernseh-Show einzuwerben. Die für das Crowdinvesting namensgebende *Crowd* ließe sich eben auch auf diese Art und Weise großflächig aktivieren. Tatsächlich gibt es so etwas schon. In Kanada wird seit Kurzem eine 30-minütige *crowdfunding reality show* namens *The CrowdFunder Show* im Wochentakt ausgestrahlt, wobei jeweils sechs oder sieben Kreative ihre Ideen präsentieren, um dafür Unterstützer zu gewinnen. Zu finden sind dort sowohl künstlerische und soziale als auch kommerzielle Projekte.

Die Diskussion zeigt, dass es schwierig und im Grenzfall letztlich immer auch etwas willkürlich ist, wo nun genau die Grenze gesetzt wird, wann es sich noch um ein Crowdinvesting handelt und wann nicht mehr. Eine gewisse Unschärfe bleibt also.

Der Grenzbereich des Crowdinvestings lässt sich auf andere Weise auch anhand des bislang spektakulärsten Crowdfunding-Projekts im engeren Sinne in Deutschland darstellen: des geplanten *Stromberg*-Kinofilms. Die Geldgeber werden am Erfolg des Films so beteiligt: Als Gegenleistung für die Herausgabe finanzieller Mittel für die Filmproduktion erhalten sie pro verkauftem Kinoticket einen festgelegten Geldbetrag sowie zusätzlich einige weitere Vorteile.[13] Sie finanzieren dabei allerdings kein Start-up-Unternehmen, sondern „nur" ein fest definiertes Projekt, nämlich den Kinofilm. Dies erfolgt dergestalt, dass die Investoren mit ihrem eingesetzten Geld einen Teil der Produktionskosten des Films abdecken. Das Geld wird also verbraucht und die Investoren haben keinen Anspruch auf Rückerhalt des eingezahlten Geldes. Stattdessen haben sie das Recht, nach bestimmten Kriterien an den Erlösen aus der Kinoauswertung des Films teilzuhaben. Das Geld der Investoren wird dabei zunächst auf einem „neutralen" Konto geparkt. In den Bedingungen zum *Stromberg*-Investment heißt es:[14] „*My Major Company* hält die investierten Beträge auf nur für dieses Projekt genutzten Konten". Bei *My Major Company* handelt es sich um eine vom Produzenten des *Stromberg*-Kinofilms, der *BRAINPOOL TV GmbH,* beauftragten Gesellschaft, über welche die Zahlungen treuhänderisch abgewickelt werden und von der das Geld für die Kinoproduktion abgerufen werden kann. Aus Sicht der Geldgeber liegt eine Kostenbeteiligung an

13 Zu weiteren Details zum Stromberg-Filmprojekt und dessen Finanzierung vgl. Anhang 1.

14 www.myspass.de/myspass/specials/stromberg-kinofilm/fragen-und-antworten/faq/ (letzter Zugriff: 7.1.2014).

der Filmproduktion vor, die mit einer Erfolgsbeteiligung gekoppelt ist. Eine solche Art der Finanzierung wird der Kategorie Crowdfunding zugeordnet, fällt allerdings nur recht knapp aus dem heraus, was unter Crowdinvesting zu verstehen ist. Grund: Es wird hierbei kein (Start-up-)Unternehmen finanziert, sondern „nur" ein Projekt. Hier handelt es sich deshalb definitionsgemäß nicht um ein Crowdinvesting, weil weder eine Beteiligung am Eigenkapital eines Unternehmens erwächst noch eine eigenkapitalähnliche Stellung entsteht.

Ja, ich denke gerade darüber nach, ob man nicht alles als Crowdinvesting bezeichnen sollte, was die Crowd als ihr Investment ansieht. Dann fiele auch *Stromberg* darunter, denn die Teilhabe an der Kinoauswertung hat durchaus Anlagecharakter, genauso wie die Investition in Kredite wie etwa bei *auxmoney*. Es wäre insofern denkbar, alles Crowdinvesting zu nennen, bei dem zu erwarten ist, dass die Investitionsabsicht des Geldgebers im Vordergrund steht.

2.2   Die Entwicklung von Crowdfunding und Crowdinvesting im Überblick

Als Pionier des Crowdfundings gilt die Plattform *ArtistShare*, die im Jahr 2000 in den USA gegründet wurde, ohne dass allerdings seinerzeit dafür schon der Begriff Crowdfunding benutzt wurde. Ihr erstes Funding-Projekt startete *ArtistShare* jedoch erst im Jahr 2003. In Europa war *SellaBand* im Jahr 2006 die erste derartige Plattform und in Deutschland war es das Portal *Startnext*, unmittelbar gefolgt von *MySherpas*. Beide Plattformen wurden im September 2010 freigeschaltet (zu Neudeutsch: gelauncht). *MySherpas* hat inzwischen allerdings aufgegeben.

Das Crowdfunding hat international eine sensationelle Entwicklung genommen. Das Funding-Volumen wurde im Jahr 2011 bereits auf fast 1,5 Mrd. US-Dollar beziffert.[15] Für 2012 wurde ein weltweites Volumen in Höhe von 2,7 Mrd. US-Dollar ermittelt und für 2013 von 5,1 Mrd. Dollar.[16] Damit hat das Crowdfunding ein bedeutendes Volumen erreicht und gilt nunmehr als eine feste Größe im Bereich der Finanzierung von Projekten. Die international bekanntesten Crowdfunding-Plattformen sind *Kickstarter*

---

15 Vgl. Massolution (2012), S. 11 f.
16 Vgl. Statista unter: http://de.statista.com/statistik/daten/studie/258199/umfrage/ weltweit-durch-crowdfunding-eingesammeltes-kapital/ (Zugriff 26.12.2013).

(gegründet 2009) und *Indiegogo* (gegründet 2008), die beide aus den USA stammen. Der größte Crowdfunding-Markt ist Nordamerika, gefolgt von Europa. Die übrigen Märkte spielen bislang nur eine stark untergeordnete Rolle. Die höchste Wachstumsrate verzeichnet übrigens inzwischen das eigenkapitalbasierte Crowdfunding[17], also diejenige Art des Crowdfundings, welche (mit leichten Abweichungen) als Crowdinvesting zu bezeichnen ist.

Allein die US-amerikanische Plattform *Kickstarter* konnte seit der Gründung im Jahre 2009 bis Ende 2013 rund 54.400 Projekte erfolgreich über ein Crowdfunding finanzieren und mit mehr als 5,4 Mio. Geldgebern in Summe ca. 930 Mio. US-Dollar einsammeln.[18] Bis zum Ende des ersten Quartals 2014 wird Kickstarter wohl locker die Milliarden-Hürde gerissen haben. Irre! Die weltweite Nummer zwei im Crowdfunding ist die Plattform *Indiegogo*, die allerdings schätzungsweise nur auf ein Sechstel des Volumens kommt, welches *Kickstarter* erreicht hat.

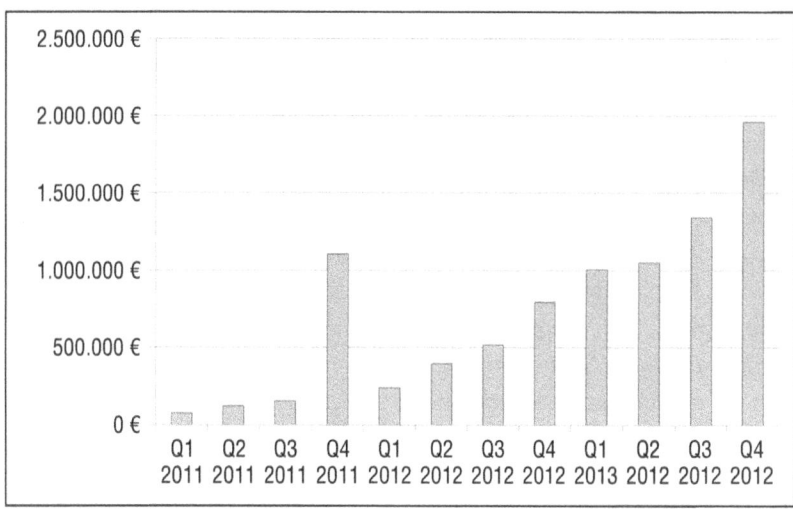

Abb. 4: Über ein Crowdfunding im engeren Sinne in Deutschland eingesammeltes Kapital nach Quartalen[19]

17 Vgl. Massolution (2012), S. 17.
18 Vgl. www.kickstarter.com/help/stats?ref=footer (Zugriff: 1.1.2014).
19 Vgl. www.fuer-gruender.de/fileadmin/mediapool/Unsere_Studien/Crowd_funding_ 2013/ Crowdfunding-Monitor_2013_F%C3%BCr-Gr%C3%BCnder.de.pdf; im Q4 2012 wurde das Funding des Filmes Stromberg von mir mit einbezogen, das im Crowdfunding-Monitor nicht mit erfasst wurde, da der Monitor nur die über Crowdfunding-Plattformen durchgeführten Projekte berücksichtigt.

Die im Vergleich zu *Kickstarter* und *Indiegogo* jüngeren deutschen Crowd-funding-Plattformen warten bislang noch mit vergleichsweise äußerst (!) gerin-gen Volumina auf. Beispiele für deutschsprachige Crowdfunding-Plattformen sind *Startnext, Inku-bato, VisionBakery* und *Pling*. Das Gesamtvolumen des Crowdfunding-Aufkommens in Deutschland ist im Grunde noch als ver-nachlässigbar einzustufen (siehe Abbildung 4), weist jedoch immerhin eine recht hohe Wachstumsrate auf. Inzwischen konnte allein die 2010 gegründete deutsche Crowdfunding-Plattform *Startnext* rund 8,0 Mio. Euro (Stand: Ende Dezember 2013) einsammeln, die sich auf ca. 1.340 Projekte verteilen.[20] *Startnext* ist mit weitem Abstand Marktführer hierzulande.

Im Hinblick auf das Crowdfunding (im engeren Sinne) tritt inzwischen ein Erfassungsproblem auf, was die Genauigkeit der verfügbaren statistischen Daten erheblich beeinträchtigt. Zum einen gibt es Plattformen, die sowohl ein Crowdfunding im engeren Sinne als auch ein Crowdinvesting anbieten, wobei eine Separierung hier einzelfallbezogen schwierig ist. Zum anderen kommen ständig neue Plattformen hinzu, die Crowdfundings verschiedenster Art anbieten. So ermöglicht z. B. die Plattform *aurango* ein Crowdfunding speziell zugunsten von (Spitzen-) Sportlern. Aufgrund des starken Wandels ist kein Verlass (mehr) darauf, dass alle Spezialgebiete des Crowdfundings in den verfügbaren Statistiken enthalten sind. Ebenfalls schwierig ist es, alle Crowdfunding-Projekte nachzuverfolgen, die außerhalb der Plattformen lau-fen. Des Weiteren herrscht nicht überall Transparenz. Nicht jedes Portal gibt das tatsächlich erreichte Funding-Volumen an. Was nicht vorliegt, kann auch nicht erfasst werden. Summa summarum: Es ist von insgesamt höheren Werten auszugehen als die Statistiken hergeben. So habe ich etwa in Abbildung 4 – über die verfügbaren Statistiken hinaus – für das vierte Quartal (Q4) des Jahres 2011 das *Stromberg*-Crowdfunding hinzugefügt, das über keine der Crowd-funding-Plattformen lief, sondern über eine eigene Webseite der Gesellschaft, die den Film produziert.

Schwenken wir nun vom Crowdfunding zum Crowdinvesting über. Ende 2009 initiierte die seinerzeit gerade erst zwei Jahre alte britische Brauerei *BrewDog* ein spektakuläres Crowdinvesting-Projekt in eigener Sache via Inter-net. Das Projekt wurde bekannt unter dem Namen *Equity for Punks*. *Brew-Dog* konnte anhand dieses Projekts mehr als 1.300 Investoren gewinnen und

---

20 Vgl. www.startnext.de/ (Zugriff 26.12.2013).

schaffte es auf diese Weise, ein Finanzierungsvolumen in Höhe von rund 2,2 Mio. Britischen Pfund einzuwerben. Hochachtung! Die Besonderheit des Projekts war, dass für dieses Crowdinvesting keine fremde Plattform zu Hilfe genommen, sondern eine eigene Webseite genutzt wurde.

Die weltweit erste freigeschaltete Crowdinvesting-Plattform war vermutlich das US-amerikanische Portal *ProFunder*, das 2009 auf Sendung ging, jedoch 2011 wieder geschlossen werden musste. Die ersten europäischen Plattformen, die ein Crowdinvesting anboten, waren *Investiere* aus der Schweiz, *Crowdcube* aus Großbritannien, *WISEED* aus Frankreich sowie das niederländische Portal *Symbid*, die alle 2010 starteten. Eine genauere Beschreibung der als spektakulär zu bezeichnenden Crowdfunding-Projekte findet sich in Anhang 1 dieses Buches.

Deutlich wird die aktuelle Dynamik im Bereich des Crowdinvestings in Deutschland anhand von zwei Entwicklungen. Erstens: Ab der zweiten Hälfte des Jahres 2012 begann in Deutschland eine äußerst gründungsintensive Phase im Bereich des Crowdinvestings. Allein im letzten Halbjahr des Jahres 2012 gingen mit *Gründer-plus* (inzwischen geschlossen), *Companisto, Deutsche Mikroinvest, bestBC* (inzwischen geschlossen), *Bergfürst, Welcome Investment, United Equity, Group Capital, foundingcrowd* und *Fundsters* gleich zehn neue deutsche Plattformen in Betrieb, die ein Crowdinvesting anbieten. Im Jahr 2013 folgten dann eine Reihe weiterer Portale. Zweitens: Das Crowdinvesting-Volumen nahm ab dem Jahr 2012 bei der ersten und führenden deutschen Plattform *Seedmatch* sprunghaft gegenüber dem Vorjahr zu. *Seedmatch* vermeldete im Mai 2012 zunächst, die Schwelle von 1 Mio. Euro an vermitteltem Beteiligungskapital überschritten zu haben, und übersprang dann im Dezember 2013 schon die 10-Millionen-Euro-Marke. *Seedmatch* hat definitiv den Durchbruch geschafft. Die bisher zweiterfolgreichste deutsche Crowdinvesting-Plattform ist *Companisto* mit einem vermittelten Finanzierungsvolumen in Höhe von rund 3,2 Mio. Euro (Stand: Ende Dezember 2013). Auf knapp 3 Mio. Euro kommt die Plattform *Bergfürst*, wenngleich dieser Betrag mit nur einem Projekt erreicht wurde, während *Companisto* die 3,2 Mio. Euro mit insgesamt 23 erfolgreichen Projekten zusammenbrachte. Mit einem Vermittlungsvolumen von rund 2,1 Mio. Euro folgt die 2011 gegründete Plattform *Innovestment*, die mit ihrem etwas kantigeren Ansatz zwar ebenfalls zunächst deutlich wachsen konnte, der es 2013 dann jedoch nur noch gelang, das Vorjahresergebnis aus 2012 in etwa zu egalisieren.

Die bisher größten Projekte, die anhand eines Crowdinvestings finanziert werden konnten, sind *Urbanara* mit rund 3 Mio. Euro über die Plattform

Bergfürst sowie *e-volo* mit 1,2 Mio. Euro und *Aoterra* mit 1 Mio. Euro, die jeweils über die Plattform *Seedmatch* gefundet wurden. Das sind inzwischen schon erhebliche Dimensionen, die im Hinblick auf die Finanzierung einzelner Start-ups aus der Crowd heraus erreicht werden.

Und weiter: Wen Schnelligkeit beeindruckt, der sei zunächst auf das über *Seedmatch* gefundete Projekt *BringMeBack* aufmerksam gemacht, wobei es sich um ein internetgestütztes Fundbüro handelt. Dabei wurde die Funding-Schwelle in Höhe von 50.000 Euro innerhalb von nur 32 Minuten erreicht und das Funding-Limit von 100.000 Euro nach wenigen Stunden.[21] Noch schneller liefen die Crowd-Finanzierungen der Unternehmen *Bloomy Days*, wo innerhalb von 19 Minuten die Funding-Schwelle und nach 93 Minuten das Funding-Limit erreicht wurden, und *Refined Investment*, mit 15 Minuten bis zur Funding-Schwelle und 52 Minuten bis zum oberen Limit.[22]

Die anhand des eingesammelten Kapitals gemessene Entwicklung des Crowdinvestings in Deutschland sieht wie folgt aus:

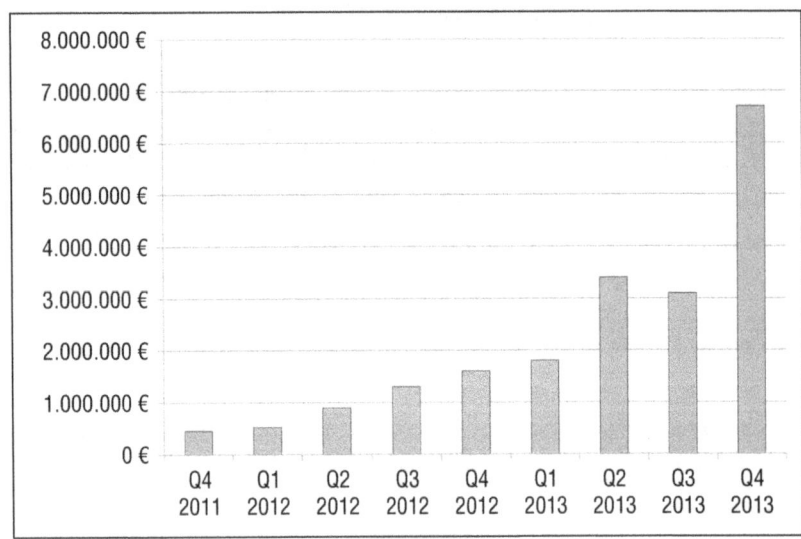

Abb. 5: Über ein Crowdinvesting in Deutschland eingesammeltes Kapital nach Quartalen[23]

---

21 Vgl. www.gruenderheld.de/gruenderblog/item/13-crowdinvesting-markt-plattformen-u-erfolgsfaktoren (letzter Zugriff: 7.1.2014).
22 Vgl. http://blog.seedmatch.de/tag/erfolg/ (Zugriff 4.1.2014).
23 www.fuer-gruender.de/fileadmin/mediapool/Unsere_Studien/Crowd_funding_2013/Crowdinvesting-Monitor_2013_F%C3%BCr-Gr%C3%BCnder.de.pdf (Zugriff 26.12.2013).

Entwicklung nach Jahren: 2011 = 0,45 Mio. Euro, 2012 = 4,3 Mio. Euro, 2013 = 15,0 Mio. Euro. Dies war nur ein erster Einstieg in die Entwicklung des Crowdfundings im engeren Sinne und des Crowdinvestings, wobei es für das Crowdfunding bei diesen Informationen bleiben soll. Deutlich vertieft wird jedoch an späterer Stelle (in Kapitel 8) die Marktentwicklung des Crowdinvestings, wobei dort insbesondere konkret auf die Leistungen der einzelnen Plattformen eingegangen wird.

2.3   Rechtlicher Rahmen

2.3.1 Entwicklung der internationalen Rechtslage

In den USA ist ein Crowdinvesting im eigentlichen Sinne aller Voraussicht nach noch bis Mitte des Jahres 2014 faktisch nicht umsetzbar, weil dort bis dahin höchst restriktive gesetzliche Regelungen gelten, die den Anlegerschutz übertrieben in den Mittelpunkt stellten. Nur akkreditierte Investoren (in der Regel Millionäre) durften in den USA bislang an einem Crowdinvesting teilhaben. Dies führte dazu, dass ein Crowdinvesting primär in Ländern außerhalb der USA, u. a. in Deutschland, entstand. Wie gravierend sich die übermäßig einengende Gesetzeslage in den USA auswirkt, zeigen zwei Beispiele: Die im August 2009 gestartete Crowdinvesting-Plattform *ProFounder* (USA) stellte im Jahr 2011 ihren Betrieb mit dem Hinweis ein, dass die gesetzlichen Rahmenbedingungen in den USA ein Crowdinvesting zur Finanzierung von Start-ups nicht ermöglichen.[24] Ein zweites Beispiel für die Auswirkungen der restriktiven US-amerikanischen Gesetzgebung wird über die niederländische Crowdinvesting-Plattform *Symbid* sichtbar, die im Jahr 2012 US-amerikanische Investoren ausdrücklich noch als Crowdinvestoren ausschloss – dies mit Sicherheit, um etwaigen rechtlichen Problemen mit den USA vorzubeugen.[25]

---

24 Vgl. http://blog.profounder.com/2012/02/17/profounder-shutting-down/ (Zugriff: 26.11.2012).

25 Auf der Webseite von *Symbid* war unter der Rubrik „How It Works – For Investors" Folgendes nachzulesen (Zugriff: 19.11.2012): „Currently the equity-based crowdfunding services of Symbid are not accessible for investors from the United States. However Symbid aims at offering its equity based services to investors and entrepreneurs in the United States as soon as the JOBS-act (signed by President Obama on the 5th of April 2012) has been implemented by the SEC. Investors and entrepreneurs from the US can make use of our pledging system which does not rely on selling shares and is therefore legal for US citizens."

Konkret sah die Problematik in den USA bislang wie folgt aus: Sobald Anteile an Unternehmen (genau genommen Wertpapiere) organisiert an viele Anleger herausgegeben werden, erfordert dies eine Registrierung bei der US-amerikanischen Börsenaufsichtsbehörde (SEC) und unterliegt einer Prospektpflicht. Letzteres bedeutet, dass ein Verkaufsprospekt für die Unternehmensanteile erstellt werden muss. Daran werden sehr hohe gesetzliche Anforderungen gestellt. Die Erfüllung dieser Pflichten löst dermaßen hohe Kosten aus, dass sich so etwas für kleinere Investments nicht annähernd lohnt. Es werden zwar Ausnahmen von der Registrierungs- und Prospektpflicht ermöglicht, d. h., es können auch nicht bei der SEC registrierte Wertpapiere (beziehungsweise Anteile) ausgegeben werden, jedoch nur an akkreditierte Investoren, wozu die typischen Crowdinvestoren ganz bestimmt nicht gehören. Hinzu kommt, dass die Ausnahmeregelung an ein Werbeverbot gekoppelt ist, was bedeutet, dass für die Wertpapiere keine Werbung oder anderweitige Vermarktung vorgenommen werden darf.[26] Das läuft natürlich dem Gedanken eines Crowdinvestings vollkommen zuwider.

US-amerikanische Crowdfunding-Plattformen mussten also andere Wege finden, um Crowd-Finanzierungen anbieten zu können, die einem Crowdinvesting gegebenenfalls nahekommen, und dabei beachten, dass sie keine Anteile an Unternehmen und keine Erfolgsbeteiligungen herausgeben.[27] Damit scheidet dort grundsätzlich zunächst all das aus, was unter Crowdinvesting zu fassen ist. Was im Regelfall bleibt, sind die drei abseits eines eigenkapitalbasierten Crowdfundings zuvor genannten Crowdfunding-Formen: spendenbasiert, belohnungsbasiert und fremdkapitalbasiert. Dabei gilt es zu beachten: Ein spendenbasiertes Crowdfunding ist in den USA unproblematisch, weil es keine Gegenleistung gibt. Etwas diffiziler wird es im Hinblick auf die beiden übrigen Formen. Weder ein belohnungs- noch ein fremdkapitalbasiertes Crowdfunding darf in den USA so ausgestaltet sein, dass es als erfolgsabhängig qualifiziert wird. Und: Auf keinen Fall darf in den USA eine Herausgabe von Unternehmensanteilen als Gegenleistung angeboten werden. Ansonsten greifen die strengen Regelungen des US-amerikanischen Securities Act von 1933.[28]

Trotz der starken Regulierungen gelang es der einen oder anderen US-amerikanischen Plattform dennoch, ein eigenkapitalbasiertes *Crowdfunding*, also

---

26 Vgl. Klöhn, L./Hornuf, L. (2012), S. 252.
27 Vgl. dazu im Einzelnen Bradford, C. S. (2012); S. 31 ff.
28 Vgl. Bradford, C. S. (2012), S. 32. ff.

ein Crowdinvesting, anzubieten. Dazu gehört z. B. das Portal *MicroVentures*. Diese Plattform konnte die strengen gesetzlichen Auflagen in den USA erfüllen. Wie? *MicroVentures* tritt als Investmentbank auf, was offensichtlich den Weg durch die US-amerikanische Regelungswut geebnet und ein Crowdinvesting tatsächlich ermöglicht hat. Natürlich ist es mit sehr großem Aufwand verbunden, zu einer Investmentbank zu werden. Man musste bislang also in den USA im Grunde schon von vornherein eine Investmentbank sein, um ein Crowdinvesting durchführen zu können. Das Crowdinvesting bleibt in den USA (voraussichtlich bis Mitte 2014) in einer juristischen Zwangsjacke, die ein potenziell höchst interessantes Finanzierungsinstrument weitestgehend aushebelt und so die Entstehung neuer innovativer Unternehmen behindert. Wie gesagt, den – begrenzt verfügbaren – akkreditierten Investoren darf in den USA schon seit Langem ein Crowdinvesting angeboten werden. Der Durchschnittsamerikaner bleibt allerdings bis Mitte 2014 noch außen vor.

Der Gesetzgeber in den USA reagierte auf die unglückliche rechtliche Situation im eigenen Lande stark zeitverzögert und schuf ein neues Gesetzeswerk namens „Jumpstart Our Business Startups Act" (JOBS Act), das am 5. April 2012 in Kraft trat und u. a. die Möglichkeiten für ein Crowdfunding und ein Crowdinvesting in den USA erheblich verbessert, ein Crowdinvesting im Grunde genommen sogar überhaupt erst ermöglicht. Allerdings können Emittenten (also auch die Herausgeber von Anteilen an Unternehmen) die neuen Regelungen zum Crowdinvesting erst in Anspruch nehmen, wenn die SEC bestimmte Vorschriften des JOBS Act, die das Crowdfunding im weiteren Sinne betreffen, weiter konkretisiert hat – was zwar inzwischen geschehen, jedoch noch nicht in Kraft ist.[29] Hinweis: Derjenige Teil des JOBS Act, der sich konkret mit dem Crowdfunding befasst, worunter auch das Crowdinvesting fällt, wird als CROWDFUNDING Act bezeichnet. Nicht wenige der in den USA beheimateten Plattformen, z. B. *CircleUp*, geben im Übrigen bereits jetzt an, ein Crowdinvesting anzubieten. Zu vermuten ist, dass diese Ankündigungen im Vorgriff auf die in Kürze kommende Anwendbarkeit des für ein Crowdinvesting relevanten Teils des JOBS Acts erfolgen. So schnell wie weitere Crowdinvesting-Plattformen unter dem Stichwort „Equity Crowdfunding" in den USA derzeit aufkommen, kann man (im Internet) kaum gucken.

---

29 Vgl. Klöhn, L./Hornuf, L. (2012), S. 253.

2.3.2 Deutsche Rechtslage

In Deutschland ist die Situation schon seit jeher deutlich anders. Ein Crowdinvesting war hierzulande im Grunde „schon immer" zulässig. Jedoch schränkten das bis zum bis zum 31.5.2012 gültige Verkaufsprospektgesetz (VerkProsG) und das diesem nachfolgende und seit dem 1.6.2012 in Anwendung befindliche Vermögensanlagengesetz (VermAnlG), die Möglichkeiten des Crowdinvestings in einem Punkt erheblich ein. Vereinfacht beschrieben geht es um Folgendes:[30] Das Gesetz bestimmt, dass für öffentlich angebotene Vermögensanlagen, die in Summe 100.000 Euro überschreiten, ein Verkaufsprospekt zu erstellen ist. Dadurch wird der Ablauf eines Crowdinvestings verkompliziert, sobald das Finanzierungsvolumen der Anleger in Summe besagte Finanzierungsgrenze übertrifft. Solange das Finanzierungsvolumen der Crowd die 100.000-Euro-Marke nicht überschreitet, lässt sich hingegen faktisch frei agieren. Eine Möglichkeit, die 100.000-Euro-Grenze zu knacken, sind partiarische Nachrangdarlehen, wie sie beispielsweise die Plattformen *Seedmatch* und *Companisto* anbieten. Eine weitere Möglichkeit, der gesetzlich verordneten Prospektpflicht zu entgehen, wäre es, maximal 20 Anteile zu vergeben, was für ein echtes Crowdinvesting einfach zu wenig ist. Dies würde darauf hinauslaufen, dass z. B. bei einem Finanzierungsbetrag in Höhe von 150.000 Euro jeder der 20 Investoren durchschnittlich 7.500 Euro beisteuern müsste, was einem Crowdinvesting zuwiderläuft, das sich ja definitionsgemäß an zahlreiche Personen richtet und nicht nur an vermögendere Einzelinvestoren, die Totalverluste in dieser Höhe locker wegstecken können.

Was ist nun ganz konkret daran störend, wenn das Volumen von 100.000 Euro überschritten wird? Die Erstellung eines Verkaufsprospekts gemäß den gesetzlichen Anforderungen ist arbeitsintensiv, mit hohen Gebühren verbunden und damit letztlich teuer. In § 7 des Vermögensanlagengesetzes wird auf die erforderlichen Inhalte des Prospekts verwiesen und in § 8 darauf, dass der Prospekt erst nach einer Prüfung durch die Bundesanstalt für Finanzdienstleistungsaufsicht (BaFin) veröffentlicht werden darf. Die meisten Start-ups werden einen entsprechenden Prospekt vermutlich nicht ohne fremde professionelle Hilfe erstellen können. Was bringt es aber, wenn 120.000 Euro an Kapital für das Start-up-Unternehmen eingeworben werden konnten, die

---

30 Vgl. § 6 in Verbindung mit den §§ 1 und 2 VermAnlG.

Prospekterstellung jedoch 20.000 Euro oder mehr gekostet hat und dann noch die Vermittlungsgebühr für die Plattform hinzukommt? Jenseits der 100.000 Euro ist ein Crowdinvesting folglich nur dann interessant, wenn der Emittent (also in der Regel das Start-up-Unternehmen) ein hohes Finanzierungsvolumen benötigt, also vielleicht etwa in den Bereich von 500.000 Euro (und darüber) gelangt, wobei dieser Mindestbetrag eher noch tief gegriffen erscheint. Bei hohen Finanzierungsbeträgen fallen die Kosten für die Prospekterstellung weniger ins Gewicht.

Festzuhalten ist: Sorgt der Betreiber einer Crowdinvesting-Plattform dafür, dass ordnungsgemäße, also dem VermAnlG entsprechende, Verkaufsprospekte erstellt werden, dann ist die 100.000-Euro-Grenze für die Crowd-Finanzierung kein Thema mehr. Sicherlich werden vereinzelte Plattformen diesen Weg gehen, dann allerdings auf entsprechend hohe Finanzierungsvolumina abzielen.

Das Portal *Bergfürst* beschreitet einen derartigen Weg. Zunächst: *Bergfürst* verfügt über eine BaFin-Lizenz, die dazu berechtigt, Aktien zu emittieren und zu handeln. Das Geschäftsmodell von *Bergfürst* arbeitet nicht mit hybriden Finanzierungsinstrumenten (also z. B. mit stillen Beteiligungen) wie andere Crowdinvesting-Plattformen, sondern mit „echten" Beteiligungen via Aktie, was mit deutlich höheren Kosten verbunden ist als bei den sonst für ein Crowdinvesting üblichen stillen Beteiligungen, Genussrechten oder partiarischen Darlehen. Der Vorteil geringer Transaktionskosten, der typisch für ein Crowdinvesting ist, entfällt bei dem von *Bergfürst* gewählten Modell also. Nach eigenen Angaben sieht *Bergfürst* den Einsatz seiner Plattform bei Finanzierungsbeträgen zwischen 2 und 4 Mio. Euro, was darauf hindeutet, dass der oben genannte Mindestbetrag von 500.000 Euro für ein oberhalb von 100.000 Euro liegendes Crowdinvesting tatsächlich eher zu tief angesetzt wurde. Meine Schätzungen gehen wie gesagt dahin, dass die Erstellung eines Prospekts mindestens 20.000 Euro kosten wird, bei großen Projekten aber gegebenenfalls noch höher liegen kann.

Interessant ist natürlich nicht nur, welche rechtlichen Einschränkungen für ein Crowdinvesting bestehen, sondern auch, welche Verhaltenspflichten den Plattformen auferlegt werden. Können sich die Plattformbetreiber einfach sorgenfrei zurücklehnen, wenn etwas schiefgeht, oder werden sie für bestimmte Misslichkeiten zur Verantwortung gezogen? Die meisten Crowdinvesting-Plattformen haben ihr Geschäftsmodell so gestaltet, dass sie komplett durch das Raster des Banken- und Kapitalmarktaufsichtsrechts in

Deutschland fallen.[31] Bei Einhaltung der 100.000-Euro-Grenze gelingt es ihnen tatsächlich, sich fast komplett sorgenfrei zurücklehnen zu können. So ist die momentane deutsche Rechtslage. Anders sieht dies in den USA aus, denn dort existieren umfangreiche Verhaltenspflichten, die Crowdinvesting-Anbietern auferlegt werden. So nimmt der Portalbetreiber in den USA die Stellung eines Garanten ein, der u. a. sicherzustellen hat, dass die Investoren hinreichend informiert sind und keine als kriminell einzustufenden Vorgänge über seine Plattform stattfinden, etwa Unterschlagung oder Betrug.[32] Das bedeutet nicht, dass es in Deutschland keine rechtliche Handhabe gibt. Bei Betrugs- oder Unterschlagungsdelikten greift natürlich das übliche Strafrecht. Das Kapitalmarktrecht deckt eher die „Feinheiten" ab.

Letztlich ist die rechtliche Situation für ein Crowdinvesting in Deutschland aus Sicht der Gründer und der Portale ausgesprochen gut, eben mit der nicht ganz unerheblichen Einschränkung, dass dies nur für Investments bis zu einem Gesamtbetrag von 100.000 Euro gilt – unterliegt das Crowdinvesting doch bis zu diesem Betrag nahezu keinen ernsthaften gesetzlichen Restriktionen. Andererseits erhält der Anleger auch keinen zusätzlichen Schutz, der sich aus gesetzlichen Regelungen ableiten ließe, die speziell auf den Kapitalmarkt abzielen. Klar: Wenn es kriminell wird, gibt es natürlich alle Möglichkeiten, die es anderswo im Geschäftsleben auch gibt. Dazu bedarf es keiner zusätzlichen kapitalmarktrechtlichen Regulierungen. Gedacht ist an einen darüber hinausgehenden speziellen Schutz, wobei man sich dann immer fragen muss, ob die „normalen" Gesetze nicht schon ausreichen.

Wie bereits erwähnt, fliegt das sogenannte partiarische Nachrangdarlehen unterhalb des Radars des Kapitalmarktrechts und ermöglicht ein Überschreiten der 100.000-Euro-Marke. Allerdings lässt sich diese Art von Darlehen nur mit Mühe auf die Belange des Crowdinvestings zuschneiden. Manchmal wird ein solches Darlehen im Rahmen seiner konkreten vertraglichen Ausgestaltung durch die Crowdfunding-Plattformen derart verbogen, dass man sich tatsächlich fragen kann, ob es sich in dieser Form überhaupt noch um ein solches handelt oder ob nicht eigentlich eine Umqualifizierung in eine stille Beteiligung oder ein Genussrecht stattfinden sollte beziehungsweise müsste. Eine Umqualifizierung würde dazu führen, dass plötzlich die 100.000-Euro-Grenze zöge und eine Prospektpflicht entstünde. Doch seien

---

31 Vgl. Klöhn, L./Hornuf, L. (2012), S. 260.
32 Vgl. ebenda, S. 264.

wir froh, dass momentan alles glatt läuft und es keine unnötigen Eingriffe, etwa seitens der BaFin, gibt.

Würden den Plattformen und/oder den Start-ups nämlich zusätzliche Pflichten aufgebürdet, dann könnte es durchaus dazu kommen, dass die Erfüllung dieser Pflichten ein Crowdinvesting derart verteuern würde, dass es faktisch nicht mehr durchführbar wäre. Die Transaktionskosten würden steigen und ein Crowdinvesting gegebenenfalls unrentabel werden lassen. Der Schutz des Anlegers ist also ein zweischneidiges Schwert. Ein Schutz ist zwar grundsätzlich wünschenswert, kostet jedoch Geld für die Anbieter und mindert zudem die Chancen der Anleger, weil viel weniger interessante Projekte angeboten werden können. Das Crowdinvesting lebt von seiner Einfachheit und der Möglichkeit einer kostengünstigen Umsetzung für die Beteiligten. Eine weitreichende gesetzliche Regulierung wird also kaum geeignet sein, dem Crowdinvesting einen breitflächigen Einsatz zu ermöglichen.

Der Anstoß von Klöhn/Hornuf dazu, den derzeitigen Rechtsrahmen für ein Crowdinvesting in Deutschland und Europa zu überdenken, erscheint zunächst löblich.[33] Zu beachten ist allerdings: Umfassendere Regulierungen führen meist eher zu zusätzlichen Problemen, nicht aber zu einer wirklich verbesserten Situation. Jedwede Art der Verkomplizierung der Rahmenbedingungen verteuert das Crowdinvesting und nimmt ihm einen wesentlichen Vorteil. Dennoch bleiben meines Erachtens zumindest zwei Dinge, die änderungsbedürftig sind. Dabei handelt es sich zum einen um die 100.000-Euro-Grenze für ein „störungsfreies" Crowdinvesting. Es sollte ernsthaft überlegt werden, diese Grenze anzuheben, um die zuvor beschriebene Finanzierungslücke jenseits der 100.000-Euro-Marke zu reduzieren, die sich außerhalb des Modells mit partiarischen Darlehen auftut. Des Weiteren könnte es durchaus in einem gewissen Rahmen sinnvoll sein, den Betreibern von Crowdinvesting-Portalen gewisse Sorgfalts- und Garantiepflichten aufzuerlegen, was allerdings mit Augenmaß erfolgen sollte. Welche Verhaltenspflichten den Plattformbetreibern sinnvollerweise abverlangt werden können und sollten, wird in Gliederungspunkt 4.3.5 näher diskutiert. Das dürfte für die meisten Plattformen ohnehin kein Problem darstellen, denn sie verhalten sich vernünftig.

Seedmatch, Companisto, Fundsters und *United Equity* ermöglichen es ebenso wie die *Deutsche Mikroinvest* und *Bergfürst*, die Finanzierungs-Schwelle von

---

33 Vgl. Klöhn, L./Hornuf, L. (2012), S. 266.

100.000 Euro (deutlich) zu überschreiten. Eine „ungestrafte" Überschreitung ist dann möglich, wenn partiarische Nachrangdarlehen angeboten werden oder ein Verkaufsprospekt erstellt wird oder eine indirekte Beteiligung erfolgt oder maximal 20 Anteile angeboten werden.[34] Es gibt also gleich mehrere Möglichkeiten, über die Schwelle zu kommen, jedoch bleiben nur das partiarische Nachrangdarlehen und die indirekte Beteiligung (über deren Funktionsweise ich später berichten werde) ohne unerwünschte Nebenwirkungen.

Ein bislang im Internet weder unter dem Stichwort Crowdinvesting noch unter Crowdfunding aufzufindendes Web-TV-Portal bietet ebenfalls Beteiligungen an und nutzt dabei mittels des angebotenen „19+1-Modells"[35] die zuvor erwähnte Grenze von 20 Anteilen, die es ermöglicht, vom Publikum Kapital oberhalb von 100.000 Euro einzuwerben. Dabei handelt es sich um *InvestorTV*. Dieses Portal bietet verschiedene Investitionsmodelle an, u.a. stille Beteiligungen, Genussrechte und partiarische Darlehen sowie die Beteiligung an einem Fonds. Start-up-Unternehmen, aber auch Unternehmen, die sich bereits in späteren Phasen befinden, können sich über *InvestorTV* im Internet vorstellen und auf diesem Wege Investoren gewinnen. Bei *InvestorTV* ist ein Crowdinvesting ab einem Einsatz von 500 Euro möglich. Wenngleich einzuräumen ist, dass bei nur 20 Investoren in aller Regel von jedem Einzelnen im Durchschnitt ein so hoher Geldbetrag kommen muss, dass im Grunde nicht mehr von Crowdinvesting die Rede sein kann, wurde dieses Portal hier deshalb erwähnt, weil es wiederum auf eine ganz andere Weise die 100.000-Euro-Grenze unterläuft als andere Plattformen und damit durchaus eine interessante Variante bietet, die eher für vermögendere Einzelinvestoren geeignet erscheint. Zu ergänzen ist, dass *InvestorTV* momentan inaktiv im Hinblick auf neue Investments ist und den Betrieb erst im Laufe des Jahres 2014 wieder hochzufahren gedenkt. Die ansonsten an der 100.000-Euro-Marke festhängende Crowdinvesting-Plattform *Innovestment* hat in wenigen Einzelfällen auch schon Fundings jenseits von 100.000 Euro durchführen können, da dies mit 20 oder weniger Investoren passierte.

Oberhalb der 100.000-Euro-Schwelle ist – wie gesagt – aber auch dadurch eine Finanzierung umsetzbar, dass die damit einhergehende Prospektpflicht erfüllt wird. Genau diesen Weg gedenken vereinzelte Plattformen zu beschreiten.

---

34 Vgl. § 2 Nr. 3 VermAnlG.
35 Vgl. zu diesem Modell: http://investortv.de/uber-investor-tv/investor-tv-stellt-sich-vor/ (Zugriff: 7.1.2014).

Hier fragt sich natürlich, wie der oberhalb von 100.000 Euro entstehenden Prospektpflicht nachgekommen werden kann, ohne dass sie erdrückend hohe Kosten auslöst. Dabei sind die entstehenden Kosten immer in Relation zum gesamten Finanzierungsbetrag zu sehen. Wenn die einzuwerbenden Finanzmittel weit über 100.000 Euro liegen, rentiert sich die Prospekterstellung, denn dann spielen die dadurch ausgelösten Kosten im Vergleich zum eingeworbenen Kapital nur noch eine untergeordnete Rolle. Schlecht ist es allerdings, wenn die Gesamtsumme nicht zusammenkommt und die Finanzierung dadurch platzt. Dann entfällt zwar die Provisionszahlung für die (erfolglose) Kapitalvermittlung für das Start-up-Unternehmen, jedoch bleiben die hohen Kosten für die Prospekterstellung erhalten. *InvestorTV* verursacht mit dem gewählten „19+1-Modell" hingegen keine (teure) Prospektpflicht, ebenso nicht die Modelle, die über ein partiarisches Nachrangdarlehen funktionieren.

Was zunächst bleibt: Die Plattformen *Seedmatch, Companisto, Fundsters, Bergfürst, United Equity* und *Deutsche Mikroinvest* dringen in andere Dimensionen der Finanzierung vor als etwa *Innovestment*, wo man bei der Finanzierung im Regelfall an der 100.000-Euro-Grenze stoppt.

Das Portal *bestBC* bot (als es noch existierte) umfangreiche kostenpflichtige Zusatzleistungen an, wie Anlegerverwaltung und Investorenmanagement, Erstellen von Videoclips für die Präsentation und die Prospekterstellung. Wer das als Start-up alles in Anspruch nimmt, der muss schon ein recht hohes Finanzierungsvolumen anstreben, da er ansonsten von den Zahlungen für die Zusatzleistungen „aufgefressen" wird. So kostet etwa die Prospekterstellung wahrscheinlich allein schon 20.000 Euro. Hinzu kämen weitere zu bezahlende Leistungen sowie die Provision für die Kapitalvermittlung. In solchen Fällen sind schnell mal an die 40.000 Euro weg, wenn man z. B. 150.000 Euro eingesammelt hat. Also: entweder ohne Prospektpflicht und ohne andere große Zusatzkosten oder mit deutlich höherem Funding.

2.4 Kurzer Blick auf die Literatur

Die deutschsprachige Literatur zum Crowdinvesting ist bis zum heutigen Tage überwiegend entweder nur auf Einzelfacetten des Themas ausgerichtet oder inhaltlich höchst dürftig, dies mit nur sehr wenigen Ausnahmen. Zunächst: Das auf einer Bachelor-Thesis beruhende Buch „Crowdinvesting

als Finanzierungsalternative für deutsche Start-ups" von Marc Stahlmann[36]
geht im Vergleich zu anderen Quellen noch relativ breit auf das Thema ein
und kann als recht ordentlich eingestuft werden.

Unter dem Titel „Crowdinvesting – Schwarmfinanzierung – Praxis-Handbuch für Gründer" [37] beleuchtet der Autor Matthias Kletzsch das Crowdinvesting aus der Perspektive der Start-ups, ohne dabei aber weiter in die Tiefe
des Themas einzutauchen.

Robert Kochs Buch mit dem sperrig klingenden Titel „Crowdinvesting
und Peer-to-Peer-Lending: Genossenschaftsbanking 2.0 als neue Strategie der
Unternehmensfinanzierung"[38] bezieht neben dem Crowdinvesting auch die
Vermittlung von Krediten mit ein, die von Privat an Privat gegeben werden
(Peer-to-Peer-Lending) und erweitert damit den Blickwinkel auf ein interessantes dem Crowdinvesting benachbartes Themengebiet, das auch als Crowdlending bezeichnet wird. Weiter eingestiegen bin ich in dieses Buch aufgrund
der im Titel angedeuteten sehr speziellen Ausrichtung (fahrlässigerweise) noch
nicht und sehe mich folglich leider nicht in der Lage, zum Inhalt Näheres zu
berichten.

Zum Thema Crowdinvesting konnte ich bislang nur zwei deutschsprachige
wissenschaftliche Veröffentlichungen in namhaften Fachzeitschriften finden,
welche diesem Anspruch auch gerecht werden. Dabei handelt es sich zunächst
um einen umfangreichen und stark rechtlich geprägten Fachzeitschriftenbeitrag
der Autoren Lars Klöhn und Lars Hornuf mit dem Titel „Crowdinvesting in
Deutschland. Markt, Rechtslage und Regulierungsperspektiven"[39], der zwar
anfangs auch außerjuristische Aspekte dieser Finanzierungsform aufgreift,
sich aber letztlich auf die rechtlichen Dinge konzentriert. Es handelt sich um
einen ersten guten und umfassenden Einstieg in die juristischen Belange, die
das Crowdinvesting betreffen.

Recht neu ist der Aufsatz „Investorenschutz im Crowdinvesting" von
Alexander Meschkowski und Fredrike K. Wilhelmi, der sich allerdings nur
um einen von vielen Teilaspekten des Themas dreht (den Investorenschutz),
diesen jedoch ausführlich und kompetent darstellt.[40]

---

36 Vgl. Stahlmann, M. (2013).
37 Vgl. Kletsch, M. (2013).
38 Vgl. Koch, R. (2012).
39 Vgl. Klöhn, L./Hornuf, L. (2012).
40 Vgl. Meschkowski, A./Wilhelmi, F. K. (2013).

Es gibt noch etwas aus wissenschaftlicher Sicht. Dabei handelt es sich um ein Forschungspapier von Hanno Kortleben und Berndhard H. Vollmar[41], das sich schon frühzeitig mit dem Crowdinvesting befasste und erste wichtige wissenschaftliche Einstiege dazu lieferte.

Dann: Ivo Blohm, Jan Marco Leimeister, Karsten Wenzlaff und Michael Gebert gaben eine (kostspielige) Crowdfunding-Studie heraus, die u. a. auch dem Crowdinvesting längere Passagen widmet.[42]

Nun: Immerhin gibt es erste Lichtblicke aus dem wissenschaftlichen Bereich, wenngleich dort noch sehr vieles der Bearbeitung harrt. Nachdem literaturmäßig bislang noch weit mehr Lücken als ausgefüllte Inhalte zu sehen sind, hoffe ich: Wenn ich demnächst die 3. Auflage dieses Buches schreibe, werde ich in der deutschsprachigen Literatur mehr Material zum Thema Crowdinvesting vorgefunden haben.

Fast vergessen hätte ich eine wichtige weitere Informationsquelle, die zwar nicht unter den Begriff Literatur fällt, jedoch stets aktuelle Inhalte zum Thema bietet. Es handelt sich um im Internet befindliche Informations-Plattformen zum Crowdinvesting beziehungsweise zum Crowdfunding. Welche das sind, lässt sich der Auflistung von Internet-Links auf S. 247 dieses Buches entnehmen.

---

41 Vgl. Kortleben, H./Vollmar, B. H. (2012).
42 Vgl. Blohm, I./Leimeister, J.M./Wenzlaff, K./Gebert, M. (2013).

3. KAPITEL

STELLUNG DES CROWDINVESTINGS IM RAHMEN DER FINANZIERUNG

3.1 Einordnung des Crowdinvestings hinsichtlich der Finanzierung von Start-ups

Es steht außer Zweifel, dass die Finanzierungsmöglichkeiten für Start-up-Unternehmen in der Gesamtsicht alles andere als gut sind. Mit welchen Schwierigkeiten sehen sich potenzielle Gründer bezogen auf die Finanzierung ihrer Geschäftsideen aber konkret konfrontiert? Zunächst sei der Rahmen für die Finanzierung von Start-ups aufgezeigt, sowie die Stellung des Crowdinvestings darin.

Abbildung 6 stellt typische Phasen der Finanzierung eines Unternehmens dar und lässt die für ein Start-up hinsichtlich seiner Finanzierung schwierigen Phasen erkennen, die unter „Kapitalverfügbarkeit" in weißer Schrift gekennzeichnet sind.

Die schraffierte Darstellung bedeutet, dass die entsprechenden Finanzierungsquellen an dieser Stelle nur eingeschränkt verfügbar sind.

Zu den Finanzierungsphasen: Als Seed-Phase wird die Vorgründungsphase des Unternehmens bezeichnet, in der die Geschäftsidee entwickelt wird. Diese Phase ist oftmals durch Forschungs- und Entwicklungsarbeiten geprägt, jedoch auch durch Machbarkeitsstudien und das Erarbeiten eines Businessplans für das zu gründende Unternehmen sowie weitere Dinge zur Vorbereitung der Gründung, wozu etwa auch die Suche nach Kapitalgebern gehört. Nicht selten sind die potenziellen Gründer in der Seed-Phase einzig und allein auf finanzielle Mittel angewiesen, die aus ihrer eigenen Tasche stammen.

Finanzierungsphase	Frühphase (Early Stage)		Expansionsphase (Expansion Stage)	Reifephase (Late Stage)	
	Seed	Start-up	Expansion	Bridge	Buy out
Unternehmensphase	Vorbereitung	Gründung u. Ingangsetzung des Geschäfts	Marktdurchdringung u. Erschließung neuer Märkte	Vorbereitung von Verkauf beziehungsweise Börsengang	Ausstieg der (Alt-)Gesellschafter
Gewinnzone / Verlustzone					
Kapitalbedarf	gering/mittel	mittel	hoch	hoch	
Typische Finanzierungsquellen	eigene Mittel / Fördermittel		Venture-Capital	Kredite / Private Equity / strategische Investoren / Börse	
Kapitalverfügbarkeit	sehr gering	gering	deutlich zunehmend	umfassend	

Abb. 6: Finanzierungsphasen, Finanzierungsquellen und Kapitalverfügbarkeit[43]

Wenn die eigenen Mittel nicht ausreichen, um das Projekt zu realisieren, wäre ein weiterer denkbarer Schritt, Familienmitglieder und Freunde von dem Projekt zu überzeugen und diese zu bewegen, sich an der Finanzierung zu beteiligen. Oft wird diese Gruppe von Kapitalgebern etwas erweitert als *Friends, Family & Fools* bezeichnet, wobei mit *Fools* Personen gemeint sind, die sich leicht für ein Projekt begeistern lassen und/oder idealistisch angehaucht sind. Oftmals wird die bis dahin erreichte Gesamtsumme immer noch nicht genügen, um einen Erfolg versprechenden Start zu gewährleisten. Reichen die eigenen Mittel zuzüglich der Gelder, die Angehörige, Freunde und *Fools* aufbringen, nicht aus, dann wird die Hürde für eine erfolgreiche Finanzierung oftmals sehr hoch.

Hilfreich kann hier etwa die Teilnahme an einem Businessplan-Wettbewerb sein, der sich auf die Phase vor dem Start von Unternehmen richtet. Die

---

43 Vgl. etwa auch Schefczyk, M. (2000), S. 24; Hackl, E./Jandl, H. (2004), S. 197.

Preisgelder variieren je nach Wettbewerb, werden allerdings in den meisten Fällen nur als willkommenes zusätzliches Startkapital ausreichen. Die Gewinner solcher Wettbewerbe profitieren manchmal jedoch von der öffentlichen Aufmerksamkeit und finden dadurch weitere Kapitalgeber. Ein prämiertes Gründungskonzept erweckt schließlich Vertrauen bei potenziellen Geldgebern, was sich natürlich positiv auf die Chance von Start-ups auswirkt, erfolgreich zusätzliche finanzielle Mittel einwerben zu können.

An dieser Stelle ist zu sagen, dass sich die Start-up-Phase nicht allein auf den Gründungszeitpunkt bezieht, sondern deutlich weiter reicht. Sie beginnt zunächst mit der formellen Unternehmensgründung und ist weiterhin durch die Ingangsetzung des Geschäfts geprägt, was zumeist einige Wochen oder Monate dauern wird und sich nicht selten über ein oder vielleicht sogar mehrere Jahr(e) erstreckt. Darüber, wann die Start-up-Phase denn endet, besteht keine Einigkeit. Sie ließe sich z. B. so definieren, dass die Start-up-Phase dann als abgeschlossen gilt, wenn die Markteinführung gelungen ist und das Unternehmen darüber hinaus die Gewinnschwelle erreicht hat.

Genau diese beiden bislang beschriebenen Phasen, die Seed- und die Start-up-Phase, sind im Hinblick auf die Finanzierungsmöglichkeiten als kritisch einzustufen.[44] Erst dann, wenn das Unternehmen bewiesen hat, dass es Gewinne zu erzielen in der Lage ist, also die Gewinnschwelle überschritten hat, wird es leichter, eine weitere Finanzierung zu erhalten. Wer Glück hat, kann in der Frühphase einen Business Angel für sich gewinnen, wobei es sich oft um sehr vermögende Privatpersonen handelt, die selbst schon einmal ein Unternehmen gegründet haben. Sie unterstützen die Gründer nach Möglichkeit zusätzlich mit ihrem Know-how und ihrem Netzwerk. Aufgrund des in der Gesamtsicht recht geringen Volumens an finanziellen Mitteln, welche über Business Angels zur Verfügung gestellt werden, lassen sich die Finanzierungslücken in der Frühphase auf diesem Weg nur geringfügig mildern. Aber: besser als nichts.

In der Start-up-Phase stehen gegebenenfalls schon erste Venture-Capital-Geber zur Verfügung. In der Literatur wird die Verfügbarkeit finanzieller Mittel über Venture-Capital-Geber nicht selten schon in frühen Finanzierungsphasen (Seed- und Start-up-Phase) als höher eingestuft, als ich dies in Abbildung 6 angebe. Meine – von manch einer Quelle also abweichende – Darstellung basiert auf eigenen Erfahrungen bei der Unterstützung von Gründern. Das Motto bei der Projektauswahl dieses Investorentyps ist häufig dieses: „Das

---

44 So etwa auch: Hemer, J./Schneider, U./Dornbusch, F./Frey, S. (2011), S. 30 ff.

Geschäftsmodell muss seine Tragfähigkeit erst einmal bewiesen haben, dann steigen wir ein."

Genau an dieser Stelle werden vermutlich die meisten interessanten Projekte im Hinblick auf ihre Finanzierung scheitern, da sie „auf Perspektive" ausgerichtet sind und die Gewinnschwelle gegebenenfalls noch in weiter Ferne liegt. In der Endzeit des *Neuen Marktes* und der *Dotcom-Blase* machten nicht wenige Venture-Capital-Geber schlechte Erfahrungen mit Investments in junge (Technologie-)Unternehmen. Sie zogen sich damals (zur letzten Jahrtausendwende) reihenweise blutige Nasen hinsichtlich ihrer Finanzierungen zu und sind vorsichtiger geworden. Entsprechend hat sich ihr Engagement heutzutage tendenziell zeitlich nach hinten – in spätere Phasen – verlagert und ist des Weiteren oft zunächst geringer als seinerzeit.

Man könnte hin und wieder meinen: So richtig möchte manch ein Risikokapitalgeber doch nicht (mehr) ins Risiko gehen. Oftmals erhoffen sich Gründer dennoch eine Finanzierung über Venture-Capital-Geber, werden aber nicht selten enttäuscht, da viele (selbst ernannte) Venture-Capital-Geber doch erst in einer späteren Finanzierungsphase ernsthaft einzusteigen bereit sind und manchmal kaum noch dem Begriff Venture-Capital, also Risikokapital, gerecht werden. Gelegentlich steigen Venture-Capital-Geber aber auch schon in einer frühen Phase ein, dies allerdings eher zunächst mit recht wenig Geld (1. Finanzierungsrunde), um dann bei Erreichen bestimmter Ziele durch das Unternehmen im Rahmen einer 2. und später gegebenenfalls einer 3. Finanzierungsrunde jeweils zusätzliche (höhere) finanzielle Mittel bereitzustellen. Wöhe/Bilstein/Ernst/Häcker drücken die ein wenig missliche Situation in Bezug auf Venture-Capital-Finanzierungen so aus:[45]

> *„In dieser Phase [der Start-up-Phase] befinden sich die Unternehmensgründer in großer Konkurrenz mit anderen Venture-Capital-Suchern."*

D.h., es steht schlichtweg nicht genug Venture-Capital bereit, um die Start-up-Phase von Unternehmen im gewünschten Umfang zu finanzieren. Gemessen an den in der Frühphase nachgefragten finanziellen Mitteln klafft eine nicht unbeträchtliche Finanzierungslücke. Die öffentliche Hand ist bemüht, diese über unterschiedliche Förderprogramme zu schließen, die sich in Summe über alle frühen Phasen der Finanzierung erstrecken.

---

45 Wöhe, G./Bilstein, J./Ernst, D./Häcker, J. (2009), S. 145.

Nachfolgend wird ein Überblick über öffentlich gestützte Förderprogramme gegeben, der allerdings keinen Anspruch auf Vollständigkeit erhebt:

Programm (Träger)	Phase	Zielgruppe	Art der Unterstützung
Einstiegsgeld (BA)	Start-up-Phase	Arbeitslose, die gründungswillig sind	Zuschuss
Gründungszuschuss (BA)	Start-up-Phase	Arbeitslose, die gründungswillig sind	Zuschuss
ERP-Kapital für Gründung (KfW)	Start-up-Phase	Existenzgründer	Darlehen
ERP-Beteiligungspro-gramm (KfW)	Start-up-Phase u. Weiterentwicklung	Kapitalbeteiligungsgesellschaften	Refinanzierung anhand von Darlehen; nur indirekte Förderung; Mittel fließen zweckgebunden an Kapitalbeteiligungsgesellschaft
ERP-Gründerkredit – Startgeld (KfW)	Start-up-Phase	Existenzgründer	Darlehen, mit 80 % Haftungsfreistellung
ERP-Gründerkredit – Universell (KfW)	Start-up-Phase	Existenzgründer	Darlehen
ERP-Kapital für Gründung (KfW)	Start-up-Phase	Existenzgründer	zinsverbilligtes Nachrangdarlehen
ERP-Regionalförder-programm (KfW)	u. a. Start-up-Phase	u. a. Existenzgründer	sehr zinsgünstige Kredite, mit langer Laufzeit u. tilgungsfreier Anlaufphase
ERP-Startfonds (KfW)	Weiterentwicklung	kleine junge Technologieunternehmen	Bereitstellung von Beteiligungskapital
Mikrokreditfonds Deutschland	Start-up-Phase	Kleinstunternehmen und Gründungen	Gewährung von Kleinstbeträgen als Darlehen
Mikromezzaninfonds Deutschland	Start-up-Phase	Existenzgründer	Beteiligung
Hightech-Gründer-fonds	Start-up-Phase	technologieorientierte Gründungen	Bereitstellung von Beteiligungskapital
German Silicon Valley Accelerator	Start-up-Phase	junge Technologieunternehmen des IKT-Bereichs	Zugang zu Ressourcen im Silicon Valley (USA)
Regionale Gründungswettbewerbe	Start-up-Phase	Gründungen	in der Regel Preisgelder

Abb. 7: Übersicht über öffentliche Förderprogramme[46]

---

46 Siehe dazu auch das Existenzgründerportal des BMWi unter: www.existenzgruender.de /selbstaendigkeit/finanzierung/foerderprogramme/09619/index.php.

Neben Förderprogrammen des Bundes gibt es zum Teil auch auf kommu-
naler Ebene Möglichkeiten der finanziellen Unterstützung von Start-up-Unternehmen. Aufgrund der hohen Anzahl von Programmen sowie der zumeist
komplizierten und nur mit Mühe nachvollziehbaren Förderbedingungen wird
immer wieder vom Förder-Dschungel gesprochen. Des Weiteren entsteht oftmals ein hoher bürokratischer Aufwand, der viel Zeit und lange Vorlaufzeiten
erfordert. Eine Reihe dieser Programme wird über die jeweilige Hausbank des
Kapitalsuchenden abgewickelt, die jedoch oftmals wenig Interesse zeigt, da sie
an den Förderprodukten im Allgemeinen – relativ zu der damit verbundenen
eigenen Arbeit – wenig verdient. Anzumerken ist, dass die Programme zum Teil
erhebliche Einschränkungen und bürokratische Hürden aufweisen, was den
Kreis der Förderberechtigten und die Verwendung der zur Verfügung gestellten
Finanzmittel begrenzt. Obgleich ein erhebliches Bemühen der öffentlichen Hand
erkennbar ist, gelingt die Lückenschließung über die Förderprogramme beileibe
nicht in dem Maße, wie es wünschenswert wäre. Zu groß ist die Lücke, die
andere Marktteilnehmer (z. B. Venture-Capital-Geber und Banken) hinterlassen.

Außer bei der Abwicklung von Förderprogrammen der öffentlichen Hand
werden Kreditinstitute oft erst dann gefragt, wenn alle bisher erwähnten Kapitalgeber Geld bereitgestellt haben, die Mittel aber immer noch nicht ausreichen.
Banken werden allerdings im Regelfall Sicherheiten verlangen, die sie entweder
von den Gründern selbst, deren Familienmitgliedern beziehungsweise Freunden oder gegebenenfalls über Programme der öffentlichen Hand erhalten. Der
Nutzen von Kreditinstituten hinsichtlich der Finanzierung von Start-up-Unternehmen kann insgesamt als eher gering angesehen werden, da er sich in aller
Regel auf die Fälle beschränken wird, in denen genug Sicherheiten vorliegen.
Das werden aber zumeist genau die Fälle sein, in denen die Gründer ohnehin
selbst im ausreichenden Maße finanzielle Mittel generieren können. Einzige
Ausnahme sind – wie bereits erwähnt – über Kreditinstitute abzuwickelnde
öffentliche Förderprogramme, bei denen der Staat häufig die fehlenden Sicherheiten bietet, welche die Gründer nicht aufzubringen in der Lage sind. Ein
weiterer Grund, warum Banken selten eine Hilfe bei der Start-up-Finanzierung
sind: Die Abläufe sind bei Banken oft ineffizient, sodass sie nur auf größere
Kreditprojekte eingehen und zumeist wenig Freude daran haben, z. B. einen
Kredit in Höhe von nur 15.000 € an ein Start-up-Unternehmen zu vergeben.

In der anschließenden Expansions- oder Wachstums-Phase werden von den
Unternehmen neue Produkte oder Leistungen hinzugenommen und/oder neue

Standorte und Märkte angesteuert, z. B. auch im Ausland. Das Unternehmen hat nun bewiesen, erfolgreich auf dem Markt tätig sein zu können, und zieht vermehrt andere Kapitalgeber auf sich. Venture-Capital-Geber stehen nunmehr breitflächig zur Verfügung, Banken vergeben zunehmend Kredite, Private-Equity-Geber und industrielle Investoren tauchen nach und nach vermehrt auf.

Bei Private Equity handelt es sich um Kapitalbeteiligungen an nicht börsennotierten Unternehmen, die jedoch bereits etabliert sind. Die Mittel werden über Finanzinvestoren aufgebracht, die entweder als Kapitalbeteiligungsbeziehungsweise Private-Equity-Gesellschaften in Erscheinung treten oder in selteneren Fällen unmittelbar als vermögende Privatpersonen. Private Equity unterscheidet sich vom Venture-Capital im Wesentlichen nur dadurch, dass Erstgenanntes für die Kapitalgeber als weniger risikobehaftet angesehen wird. Echte Finanzierungsprobleme hat in der Phase, in welcher die Private-Equity-Geber in das Geschehen eingreifen, zumeist nur noch derjenige, dessen Unternehmen tatsächlich keinen Erfolg hat.

Im gleichen Stadium, also der Expansions- und Wachstumsphase, treten auch erste sogenannte strategische Investoren auf. Dabei handelt es sich zumeist um Großunternehmen beziehungsweise Konzerne, die sich über den Kauf eines anderen Unternehmens (hier: das inzwischen etablierte ehemalige Start-up) bestimmte Vorteile sichern möchten, wie neue Technologien, neue Vertriebsstrukturen, Mitarbeiter-Know-how etc., oder die einfach nur wachsen wollen.

Die Late Stage oder Reifephase beginnt dann, wenn das Wachstumspotenzial des Unternehmens weitestgehend ausgeschöpft ist. Geldgeber sind nun quasi im Überfluss verfügbar (siehe erneut auch Abbildung 6). Das Motto dieser Kapitalgeber mag sein: „Was jahrelang gut war, kann nicht plötzlich schlecht sein." Manch ein Altinvestor steigt jetzt aus, denn eine weitere Wertsteigerung ist hier oft kaum noch zu erwarten. Er kann sein Geld nun womöglich anderswo besser anlegen.

Nicht immer lässt sich ohne Weiteres erkennen, in welcher Phase beziehungsweise in welchem Stadium sich ein Unternehmen gerade befindet. Ist es noch inmitten oder schon am Ende einer prosperierenden Wachstumsphase? Befindet sich das Unternehmen trotz noch guter Geschäftszahlen vielleicht schon kurz vor dem Abstieg? Beispiel: Bei *Facebook* gehörte der Börsengang (IPO) wahrscheinlich schon zu der Phase, in der die (gut informierten) bisherigen Investoren das Weite suchen, bevor es bergab geht. Aber: Nichts gegen einen Börsengang. Diesem kann durchaus noch eine sehr lange und intensive

Phase des Wachstums und der Wertsteigerung folgen. Dennoch bedeutet der Börsengang manchmal eben auch das „Kasse machen" der bisherigen Investoren, welche diese letzte Chance nutzen möchten, bevor die Fantasie des Publikums stirbt. Es ist (mit Ausnahme des Falles *Facebook*, bei dem – zumindest für mich – leicht vorherzusehen war, dass der Börsengang für die Aktionäre ein Debakel[47] wird) nicht immer einfach zu unterscheiden, wo man mit einem Investment in Aktien gerade hineingerät. Noch viel weniger lässt sich aber die Zukunft von Start-ups einschätzen.

Zurück zu der Problematik, mit der sich viele Gründungswillige konfrontiert sehen. Sie stecken oftmals zunächst sehr viel Vorbereitungszeit und nicht selten auch große Teile ihres verfügbaren Geldes in die Entwicklung ihrer Geschäftsidee (Seed-Phase). Irgendwann halten sie den Zeitpunkt für gekommen, das Unternehmen zu starten. Wie zuvor beschrieben beginnt die Start-up-Phase mit der (formellen) Unternehmensgründung. Manch ein Gründungswilliger mag in der Seed-Phase schon all sein Geld für die Entwicklung seines Produkts verbraucht haben und sucht nun verzweifelt nach frischem Kapital, um Produktion und Vermarktung in Gang bringen zu können. Was allerdings in der Praxis auch vorkommt: Die formelle Gründung eines Unternehmens erfolgt bereits dann, wenn die Seed-Phase eigentlich noch gar nicht richtig beendet ist, also etwa noch weitere Entwicklungsschritte für das Produkt anstehen, um dieses markttauglich zu bekommen. Dies soll zusätzlich verdeutlichen, dass es für Außenstehende zum Teil äußerst schwierig ist, zu beurteilen, an welcher Stelle die Unternehmung in ihrer Entwicklung tatsächlich steht, wenn sie (weiteres) Geld benötigt. Es wird durchaus gelegentlich vorkommen, dass Kapitalsuchende – vielleicht aus Verzweiflung – ein Entwicklungsstadium ihres unternehmerischen Engagements vorgeben, das sie noch gar nicht erreicht haben und vielleicht auch niemals erreichen werden. Dies nicht oder nicht rechtzeitig zu erkennen ist ein Risiko für den Crowdinvestor, und für alle anderen Investoren natürlich auch. Hier besteht (oftmals berechtigte) Hoffnung, dass die Mitarbeiter der jeweiligen Crowdinvesting-Plattform etwaige Probleme frühzeitig erkennen und das Start-up erst gar nicht aufnehmen.

Bleibt festzuhalten, dass Start-ups sehr häufig dann auf schwerwiegende Finanzierungsprobleme stoßen, wenn die in Eigenregie aufgebrachten finanziellen Mittel nicht ausreichen. Kreditinstitute sind mehr oder minder ein

---

47 Wer allerdings z. B. anhand von Optionsscheinen auf Kursverluste von *Facebook* „gewettet" hatte, der mag gegebenenfalls satte Gewinne eingestrichen haben.

Totalausfall, wenn es um die Finanzierung von Start-ups geht (was diese natürlich vehement bestreiten würden), und die öffentliche Förderlandschaft ist so komplex, dass Gründungswillige an ihr manchmal verzweifeln können. Im Regelfall wird hier eine recht aufwendige Recherche oder das Hinzuziehen von Förderberatern sowie viel Geduld nötig sein, um des Förder-Dschungels Herr zu werden und aus einem für die eigenen Zwecke passenden Programm finanzielle Unterstützung zu erhalten.

Letztlich stellt sich die Frage, warum die Teilnehmer am Kapitalmarkt streckenweise versagen und sichtbare Finanzierungslücken hinterlassen. Dazu gibt es einige Theorien, die auf zwei banale grundsätzliche Erklärungen hinauslaufen: Die Kapitalmarktteilnehmer sind entweder unfähig oder unwillig, die Lücke zu schließen. Wenn man jedoch ins Detail geht, wird es durchaus kompliziert, aber auch interessant. Zunächst sei darauf hingewiesen, dass es nicht allein die Kapitalgeber (z. B. Banken, die schließlich teils auch strengen gesetzlichen Regularien unterliegen) sein müssen, denen Versagen anzukreiden ist. Schuld sein können natürlich auch die Kapitalsuchenden selbst, also die Gründer, indem sie etwa bei der Kapitalsuche unsystematisch und zögerlich vorgehen oder ihr Vorhaben und/oder sich selbst schlecht präsentieren. Was kann bei der Kommunikation aus Richtung der Gründer schiefgehen? Gelegentlich schaffen es gründungswillige Techniker nicht, sich von ihrer Fachsprache zu trennen und den mit weniger technischem Sachverstand ausgestatteten Kapitalgebern ihr Projekt verständlich zu erläutern. Oder: Gründer können zwar ihre geniale Idee gut vermitteln, jedoch nicht, wie sie diese gewinnbringend umsetzen wollen. Von dilettantischen Business-Plänen der Gründer lassen sich Finanziers schnell abschrecken, wenngleich auch nicht immer.

Was viele an dem Thema Finanzierung Interessierte schon intuitiv wahrgenommen haben, bestätigt die Kapitalmarktforschung: Es wird zum Teil bezweifelt, dass institutionelle Anleger (Fonds, Banken etc.) besser in der Lage sind, intelligent zu investieren, als die Menge der nicht professionellen Anleger, also die Crowd.[48] Das sitzt. Dennoch lohnt sich ein weiterer Blick hinter die Kulissen, denn eigentlich müssten es die Profis doch besser wissen, oder? Erstens: Profi-Anleger verfügen oft über Eigeninteressen, die sie „gelegentlich" dazu verleiten mögen, diejenigen Anlageprodukte zu verkaufen, die ihnen die größten Gewinne bescheren, aber nicht unbedingt gleichzeitig ihren Kunden. Zweitens: Institutionelle Anleger beschäftigen Personen, die weitgehend über

---

48 Vgl. Klöhn, L./Hornuf, L. (2012), S. 257.

den gleichen fachlichen Hintergrund verfügen, also ähnlich ausgebildet sind und ähnlich vorgehen.[49] Die Auswahl der Investments wird also nach Kriterien erfolgen, die ziemlich in die gleiche Richtung laufen. Die Crowd ist hingegen eine breit gestreute Gruppe, die in Summe viel mehr Informationen verarbeiten kann als etwa für sich allein arbeitende Experten.[50] Das sind Gründe, warum institutionelle Investoren, trotz guter Ausbildung ihrer Mitarbeiter und trotz aller Mühe, die sie sich geben, oftmals dennoch keine besseren Entscheidungen treffen mögen als „die Vielen". Letztlich kann es passieren, dass institutionelle Anleger Trends schlichtweg nicht erkennen und den Start neuer Entwicklungen verpassen. Die Menge an Personen mag hier durchaus gelegentlich ein Korrektiv sein und zusätzliche Einsichten und Möglichkeiten eröffnen. Die Crowdinvesting-Plattform *United Equity* etwa lässt die Crowd darüber befinden, ob ein Unternehmen zum Zwecke der Finanzierung auf die Plattform gelangt, und prüft – nach meinen Informationen – im Wesentlichen nur die formalen Voraussetzungen der sich bewerbenden Start-ups. Hier kommt der Crowd-Gedanke viel stärker zum Tragen als bei anderen Plattformen, welche sich die Selektion zumeist komplett selbst vorbehalten.

Die Crowd kann letztlich genau an der Stelle einspringen, wo die Finanzierung auf andere Weise auf unüberwindbar erscheinende Schwierigkeiten stößt, mit unerwünschten Bedingungen aufwartet oder schlicht zu zeitraubend ist. Das Crowdinvesting tritt somit zum einen möglicherweise dort auf, wo kein anderer Finanzier zu haben ist. Zum anderen wird die Crowd sicherlich zum Teil auch andere Kapitalgeber verdrängen, wenn sie einen einfacheren Zugang zu finanziellen Mitteln und/oder bessere Konditionen für die Gründer ermöglicht. Insgesamt kann also gesagt werden, dass die Crowd entweder andere Geldgeber substituiert oder dann in Aktion tritt, wenn andere Geldgeber – zu den von den Gründern gewünschten Bedingungen – nicht zur Verfügung stehen. Dieser gesamte Komplex wird im nachfolgenden Kapitel detaillierter beleuchtet.

Ergänzt sei zunächst noch, dass die weitere Finanzierung von jungen Unternehmen nach der Anlaufphase gegebenenfalls auch durch die Einbehaltung von Gewinnen (Gewinn-Thesaurierung) erfolgen kann, vorausgesetzt, das Unternehmen erzielt überhaupt erst einmal Gewinne. Mit dieser Art der (zusätzlichen) Finanzierung werden sich allerdings die Mikroinvestoren nicht unbedingt so ohne Weiteres einverstanden erklären, sind sie doch an

---

49 Vgl. ebenda, S. 257.
50 Vgl. Bradford, C. S. (2012), S.114.

den ausgeschütteten Gewinnen in aller Regel beteiligt. Hingegen erhöhen thesaurierte Gewinne wiederum den Unternehmenswert, besonders dann, wenn sie vom Start-up-Unternehmen intelligent investiert werden. Ist die Gewinneinbehaltung vielleicht doch eine Option, mit der sich die Investoren anfreunden können? Die Antwort darauf wird sicherlich von Fall zu Fall unterschiedlich ausfallen. Zu kompliziert? Um die Komplexität gering zu halten und Meinungsverschiedenheiten zwischen Gründern und Mikroinvestoren über dieses Thema vorzubeugen, wäre es meines Erachtens am sinnvollsten, vertraglich eine Vollausschüttung von Gewinnen festzulegen. Das schränkt die Finanzierungsmöglichkeiten in der Wachstumsphase des Start-ups natürlich ein, vermeidet aber kontroverse Diskussionen.

3.2 Crowdinvesting als Substitut zu klassischen Finanzierungsformen

Die Frage liegt nahe, ob ein Crowdinvesting mit anderen Finanzierungsformen konkurrieren kann, diesen also teils das Wasser abzugraben in der Lage ist. Um dies beurteilen zu können, bietet es sich an, erneut den Blickwinkel eines Geldgebers einzunehmen. Ausgangspunkt ist also eine Person, die bereit ist, Geld zu investieren, und die sich nunmehr für die Art der Anlage zu entscheiden hat. Dies könnte z. B. jemand sein, der bislang einen bestimmten Betrag in Aktien investiert hat und der dafür offen ist, Alternativen zu dieser Form der Anlage einzugehen. Diese Person kann sich bislang im Grunde nur an großen börsennotierten Unternehmen beteiligen, die keinesfalls als innovative Start-ups daherkommen. Zu erwähnen ist, dass natürlich auch eine Beteiligung an nicht an der Börse gelisteten Unternehmen möglich ist, jedoch sicherlich nicht für die breite Masse. Kommen wir zurück zu Aktien von börsennotierten Gesellschaften. Im Regelfall wird eine solche Beteiligung über eine Bank abgewickelt, die dafür Gebühren und Depotkosten berechnet. Aber auch ein Crowdinvesting ist nicht gebührenfrei, denn es fällt im Allgemeinen eine Provision für die Kapitalvermittlung an, die nicht unbedingt als gering zu bezeichnen ist[51], wenngleich diese Gebühr in aller Regel nicht vom Kapitalgeber, sondern vom Start-up-Unternehmen zu tragen ist. Wie dem auch sei: Sie schmälert letztlich das verfügbare Kapital.

---

51 Vgl. zu den erhobenen Gebühren insb. Abschnitt 4.3.2.

Der Vergleich von Anlagealternativen erfolgt theoretisch (und oftmals auch praktisch) anhand von drei Kriterien: Sicherheit, Rentabilität und Liquidität. Beim Thema Sicherheit geht es darum, das eingesetzte Kapital nicht zu verlieren, folglich um das Verlustrisiko, das mit der Anlage verbunden ist. Bei risikobehafteten Anlageformen lässt sich mit einer Aufteilung des eingesetzten Kapitals auf mehrere Investments arbeiten (auch als Risikostreuung oder Diversifizierung bezeichnet), um die Risikolage aus Sicht des Anlegers zu verbessern. Bei der Rentabilität geht es darum, unter Berücksichtigung der Laufzeit eine möglichst hohe Rendite auf das hingegebene Kapital zu erzielen. Die Liquidität einer Anlage bezieht sich darauf, wie schnell über das eingesetzte Kapital wieder verfügt werden kann.

Verfolgt seien diese Kriterien anhand eines Crowdinvestings, wobei das an dieser Stelle nur ganz pauschal erfolgen kann, da die zugrunde liegenden Konditionen und Projekte stark variieren. Dennoch lassen sich einige klare Tendenzen ausmachen, die typisch für eine Crowdinvesting-Anlage sind. Zunächst ist das Risiko eines Verlustes des eingesetzten Geldes beim Crowdinvesting als nicht ganz unbedeutend anzusehen. Die Renditeerwartung wird hingegen hoch sein. Die Liquidität der Anlageform Crowdinvesting ist als gering zu bezeichnen, denn in aller Regel gibt es recht lange Mindestlaufzeiten für diese Art des Investments, die zumeist zwischen fünf und acht Jahren liegen.

Zieht man unter Rückgriff auf die drei genannten Kriterien eine Zwischenbilanz, dann sieht es für ein Crowdinvesting zunächst nicht sonderlich gut aus: Einer hohen Renditeerwartung auf der Positivseite stehen gleich zwei negative Komponenten gegenüber, ein relativ hohes Risiko und eine schlechte Liquidierbarkeit der Anlage. Blicken wir jedoch weiter. Die Hoffnung auf eine hohe Rendite wird bei nicht wenigen Investoren vermutlich so sehr ins Gewicht fallen, dass die Aspekte Risiko und Liquidität stärker in den Hintergrund treten mögen. Wie sieht es denn mit einem Lottospieler aus? Dieser ist höchst risikofreudig, denn er muss mit extrem hoher Wahrscheinlichkeit mit dem Verlust seines Einsatzes rechnen. Gleichwohl treibt ihn die (vage) Hoffnung auf eine „gigantische" Rendite an. Und weiter: Die Risikolage wird bei einem Crowdinvesting um ein Vielfaches geringer sein als beim Lotto, jedoch ist der im Idealfall zu erwartende Höchstgewinn bei einem Crowdinvesting auch vergleichsweise sehr viel niedriger als beim Lotto. Dennoch verbleibt beim Crowdinvesting eine nicht allzu schlechte Chance, satte Gewinne zu erzielen.

Um die beiden Schwachpunkte der Anlageform Crowdinvesting (Risiko und Liquidierbarkeit) im Vergleich zu manch anderen Anlagen abzumildern und sie damit noch konkurrenzfähiger werden zu lassen, würden sich Strategien anbieten, die sich auf eine Verbesserung der Risikolage und der Liquidität beziehen. Begonnen sei mit dem Thema Risiko: Der Anleger könnte die Hintergründe des Projekts recherchieren, in das er zu investieren gedenkt. Er kann sich also etwa mit den Marktchancen der Projektidee und mit dem Team befassen, welches das Projekt umsetzen will. Anhand derartiger Recherchen ließen sich die Erfolgs- beziehungsweise Versagenswahrscheinlichkeit und damit das Risiko besser einschätzen, was letztlich Einfluss auf die Projektauswahl haben kann und wird. Eine vergleichbare Verbesserung der Chancen ist beim Lotto nicht möglich, denn alle Zahlenkombinationen haben hier die gleiche Eintrittswahrscheinlichkeit. Des Weiteren böte sich beim Crowdinvesting die Strategie an, den einzusetzenden Geldbetrag auf mehrere oder viele Projekte zu verteilen und das Risiko auf diese Weise zu streuen.

Im Hinblick auf die Liquiditätssituation wäre zu prüfen, ob eine Veräußerung der Anlage (also etwa der stillen Beteiligung, des partiarischen Darlehens oder des Genussrechts) inmitten der Laufzeit realisierbar ist. Es fragt sich, ob die Beteiligung oder das mit einer Erfolgsbeteiligung versehene Darlehen während der Laufzeit an einen Dritten verkauft werden kann. Hier ist nun wichtig, wie die vertragliche Gestaltung der Anlage beschaffen ist. Grundsätzlich dürfte es möglich sein, Anteile oder Darlehen „ungestraft" an Dritte zu veräußern, die allerdings dann auch gefunden werden müssen. Gibt es einen Markt für den Handel mit Crowdinvesting-Beteiligungen? Wenn dem so wäre, dann würde dies die Liquiditätsproblematik aus Sicht des Investors zumindest entschärfen. Ein entsprechend organisierter Markt für Anteile, die aus einem Crowdinvesting stammen, existiert allerdings nicht – mit einer Ausnahme. Die Plattform *Bergfürst* bietet einen sogenannten Sekundärmarkt an, auf dem die Anteile (hier Aktien) an den finanzierten Unternehmen gehandelt werden. Das Problem der Liquidierbarkeit des Einsatzes wird hier deutlich reduziert. Man sieht: Durch Begleitmaßnahmen lässt sich das Crowdinvesting optimieren. Solche Maßnahmen kann zum Teil der Investor selbst initiieren (z. B. Risikostreuung), oder aber die Plattform (z. B. Anbieten eines Sekundärmarkts).

Wichtig erscheint es anzumerken, dass die drei Kriterien Sicherheit, Rentabilität und Liquidität für Investoren selten gleich gewichtig sind. Für den einen Investor spielt etwa die Liquidität der Anlage eine zentrale Rolle, weil er für gewisse Zwecke schnell an sein Geld kommen möchte. Ein anderer Investor verfügt über hinreichend viele schnell liquidierbare andere Geldanlagen und ist bereit, ein langfristiges (Crowd-)Investment hinzuzunehmen, wobei ihm die Renditeerwartung gegebenenfalls das wichtigste Kriterium ist. Zudem sind die drei Kriterien in gewissem Rahmen auch gegeneinander austauschbar. Wenn dem Investor das eine Kriterium besser erfüllt erscheint, dann ist er gegebenenfalls bereit, bei einem anderen Kriterium Abstriche in Kauf zu nehmen.

Festhalten lässt sich: Es ist durchaus zu erwarten, dass sich das Crowdinvesting nahtlos in die Sammlung verschiedenster Finanzierungsinstrumente einreiht und damit auch in Konkurrenz zu eben diesen anderen Finanzierungen steht. Das Crowdinvesting hat meines Erachtens aber einen zusätzlichen Vorteil, der sich nicht dem „magischen Dreieck" *Sicherheit-Rentabilität-Liquidität* unterordnen lässt, nämlich die mit einem Crowdinvesting möglicherweise verbundene positive Ausstrahlung. Das ist erklärungsbedürftig, denn es handelt sich dabei um einen unterstellten psychologischen Effekt, den ich für wahrscheinlich halte, jedoch nicht empirisch belegen kann. Der Pioniergedanke, bei neuen Entwicklungen selbst vorne mit dabei zu sein und etwas zur Weiterentwicklung der eigenen Volkswirtschaft beitragen zu können, kann durchaus Einfluss auf das Anlageverhalten nehmen. Welche andere Form der Geldanlage kann so etwas schon bieten? Hier entstand mit dem Crowdinvesting eine neue Anlagekategorie, die sich aus meiner Sicht anhand klassischer Theorien zum Anlageverhalten nicht so gut wird einschätzen lassen, wie dies bezogen auf gewohnte Anlageformen möglich ist.

Die Antwort darauf, ob das Crowdinvesting ein Substitut zu anderen Anlageformen sein kann, lautet: ja. Wie weit dies letztlich allerdings gehen wird, lässt sich derzeit nicht seriös vorhersagen. Es muss natürlich betont werden, dass einer Expansion des Crowdinvestings immer Grenzen gesetzt sind, denn andere Anlageformen haben schließlich – ein wenig untertrieben gesagt – auch ihre Vorteile, oder anders und etwas vorsichtiger ausgedrückt: Das Crowdinvesting hat gewisse Potenziale, die es ihm höchstwahrscheinlich erlauben werden, anderen Finanzierungsformen gelegentlich Konkurrenz zu bereiten.

Die mögliche Konkurrenzsituation soll am Beispiel der Kreditfinanzierung dargestellt werden. Es wurde zuvor gezeigt (siehe Abbildung 6 in Gliederungspunkt 3.1), dass eine nennenswerte Kreditfinanzierung erst nach der Startup-Phase eines Unternehmens verfügbar wird. Das könnte zu der Annahme verleiten, dass sich ein Crowdinvesting und eine Kreditfinanzierung zeitlich nicht überschneiden. Da das Crowdinvesting allerdings zumeist mit recht langen Mindestlaufzeiten verbunden ist (in der Regel fünf bis acht Jahre), werden beide Finanzierungen zumindest in einer Übergangsphase gleichzeitig auftreten können. Je mehr und je länger „die Crowd" finanziert, umso weniger Mittel werden aus anderen Quellen benötigt. Das Crowdinvesting wird also tatsächlich andere Finanzierungsformen teilweise substituieren. Den Staat wird es freuen, denn er kann sich ein wenig mehr aus der Fördersituation herausziehen, wenn das Crowdinvesting stärker greift. Finanzierungsformen jenseits des Crowdinvestings werden allerdings indirekt auch vom Crowdinvesting profitieren können, denn Letzteres wird manch ein Start-up überhaupt erst aus der Taufe heben und für (spätere) andere Finanzierungen existent werden lassen.

Erwähnt sei erneut, dass ein Crowdinvesting nicht nur auf Start-up-Finanzierungen beschränkt sein muss. Inzwischen greifen durchaus auch bereits etablierte Unternehmen auf ein Crowdinvesting zurück, um z. B. die Einführung neuer Produkte oder anderweitige Wachstumsbestrebungen zu finanzieren.[52] Damit könnte das Crowdinvesting sogar in die Domäne anderer Finanzierungsformen vordringen und unmittelbar in Konkurrenz zu diesen treten. Der Baukasten der Finanzchefs etablierter Unternehmen kann mit dem Crowdinvesting teils sinnvoll ergänzt werden.

3.3 Generierung bislang unerschlossener Finanzierungsvolumina über ein Crowdinvesting

Ausgangspunkt ist hier die Frage, ob durch ein Crowdinvesting Personen zu einem Investment bewogen werden können, die ansonsten nicht investiert hätten, also deren Alternative das Unterlassen eines Investments gewesen wäre. Sie hätten den in Rede stehenden Geldbetrag bei fehlender Möglichkeit, an einem Crowdinvesting teilzuhaben, etwa auf dem Girokonto unverzinst stehen lassen oder zu Konsumzwecken eingesetzt. Unterstellt: Nur aufgrund der Strahlkraft des Crowdinvestings sind sie bereit, im Hinblick auf einen bestimmten Geldbetrag ein unverzinstes „Liegenlassen" aufzugeben oder auf Konsum zu verzichten, und investieren die entsprechenden

---

52 Vgl. auch www.finance-magazin.de/geld-liquiditaet/alternative-finanzierungen/ crowdfunding-ist-der-schwarm-die-bank-der-zukunft/ (letzter Zugriff: 7.1.2014).

finanziellen Mittel nunmehr in ein oder mehrere Start-up(s). Genau dies wäre eine Fallkonstellation, bei der bislang ruhende Finanzierungspotenziale gehoben werden könnten.

Der Reiz, sich unkompliziert an innovativen Projekten beteiligen zu können, wird vielleicht für gar nicht einmal so wenige Personen groß genug sein, um das Risiko eines Verlustes des eingesetzten Geldbetrags einzugehen. Ganz einfach gedacht: Die Verlustwahrscheinlichkeit ist etwa beim Lottospielen – wie bereits erwähnt – um ein Vielfaches höher. Investments in Aktien sind zumeist wenig sexy, da eine Beteiligung im Regelfall nur an großen bereits etablierten Unternehmen mit erprobten Geschäftsmodellen möglich ist, deren wesentliche Wertsteigerung bereits weit zurückliegt. Und: Wer glaubt denn heutzutage wirklich noch daran, bei einem Investment in Aktien an einer bahnbrechenden Entwicklung beteiligt zu sein? Irgendwie liegt das Crowdinvesting letztlich zwischen Lotto und Aktie, wobei es sicherlich der Aktie in gewisser Weise um einiges näher ist. Sowohl gegenüber dem Lottospielen als auch gegenüber der Aktienanlage wird das Crowdinvesting bestimmt nicht nur für wenige über mehr Charme verfügen, oder?

Im vorherigen Gliederungspunkt wurde bereits die mit einem Crowdinvesting möglicherweise – mehr als mit anderen Formen des Investments – verbundene positive Ausstrahlung angesprochen. Ein Crowdinvesting könnte z. B. auch der Selbstdarstellung von Mikroinvestoren dienen, die sich mit der Teilnahme daran positiv in ihrem Umfeld präsentieren möchten.[53] Womöglich sieht der Mikroinvestor auch ein sinnvolles (gesellschaftliches) Engagement darin, sein Start-up zu unterstützen.

All dies kann natürlich nicht nur dazu führen, dass klassische Finanzierungsformen stellenweise durch ein Crowdinvesting substituiert werden, sondern auch dazu, dass solche Personen sich nunmehr für ein Investment entscheiden, die ansonsten die Unterlassungsalternative gewählt hätten. Ich beispielsweise hing vorher deshalb in der Unterlassungsalternative fest, weil die Verzinsung für sichere Anlagen momentan dermaßen lausig ist, dass ich schlichtweg inaktiv blieb. Mein Geld vom Girokonto wegzubewegen, für weniger als ein Prozent Zinsen, war mir die Bindung meines Kapitals für eine gewisse Dauer einfach nicht wert. Dem Crowdinvesting könnte es tatsächlich gelingen, Menschen hinter dem Ofen hervorzulocken, die ansonsten zum gegenwärtigen Zeitpunkt

---

53 Vgl. auch Hemer, J./Schneider, U./Dornbusch, F./Frey, S. (2011), S. 47.

nicht investiert hätten (wie mich), oder solche, die sogar dauerhaft auf Investitionen verzichtet hätten.

Was spricht noch für die Teilhabe an einem Crowdinvesting? In einem für viele heutzutage gewohnten Medium, dem Internet, lassen sich die entscheidungsrelevanten Informationen rund um die Uhr einholen, und mit wenigen Klicks und Eingaben im gleichen Medium kann ein sofortiges Investment ausgelöst werden (vorbehaltlich des Erreichens der Funding-Schwelle), ohne dass Brüche im Ablauf entstehen. Ohne Brüche heißt, dass weder zeitliche Lücken entstehen noch ein Wechsel des Mediums (z. B. vom Internet zum Telefon und/oder Postweg) erforderlich wird, um die Transaktion abzuschließen. Der relativ neue einfache Weg einer Erfolgsbeteiligung über ein Crowdinvesting wird zweifelsohne auch dazu führen, dass manch eine Person, die mangels hinreichender Attraktivität anderer Investmentformen bislang vollständig von Investments abgesehen hat, nunmehr tatsächlich bereit ist, ein Investment einzugehen.

Schwenken wir zu den potenziellen Gründern um. Auch aus dieser Perspektive, also von der Nachfrageseite einer Finanzierung her, kann ein zusätzlicher Bedarf entstehen. Es wird sicherlich Gründungswillige geben, die ihr Vorhaben deshalb nicht angehen, weil sie keine realistische Chance auf eine ausreichende Finanzierung sehen. Sie glauben möglicherweise nicht, dass sie die Finanzierungslücke auf klassischem Wege schließen können. Hier böte das Crowdinvesting zumindest einen zusätzlichen Ansatzpunkt, der für Gründer gegebenenfalls den Ausschlag dafür geben kann, zu versuchen, ihre Geschäftsidee umzusetzen. Manch ein Gründer wird auch andere Wege der Finanzierung finden, z. B. über Venture-Capital oder Fördermittel, jedoch werden die Chancen, eine Start-up-Finanzierung zu erhalten, durch das Vorhandensein des Crowdinvestings steigen.

Bei all dem ist zu beachten, dass es sich bei den über ein Crowdinvesting eingeworbenen Geldern womöglich um „stupid money" handelt, genau wie bei Bankkrediten. Der Kapitalgeber liefert hier in der Regel nur sein Geld ab, ohne zusätzliche Leistungen wie Informationen, Kontakte oder Aufträge beisteuern zu können. Das sieht bei Venture-Capital-Gebern und Business Angels nicht selten anders aus. Sie sind manchmal in der Lage, „smart money" bereitzustellen, also neben dem reinen Geld auch noch nützliche Geschäftskontakte oder handfeste Aufträge mitzubringen. An dieser Stelle wird es schwer für jedwede Form von „stupid money," das „smarte Geld" wirklich zu ersetzen. Das durch ein Crowdinvesting eingeworbene Geld wäre dann eher als Ergänzung zu „smart money" zu sehen und weniger als Substitut. Vorauszusetzen ist dabei allerdings, dass „smart money" erst einmal zu beschaffen ist. Und: Natürlich kann und wird es auch so sein, dass unter den Crowdinvestoren Personen sind, die für das Start-up-Unternehmen mehr als nur Geld anbieten können. Einige Crowdinvesting-Plattformen haben zum Nutzen ihrer jeweiligen Start-ups Blogs beziehungsweise Investor-Relations-Bereiche eingerichtet. Dort finden sich gelegentlich Kommentare oder Hinweise von Investoren, die den Start-ups helfen. Damit gelangt die Finanzierung über ein Crowdinvesting durchaus in die Nähe von „smart money". Ob nun der Business Angel, der Venture-Capital-Geber oder die (große) Crowd „smarter" ist?

Und weiter: „Stupid money" kann durchaus auch fähig sein, „smart money" nach sich zu ziehen. Wenn eine erste Finanzierungsbasis da ist, tun sich andere Kapitalgeber (also auch die besonders smarten) oftmals leichter, selbst Geld hinzuzugeben. Na ja, bei nicht wenigen Venture-Capital-Gebern und Business Angels fragt man sich ohnehin, ob sie wirklich „smart money" bereitstellen können und wollen. Bei Weitem nicht immer folgt den vorherigen Ankündigungen auch die Tat. Und wie gesagt: So unintelligent ist die Crowd nun auch wieder nicht. Dort befinden sich durchaus gelegentlich gute Helfer für das „crowdgefundete" Start-up, sei es mit guten Tipps und Hinweisen oder sogar mit handfesten Kontakten. Die beiden Gleichungen „Venture-Capital = smart money" und „Crowdinvesting = stupid money" lassen sich so nicht aufrechterhalten. Wenn man die auf manchen Crowdinvesting-Plattformen einsehbaren Blog-Beiträge nachliest, dann ist dort beileibe nicht alles „stupid" und nutzlos.

Insgesamt: Vieles spricht dafür, dass ein Crowdinvesting sowohl von der Nachfrageseite (den Unternehmen) als auch von der Angebotsseite (den Investoren) her eine gewisse Erstmaligkeit erzeugen kann, die den Finanzierungsmarkt insgesamt wachsen lässt. Wenn das Crowdinvesting also in der Lage ist, Start-ups entstehen zu lassen, die ansonsten überhaupt nicht an den Start gegangen wären, und wenn das Crowdinvesting gleichsam neue Investorenpotenziale hebt, dann erschließt es zusätzliche Finanzierungsvolumina für junge Unternehmen.

4. KAPITEL

AKTEURE EINES CROWDINVESTINGS

4.1 Kapitalsuchende (Unternehmen)

4.1.1 Zielsetzungen der Kapitalsuchenden

Kapitalsuchende, hier auch als Unternehmer bezeichnet, können unterschiedliche Motive aufweisen, die sie veranlassen, sich auf ein Crowdinvesting zu stützen. Ein naheliegendes Motiv: der Mangel an anderweitigen Finanzierungsmöglichkeiten. Allerdings kann es durchaus sein, dass andere Finanzierungsquellen zur Verfügung stehen, jedoch für die Gründer störende Eigenschaften aufweisen. Dazu seien zwei denkbare Beispiele gegeben. Erstens: Ein Business Angel erklärt sich gnädigerweise bereit, ein Start-up-Unternehmen zu finanzieren, verlangt allerdings im Gegenzug eine aus Sicht der Gründer unangemessen hohe Beteiligung. Zweitens: Eine Privatperson bietet an, sich an der Gründung zu beteiligen, dies jedoch nur unter der Bedingung, umfängliche Mitspracherechte zu erhalten. In beiden Fällen bestünde für den Unternehmer hier also die Möglichkeit, ausreichendes Kapital zu bekommen, das jedoch nur mit (für ihn) unerwünschten Nebenwirkungen. Bei einem Crowdinvesting haben die fremden Investoren, wie von den Unternehmen oftmals präferiert, in aller Regel keine Mitspracherechte und keine Stimmrechte. Sie stören also die kapitalnehmenden Unternehmen nicht bei der Umsetzung ihrer Pläne.

Die Kapitalsuchenden werden bestimmt nicht nur auf die einzuwerbenden finanziellen Mittel schielen, sondern weitere Vorstellungen entwickeln, die mit ihrem Gründungsvorhaben in Zusammenhang stehen. Dies könnten sein:

- Möglichst hohe Gewinne und eine möglichst umfängliche Wertsteigerung ihres Unternehmens (Priorität sehr hoch)
- Selbstverwirklichung und ungestörtes Arbeiten und damit nach Möglichkeit kein Reinreden (vieler) Dritter in das Projekt (Priorität sehr hoch)
- kein unnötiger Aufwand (Priorität mittel bis hoch)

Daraus würden sich für die Unternehmer idealtypisch folgende Zielsetzungen ableiten lassen, die teils konträr zu dem sind, was sich die Kapitalgeber wünschen:

- Möglichst geringe Auszahlungen an die Mikroinvestoren
- möglichst geringe Mitspracherechte und möglichst wenige Informations- und Kontrollrechte für die Mikroinvestoren
- möglichst geringer Verwaltungsaufwand

Wenn die Kapitalnehmer bei der Gestaltung der Konditionen nun den Gedanken auf die Spitze treiben, die Auszahlungen an die Crowd sehr gering zu halten, läuft das Projekt Gefahr, nicht genug Investoren gewinnen zu können, selbst dann, wenn es von der Geschäftsidee her höchst spannend erscheint. Es müsste also hier eine Balance zwischen den Interessen der Unternehmer und denen der Mikroinvestoren gefunden werden, die sich in den vertraglich zu vereinbarenden Konditionen niederschlägt. Üblich ist eine turnusmäßige Beteiligung der Investoren an den Jahresergebnissen zuzüglich einer Beteiligung an der Wertsteigerung des Start-ups, wobei Letztere mit Ablauf der Mindestbeteiligungsdauer fällig wird, sofern die Beteiligung aufgekündigt wurde. Je nachdem, wie die vertraglichen Vereinbarungen sind, erhält der Mikroinvestor seinen Anteil an der Wertsteigerung möglicherweise aber erst dann, wenn ein Nachfolgeinvestor gefunden wurde. Das wäre freilich eine nicht unerhebliche Einschränkung: Was ist, wenn kein Nachfolger gefunden wird? Oft sind die Bedingungen inzwischen allerdings so gestaltet, dass eine Beteiligung an der Wertsteigerung auch dann zu fließen hat, wenn (noch) kein Nachfolger beziehungsweise keine Folgefinanzierung gefunden wurde. Der Mikroinvestor erhält bei seinem Ausstieg (nach Ablauf der Mindestlaufzeit der Finanzierung) quasi eine Abfindung, die unabhängig von einer anderweitigen Nachfolge ist. Die Verträge von *Seedmatch* „garantieren" eine Abfindung in Höhe eines Mehrfachen des Ergebnisses vor Zinsen und Steuern (EBIT) des letzten Geschäftsjahrs oder z. B. des 1,2-Fachen des Umsatzes aus dem letzten Jahr. Bei *Seedmatch* zählt der jeweils höhere Wert. Würde das nicht so oder so ähnlich gestaltet, dann könnte sich das finanzielle Engagement des Crowdinvestors unfreiwillig verlängern. Der Vorgang des Ausstiegs und der Auszahlung eines Investors wird gemeinhin als Exit bezeichnet. Nicht bei allen Crowdinvesting-Plattformen wird klar dargelegt, wie der Exit genau vonstatten geht.

Nun: Der Exit liegt zu Beginn der Finanzierung noch in weiter Ferne, ist allerdings eine äußerst wichtige Station bei einem Crowdinvesting, und dies sowohl für den Investor als auch für das Start-up-Unternehmen. Für den Investor ist dieser Zeitpunkt deshalb so wichtig, weil er dann tatsächlich Kasse machen kann, vorausgesetzt, das (Start-up-)Unternehmen ist richtig durchgestartet, und vorausgesetzt, es gibt keine Einschränkungen beim Ausstieg. Der Exit wird oftmals sogar der stärkste Antrieb für das Engagement des Kapitalgebers sein. Für das Start-up-Unternehmen beziehungsweise für die Gründer wird der Exit möglicherweise ebenso einen wichtigen Einschnitt bedeuten. Da die Gestaltung des Exits von so großer Bedeutung ist, wird dieser Punkt an späterer Stelle (Gliederungspunkt 4.2.4) separat und ausführlich erörtert.

4.1.2 Auswahl der Finanzierungsform und ihrer Konditionen

Die Kapitalsuchenden werden in einem ersten Schritt prüfen, ob ein Crowdinvesting die für sie beste Finanzierungsmöglichkeit darstellt. Vielleicht ist es ja müßig für die Gründer „in spe", über weitere Finanzierungsalternativen nachzudenken. Dies wäre dann überflüssig, wenn realistischerweise keine Alternativen zu einem Crowdinvesting vorhanden wären: Bei Kreditinstituten ernten die Gründer womöglich nur ein mitleidiges Kopfschütteln, Venture-Capital-Gesellschaften finden das Projekt vielleicht zu klein, die Beantragung von Fördermitteln scheitert am Kleingedruckten der Förderrichtlinie und was nicht alles. Die Entscheidung für ein Crowdinvesting basiert also entweder darauf, dass die Gründer keine andere Finanzierungsalternative sehen, oder, falls es tatsächlich in Reichweite befindliche Alternativen gibt, darauf, dass diese den Gründern weniger gut geeignet erscheinen.

Eine aus Sicht der Kapitalsuchenden unpassende Alternative könnte z. B. wie folgt aussehen: Eine Venture-Capital-Gesellschaft knüpft ihr finanzielles Engagement an die Bedingung, einen Anteil am Eigenkapital des Start-ups zu erhalten, den die Gründer als völlig überhöht ansehen. Warum fordern VC-Geber oftmals so hohe Anteile? Erstens: Sie fordern dies, weil sie meinen, es durchsetzen zu können, da der Kapitalsuchende (vermeintlich) keine Alternative hat. Zweitens: Der VC-Geber muss seine an anderen Stellen aufgetretenen Ausfälle kompensieren und bei jedem neuen Investment deshalb mit einem Aufschlag kalkulieren. Der Venture-Capital-Geber begründet seine (hohe) Forderung meist mit dem Stichwort Risiko. Er setzt sein Kapital oder das Kapital anderer hohen Risiken aus und meint, daher auch hohe Ansprüche stellen zu müssen. Nun gut: Das soeben Gesagte im Hinblick auf die VC-Geber hat zwar einen wahren Kern, lässt sich aber nicht auf alle Kapitalgeber dieser Art übertragen. Was bleibt: Wenn der Gründer keine Alternative sieht, hat er schlechte Karten, bessere Konditionen bei einem VC-Geber (oder wem auch immer) für sich herauszuhandeln. Aber auch der VC-Geber hat irgendwo seine Schmerzgrenze und steigt bei deren Überschreiten aus.

Des Weiteren fordern Kapitalgeber gelegentlich Mitspracherechte, mit denen die Gründer nicht leben können oder wollen. Im Übrigen: In dieser Beziehung sind Kredite sehr bequeme Finanzierungsinstrumente, denn sie sind (in aller Regel) völlig frei von Mitspracherechten.

Eine Finanzierung über die Crowd eröffnet gewisse Vorteile, die andere Finanzierungsformen gegebenenfalls nicht in gleicher Weise mitbringen. Wenn schnell viele Crowdinvestoren gefunden werden konnten, dann ist dies ein erstes Indiz für die Marktfähigkeit des Projekts. Die Crowd hat damit ihren Glauben an das Projekt eindrucksvoll dokumentiert, was zwar keineswegs eine Garantie für den Erfolg des Projekts ist, aber zeigt, dass „normale" Menschen und gegebenenfalls potenzielle Käufer oder Nutzer der Produkte oder Leistungen des Start-ups offensichtlich sehr interessiert sind. Außerdem werden die Mikroinvestoren das junge Unternehmen nach Möglichkeit werbewirksam unterstützen, indem sie das Projekt etwa im Familien-, Freundes- und Bekanntenkreis propagieren. Eine klassische Kreditfinanzierung kann mit solchen positiven Nebeneffekten wohl kaum aufwarten.

Unabhängig davon, ob es für die Gründer reelle Finanzierungsalternativen zum Crowdinvesting gibt oder nicht: Es bietet sich für die Gründer an, sich über die eigenen Vorstellungen im Hinblick auf die mit der Finanzierung verbundenen Bedingungen klar zu werden. Um herauszufinden, ob und wenn ja in welcher Ausgestaltung das Crowdinvesting eine zu den Zielsetzungen der Gründer passende Finanzierungsform ist, ließe sich auf folgende grundlegenden Fragestellungen zurückgreifen (hier inklusive „gestellter" Antworten):[54]

Frage	ja/nein	Priorität	Kommentar beziehungsweise zusätzliche Fragestellung
1. Bin ich bereit, den Investoren eine Beteiligung am Eigenkapital einzuräumen?	ja	hoch	Welche konkreten Folgewirkungen ergeben sich daraus?
2. Sollen den Investoren Mitspracherechte eingeräumt werden?	nein	hoch	
3. Bin ich bereit, den Investoren eine Beteiligung am Jahresergebnis meines Unternehmens zu gewähren?	ja	mittel/ hoch	Gewinne werden mit etwaigen Verlusten verrechnet.
4. Wird den Investoren nach Ablauf der Mindestbeteiligungsdauer ein „auskömmlicher" Exit garantiert?	ja	hoch	Möchte ich die Investoren langfristig binden? Wie soll der Exit finanziert werden?
5. Komme ich mit einem etwaigen Funding-Limit in Höhe von 100.000 € klar?	ja	hoch	Wo setze ich die Funding-Schwelle an?
6. Möchte ich die Investoren in mein Marketingkonzept einbinden?	ja	mittel/ hoch	Ist das Kommunikationskonzept der Plattform gut?

Abb. 8: Fragestellungen zu Zielsetzungen der Gründer bezogen auf ein Crowdinvesting.

Die Fragestellungen 1 und 2 zielen darauf ab, welche Rechte den Investoren eingeräumt werden sollen. Wenn nichts anderes vereinbart wird, dann ist „lupenreines" Eigenkapital (z. B. GmbH-Anteile) automatisch mit umfänglichen Rechten des Eigenkapitalgebers verbunden, u. a. mit Informations-, Kontroll-, Stimm- und weiteren Mitspracherechten. Diese Rechte lassen sich über den Gesellschaftervertrag allerdings zum Teil ganz ausschließen, zumindest aber einschränken. Bei den sogenannten hybriden Finanzierungsinstrumenten

---

54 Eine detaillierte Checkliste für Start-ups beziehungsweise Gründer findet sich in Anhang 3.

sind die genannten Rechte zumeist schon originär nicht vorhanden beziehungsweise nur gering ausgeprägt. Deshalb passen sie aus Sicht eines Gründers so
gut auf die Situation eines Crowdinvestings.

Frage 1 lenkt das Augenmerk zudem auf den Aspekt, ob der Crowdinvestor am Vermögen des Unternehmens beteiligt werden soll oder nicht. Liegt
eine Beteiligung am Vermögen vor, wie es bei Eigenkapital üblich ist, dann
wird der entsprechende Kapitalgeber am Liquidationserlös teilhaben und er
kann seine Anteile verkaufen. Ein Fremdkapitalgeber kann nach Ablauf der
Finanzierungsfrist in der Regel lediglich sein eingesetztes Geld zurückver-
langen, nimmt jedoch somit nicht an Wertsteigerungen teil, anders als ein
Eigenkapitalgeber, der seine Anteile veräußert. Gelingt es den Gründern also,
die Crowdinvestoren aus der Stellung als Eigenkapitalgeber herauszuhalten,
dann kann es Erstgenannten oftmals gelingen, die Wertsteigerung ungeteilt zu
vereinnahmen. Allerdings werden die bei einem Crowdinvesting eingesetzten
hybriden Finanzierungsinstrumente fast immer so ausgestaltet, dass eine Partizipation des Investors an der Wertsteigerung auch dann ermöglicht wird, wenn
er formal als Fremdkapitalgeber gilt. Dies lässt sich z. B. über Genussscheine
oder partiarische Darlehen umsetzen. Aus Anreizgründen werden die Instru-
mente zumeist so konzipiert, dass die Crowdinvestoren sowohl an laufenden
Erfolgen des Unternehmens beteiligt werden als auch an der (nach mehreren
Jahren erzielten) Wertsteigerung des Unternehmens.

Die Fragen 3 und 4 sollen zum Nachdenken darüber hinleiten, wie hoch
der Anreiz für die Kapitalgeber gesetzt werden soll und welche Folgen sich
daraus für die Gründer beziehungsweise deren Unternehmen ergeben. Die
Kapitalsuchenden werden unter Umständen versuchen, eine gut erscheinende
Anreizstruktur zu schaffen, die aber letztlich für die Investoren nicht so viel
bringt wie es klingt. Genau deshalb ist dem Investor zu raten, sich mit den
Vertragsbedingungen genauestens auseinanderzusetzen und Schein von Sein
zu trennen. Die meisten Crowdinvesting-Plattformen geben bereits feste (oder
zumindest enge) Rahmenbedingungen für die Anreizstruktur vor, die für
die Investoren durchaus fair sind. Damit schränken sich die Möglichkeiten
der Gründer ein, Scheinlösungen anzubieten. Aber: Ein echter Knackpunkt
sind die in der Praxis nicht selten (zu) hohen Unternehmensbewertungen für
die Start-ups zu Beginn des Engagements, was zulasten der Anteilshöhe der
Investoren geht. Eine anfänglich hohe Bewertung ist schön für den Gründer
und schlecht für den Mikroinvestor.

Das Angebot eines lukrativen Exits erzeugt zwar einen hohen Anreiz für die Mikroinvestoren, in das Projekt einzusteigen, allerdings reizt es ebenfalls dazu an, nach Ablauf der Mindestbeteiligungsdauer wieder auszusteigen. Im Grunde erhalten die Start-ups dann nur eine etwas erweiterte Anschubfinanzierung, die z. B. nach fünf Jahren endet. Aus Sicht der Start-ups ist zu überlegen, ob das gewollt ist oder ob man nicht doch lieber dauerhaft finanziell engagierte Investoren haben möchte. Spätestens kurz vor Ablauf der fünf Jahre (oder welches Mindestzeitraums auch immer) müsste das Unternehmen sich um eine Folgefinanzierung bemühen, die das abfließende Kapital der Mikroinvestoren ersetzt. Die Vergoldung des Exits hat also Nebenwirkungen für das Start-up-Unternehmen, über die man sich schon zu Beginn Gedanken machen sollte.

Frage 5 soll dahin leiten, sich über die Höhe der mindestens erforderlichen Finanzierung klar zu werden. Was nutzt es, wenn die Gründer gemeinsam mit „Friends, Family & Fools" z. B. 50.000 Euro aufbringen konnten, über die Crowdinvestoren zusätzliche 100.000 Euro erhielten, jedoch eine Gesamtfinanzierung in Höhe von 300.000 Euro benötigen, um das Geschäft in Gang zu bringen? Sollen die Gründer erst einmal nehmen, was zu kriegen ist, und dann mal weitersehen, ob sich noch andere Finanzierungsquellen auftun? Risiko! Die Finanzierungslücke sollte bei Durchsicht des Businessplans auffallen, wenn sie denn dort offen angegeben ist oder zumindest indirekt daraus ersichtlich wird. Offensichtlich schiefgelaufen ist genau das bei drei der bislang gescheiterten Crowdinvestings, nämlich den Projekten *betandsleep*, *sporTrade* und *foodiesquare*, deren Scheitern dem Vernehmen nach auf die fehlende Folgefinanzierung zurückzuführen ist.[55] An dieser Stelle wird deutlich, wie wichtig eine von Anfang an vorhandene Durchfinanzierung ist. Die Spekulation auf vermeintlich automatisch kommende Folgefinanzierungen birgt ein nicht unerhebliches Risiko. Ergo: Das Geschäft sollte auch schon ohne spätere Anschlussfinanzierungen funktionieren. Die späteren Finanzierungen können dann etwa der Expansion dienen, nicht aber der existenziellen Grundlage des Unternehmens.

Frage 6 leitet darauf hin, welche Unterstützung die Gründer von der Crowd erwarten beziehungsweise erhoffen. Wenn die Kapitalgeber das Schicksal der

---

55 Vgl. blog.seedmatch.de/2013/08/16/betandsleep-stellt-den-geschaeftsbetrieb-ein/ (Zugriff 10.1.2014) sowie www.companisto.de/news/vorläufige-insolvenz-der-sportrade-gmbh-article-469 (Zugriff 18.2.2014) und crowdcommunity.de/foodiesquare-meldet-insolvenz/ (Zugriff 23.04.2014).

Gründer teilen, dann sind sie natürlich angereizt, dem Start-up nach Kräften zu helfen. Die Unternehmer finden also in den (vielen) Investoren potenzielle Unterstützer. Sehr viele Mikroinvestoren gibt es beispielsweise bei der Plattform *Companisto*, da dieses Portal äußerst geringe Einstiegsbeträge für die Investoren (5 Euro) ermöglicht. Hier ist das Potenzial denkbarer Unterstützer recht groß, denn *Companisto* hatte 2013 durchschnittlich mehr als 500 Investoren je Projekt.

Aber nicht nur die Masse ist wichtig. Je höher der Anreiz für die Investoren, umso höher wird auch deren Unterstützungs-Engagement sein. Es macht Sinn, die Unterstützung vernünftig zu koordinieren, und dazu können die Crowdinvesting-Plattformen einen entscheidenden Beitrag leisten, indem sie z. B. auch als Kommunikationsplattformen für Unterstützer der Projekte bereitstehen. Ein Entscheidungskriterium der Gründer kann folglich sein, wie ihr Marketing durch die Kommunikationsmöglichkeiten der jeweiligen Plattform unterstützt wird. Das kann für das Crowdinvesting ein gewisser Schritt von „stupid money", also von reinem Geld, in Richtung zu „smart money" sein, wobei es sich bei Letztgenanntem um Geld plus Hilfestellung handelt.

Anhand der obigen Fragen und der dahinter stehenden Gedanken lässt sich einerseits die grundsätzliche Eignung eines Crowdinvestings aus Sicht der Gründer überprüfen, andererseits aber auch dessen konkrete Ausgestaltung. Ist die Entscheidung pro Crowdinvesting aus Gründersicht grundsätzlich gefallen, dann stellt sich folgende weitere Frage: Wird eine Plattform eingeschaltet oder wird das Einsammeln von Geld in Eigenregie organisiert? Letzteres könnte über eine Webseite erfolgen, die eigens für das geplante Projekt erstellt wird oder, falls das Start-up-Unternehmen schon existiert, über die firmeneigene Webseite. Kein ganz so leichtes Unterfangen, denn es ist dazu sehr viel Hintergrundwissen erforderlich, u. a. aus rechtlicher Sicht. Ein öffentliches Angebot von Unternehmensbeteiligungen kann nämlich nicht immer einfach so auf die Webseite gesetzt werden, ohne damit gegen rechtliche Regulierungen des Kapitalmarkts zu verstoßen. Die Crowdinvesting-Plattformen haben hingegen das Rad schon erfunden und die Umsetzung der Start-up-Finanzierung kann schnell beginnen, kostet dort aber natürlich auch „ein wenig".

Letztlich: Die Kapitalsuchenden werden ihr Crowdinvesting in der Regel über eine entsprechende kommerzielle Plattform abwickeln. Wie gesagt muss das aber nicht sein, denn ein Crowdinvesting lässt sich von den Gründern auch in Eigenregie organisieren. Dazu gibt es einige Beispiele: Der britischen

Brauerei *BrewDog* gelang es ebenso, sich selbst zu funden, wie dem Unternehmen *Datingbyphone*; und sogar die Crowdinvesting-Plattformen *Companisto, Welcome Investment* und *Seedmatch* sowie das inzwischen wieder geschlossene Crowdfunding-Portal *Gründerplus* sammelten über „die Crowd" Geld für den eigenen Start ein.

4.1.3 Erfolgsfaktoren aus Sicht der Gründer

Der Erfolg eines Crowdinvestings lässt sich aus der Perspektive der Gründer an zwei Dingen messen. Erstens: Gelingt es, über das Crowdinvesting die benötigten finanziellen Mittel einzuwerben? Zweitens: Gelingt es, ein erfolgreiches Unternehmen aufzubauen und den Erfolg über einen längeren Zeitraum zu halten? Die dazu erforderlichen Eigenschaften sind nicht unbedingt deckungsgleich. Um die Crowd zu bewegen, genügend Geld für das Start-up zur Verfügung zu stellen, reicht womöglich ein guter Schein aus, also eine gelungene Darstellung des eigenen Projekts und der handelnden Personen. Für die erfolgreiche Umsetzung des Projekts und für das Bestehen am Markt reicht ein gutes Erscheinungsbild allerdings nicht aus. Hier sind handfeste unternehmerische Fähigkeiten der Gründer gefragt.

Um Kapitalgeber zu interessieren und zu aktivieren, ist Folgendes zu tun: Zunächst muss das Projekt natürlich den potenziellen Kapitalgebern bekannt werden. Diese müssen entweder direkt angesprochen oder anderweitig auf das Projekt aufmerksam gemacht werden. Eine unmittelbare Ansprache von Geldgebern ist immer dann möglich, wenn die Gründer die potenziellen Kapitalgeber kennen. Zu den allseits bekannten Kapitalgebern gehören z. B. Banken, die – wie gesagt – für die Finanzierung von Gründungsvorhaben im Regelfall jedoch nicht zur Verfügung stehen. Oftmals bleibt den Gründungswilligen zunächst also nur die Ansprache ihres persönlichen Umfelds. Sie können sich allerdings den Bekanntheitsgrad zunutze machen, den die Crowdinvesting-Plattformen inzwischen zumindest in einem gewissen Maße erlangt haben. Dort tummeln sich vermehrt Kapitalgeber, die auf ihnen interessant erscheinende Projekte warten. Die Gründer müssten also eine Geschäftsidee haben oder entwickeln, die hinreichend vielen Personen aus der Crowd spannend und tragfähig erscheint. Damit unterscheidet sich das Erfolgsprofil nicht grundsätzlich von dem eines normalen Gründungsvorhabens. Es ist jedoch

davon auszugehen, dass die Crowd (im Durchschnitt) eine intuitivere Heran-
gehensweise hat als professionelle Kapitalgeber. Um darauf aus Gründersicht
angemessen zu reagieren, ist es wichtig, eine klare und schnell verständliche
Präsentation der eigenen Idee und deren geplanter Umsetzung zu liefern.

Nach diesen ersten Vorreden wird nun auf die Kernpunkte eines erfolgreichen Projekts eingegangen. Zunächst fragt sich, worauf bei der Geschäftsidee
zu achten ist. Sowohl das äußere Erscheinungsbild als auch die Erfolgswahrscheinlichkeit des Projekts lassen sich daran messen, wie folgende Fragen
beantwortet werden können:

1. Wo liegt die Besonderheit der Geschäftsidee?
2. Was ist das Alleinstellungsmerkmal des Vorhabens?
3. Lässt sich das Geschäft längerfristig gegenüber Konkurrenten
   verteidigen?
4. Inwieweit ist das Team geeignet?
5. Mit welcher Intensität arbeitet das Team an dem Projekt?
6. Erfolgt eine systematische Vorbereitung?
7. Wie gut gelingt die Präsentation der Geschäftsidee?
8. Wie ist die Umsetzbarkeit einzuschätzen?
9. Wie hoch sind die Flexibilitäten?
10. Welche (weiteren) Hemmnisse gibt es?

Zu den einzelnen Punkten sei jeweils kurz Stellung bezogen: Die Besonderheit einer Geschäftsidee lässt sich beispielsweise daran festmachen, welcher
Neuerungsgrad ihr beizumessen ist. Hierzu gehören z. B. Ergebnisse aus For-
schungsprojekten, die sich in marktfähige Produkte umsetzen lassen, Erfindungen, aber auch einfache Ideen, auf die noch niemand anders gekommen
ist oder die vielleicht auch schlichtweg niemand umzusetzen gewagt hat. Ein
Alleinstellungsmerkmal setzt nicht zwingend eine Neuerung im engeren Sinne
voraus. Von Alleinstellung kann z. B. auch dann gesprochen werden, wenn eine
bereits anderweitig verwirklichte Geschäftsidee ganz simpel an einem anderen
Standort umgesetzt wird. Wie könnte es ansonsten etwa so viele erfolgreiche
Bäckereien geben? Die sind von der Idee her nicht alle neu. Dennoch eignen sich Projekte, die keine echte Neuerung versprechen, wohl eher weniger
für ein Crowdinvesting. Von der Eröffnung einer zusätzlichen Bäckerei wird
vermutlich selten jemand übermäßig begeistert sein und erwarten, dass hier

große Wertsteigerungspotenziale à la *Facebook & Co* realisiert werden können. Bei einem Crowdinvesting ist eher an solche Fälle zu denken, dass beispielsweise eine in den USA bereits erfolgreiche Geschäftsidee nach Deutschland „exportiert" wird.

Technische Neuerungen und Erfindungen haben oftmals den Vorteil, dass sie sich schützen lassen, etwa durch ein Patent. Damit lässt sich die (potenzielle) Konkurrenz gegebenenfalls auf Distanz halten. Bei einfachen Ideen besteht weit eher die Gefahr, dass andere Marktteilnehmer mit der gleichen Sache auftreten und diese vielleicht sogar kostengünstiger umsetzen. So können etablierte Unternehmen schnell die gute Idee eines kleinen Unternehmens aufgreifen und unter günstigeren Voraussetzungen auf den Markt bringen. Große Unternehmen verfügen regelmäßig über funktionierende Vertriebskanäle, in die neue Produkte nahtlos integriert werden können, während Start-ups solche womöglich erst mühsam aufbauen müssen. Manchmal lassen sich neue Produkte in Großunternehmen aber auch kostengünstig auf bestehenden Produktionslinien fertigen, während kleine Unternehmen vielleicht auf eine weniger kostensparende Einzel- oder Serienfertigung zurückgreifen müssen. O.K.: Das Start-up-Unternehmen sollte also einen realistischen und realisierbaren Plan haben, wie das eigene Produkt oder die eigene Dienstleistung erfolgreich am Markt etabliert werden kann und wie es sich gegenüber der Konkurrenz durchsetzen will. Damit wurde bereits die dritte der obigen Fragen aufgegriffen.

Sehr wesentlich für den Erfolg eines Start-ups ist das Team der Gründer. Diese Erfolgskomponente wird nicht selten unterschätzt. Die Personen, die eine geniale Idee haben, sind nicht notwendigerweise diejenigen, die auch für deren Umsetzung am besten geeignet sind. Es fragt sich also, welche Qualifikationen und Erfahrungen die Gründer haben, welche Fähigkeitslücken bei diesen bestehen und wie diese Lücken etwa durch Hinzunahme anderer geeigneter Personen geschlossen werden können. Ein junges motiviertes Team allein reicht oftmals schlichtweg nicht aus, um erfolgreich am „bösen" Markt bestehen zu können.

Eine glaubwürdige Darstellung, dass das Gründerteam sein Projekt nach erfolgreicher Crowd-Finanzierung auch mit Intensität betreibt, ist sehr hilfreich. Umgekehrt betrachtet: Wenn in irgendeiner Weise bei den potenziellen Mikroinvestoren der Eindruck entsteht, dass die Gründer ihr Projekt nur nebenbei zu betreiben gedenken, dann wäre dies der Sache kaum zuträglich.

Konkret: Es entsteht womöglich der Verdacht, dass die Gründer anhand ihres Projekts ganz vorsichtig einen Testballon starten lassen wollen, jedoch sicherheitshalber noch in ihren alten Jobs bleiben. Das wäre als mangelnde Intensität zu werten, zumindest aber als Faktor, der die Erfolgswahrscheinlichkeit mindert.

Und weiter: Etwaige Lücken und Defizite lassen sich zum Teil sicherlich durch eine gewissenhafte Vorbereitung schließen. Man holt z. B. im Vorfeld anwaltlichen Rat ein oder kauft sich extern anderweitige Expertise hinzu. Das kostet Geld und wird vielleicht sogar einen Teil der Mittel aufbrauchen, die durch ein Crowdinvesting zufließen, je nachdem, ob die Expertise vor oder nach dem Crowdinvesting gebraucht beziehungsweise eingeholt wird. Für den Mikroinvestor ist es also durchaus von Belang zu wissen, welchen Stand das Projekt zum Zeitpunkt des Fundings hat. Sind die Vorbereitungen schon weit gediehen oder steht bislang nur die zündende Idee im Raum? Um dies einschätzen zu können, mag aus Sicht des potenziellen Investors die Präsentation des Unternehmens hilfreich sein. Die Präsentation sollte also nicht nur eine Darstellung der Geschäftsidee sein, sondern auch widerspiegeln, welche Voraussetzungen bestehen, über welche Ressourcen und Fähigkeiten die Gründer verfügen und welchen Stand die Vorbereitung hat. Das wird bei den meisten Crowdinvesting-Projekten mittels eines Präsentationsvideos und ergänzend dazu anhand eines schriftlichen Businessplans erfolgen. Die Qualität und Überzeugungskraft der Präsentation und des Businessplans werden die Wahrscheinlichkeit natürlich sehr stark beeinflussen, die Funding-Schwelle zu erreichen und vielleicht sogar bis zum Funding-Limit zu gelangen.

Ein weiterer erfolgsrelevanter Punkt ist selbstverständlich auch die Umsetzbarkeit des Projekts. Was nutzt eine zündende Idee, wenn deren Umsetzung nicht realistisch ist: Wir fliegen zum Jupiter. Tolle Idee. Spätestens im zugehörigen Businessplan wird dann aber hoffentlich auffallen, dass sich dieses Vorhaben aus finanziellen Gründen nicht realisieren lässt, auch nicht über ein Crowdinvesting.

Nächster Punkt: Hier geht es darum einzuschätzen, wie flexibel das Start-up-Unternehmen auf unerwartete oder veränderte Rahmenbedingungen reagieren kann. Ist das Team als flexibel einzustufen? Verbleiben finanzielle Reserven, um sich auf neue Situationen einzustellen? Gibt es Ausweichmöglichkeiten, wenn der angepeilte Markt nicht erfolgreich bearbeitet werden kann? Wenn diese und ähnliche Fragen gut und glaubhaft beantwortet werden können, wird sich daraus eine positive Einschätzung ergeben.

Schließlich ist zu überlegen und zu recherchieren, welche Hemmnisse es gibt. Hier fragt sich beispielsweise, ob alle rechtlichen Rahmenbedingungen in Bezug auf eine erfolgreiche Umsetzung der Geschäftsidee bedacht wurden. So reicht es z. B. nicht aus, ein Patent auf sein Produkt zu haben. Dieses muss auch durchsetzbar sein. Ein ungeschickt formulierter Patentantrag führt gegebenenfalls dazu, dass sich das Patent durch leichte Modifizierungen am Produkt von Dritten umgehen lässt.

Ein weiterer kritischer Fall läge vor, wenn Beschränkungen des Marktzugangs nicht richtig eingeschätzt wurden. In manchen Bereichen ist der Kuchen verteilt und neue Marktteilnehmer kommen nicht oder nur sehr schwer zum Zuge. Das ist manchmal dann gegeben, wenn andere Unternehmen die Kunden sind (Business-to-Business-Geschäft) und nicht die Endverbraucher. Im Businesskunden-Bereich bestehen zuweilen fest etablierte Seilschaften, in die neue Unternehmen kaum einzudringen in der Lage sind. Die Wahrscheinlichkeit, dass es derartige Probleme gibt, ist sicherlich spürbar geringer, wenn sich das Produkt oder die Dienstleistung an Endkunden richtet. Das muss aber nicht heißen, dass es im Business-to-Business-Bereich breitflächig Schwierigkeiten für neue Unternehmen gibt. Dies hängt von der jeweiligen Branchenstruktur ab. Letztlich sollte das Gründer-Team glaubhaft darlegen, dass es den Markt und sein Umfeld kennt und sich dort durchsetzen kann. Dies mag dadurch gelingen, dass (mindestens) eine Person im Team ist, die über einschlägige Erfahrungen im relevanten Markt verfügt und von der erwartet werden kann, dass sie die Hindernisse des spezifischen Geschäfts beseitigt.

Was die gewollten Gründer über die geniale Idee hinaus bieten können, ist natürlich von großem Interesse für die Kapitalgeber und wird deren Einstellung zur Sache stark beeinflussen. Letzteren, also den Kapitalgebern, wenden wir uns gleich in Kapital 4.2 zu und versuchen dort zu ergründen, welche Zielsetzungen und Einstellungen die Kapitalgeber haben mögen. Zunächst folgt aber noch ein – teils neue Aspekte hinzubringendes – Interview mit dem Gründer eines Unternehmens, das sich hat crowdfinanzieren lassen. Außerdem geht es in Punkt 4.1.5 zuvor noch um die Auswahlkriterien, die ein Unternehmen beachten kann beziehungsweise sollte, das auf eine Finanzierung über ein Crowdinvesting abzielt.

4.1.4 Interview mit dem Start-up *rent-a-guide*

Zwar nicht repräsentativ, dennoch aber höchst interessant und aufschlussreich, war mein Interview mit Florian Ziegler, dem Gründer von *rent-a-guide*, der mit diesem Unternehmen ein erfolgreiches Crowdinvesting über die Plattform *Innovestment* durchlaufen hat. Die ausführlichen Antworten wurden hier gekürzt und wenn sinnvoll in Stichworten wiedergegeben:

1. Warum hat sich *rent-a-guide* für ein Crowdinvesting entschieden?
   - Vorab: Wir haben Erfahrungen mit eigentlich allen anderen für ein Start-up infrage kommenden Finanzierungsformen.
   - Diese anderen Formen hatten wir bereits ausgeschöpft, mit Ausnahme einer noch möglichen Finanzierung über einen Business Angel.
   - Die Verhandlungen mit dem Business Angel dauerten uns zu lange und dieser wollte zudem einen aus unserer Sicht zu hohen Anteil an *rent-a-guide*.
   - Die Aufnahme zusätzlichen Fremdkapitals hätte noch eine weitere Besicherung erfordert, was nicht umsetzbar war.
2. Welche Kriterien standen hinter der Auswahl der Crowdinvesting-Plattform?
   - Die schnelle Reaktion von *Innovestment*. Andere von uns angesprochene Plattformen reagierten sehr langsam, was uns nicht gefiel.
   - Die Offenheit und die angenehme persönliche Betreuung.
   - Der Gedanke, dass die über *Innovestment* kommenden Investoren voraussichtlich gut zu uns passen würden.
   - Die höhere Vertraulichkeit der herausgegeben Informationen bei *Innovestment* gegenüber manch einer anderen Plattform. Bei der Abwägung zwischen breiter Transparenz und Vertraulichkeit haben wir für uns zugunsten der Vertraulichkeit entschieden.
3. Wie wichtig war Ihnen der Werbeeffekt, der aus dem Crowdinvesting erhofft wurde?
   - Der aus dem Crowdinvesting gegebenenfalls zu erwartende Werbeeffekt war uns nicht so wichtig.
4. Ist der über das Crowdinvesting entstehende Werbeeffekt spürbar?
   - Bei uns nicht messbar.
5. Wie verlief der Auswahlprozess seitens der Crowdinvesting-Plattform?

- Das Team von *Innovestment* und der Beirat waren super.
- Alles ging unkompliziert und schnell. Wir hatten allerdings auch exzellent vorbereitete Unterlagen, konnten bereits auf eine Erfolgsstory mit starken Umsatzzuwächsen verweisen und das Erreichen der Gewinnschwelle lag keineswegs mehr in weiter Ferne.
- Leichte Verzögerungen gab es nur von unserer Seite aus, da wir noch ein paar „Altlasten" zu beseitigen hatten, bevor das Funding starten konnte.

6. Welche Informationen wurden der Crowdinvesting-Plattform bereitgestellt?
- Kurzfassung des Businessplans, um uns bei *Innovestment* vorzustellen.
- Ausführlicher Businessplan.
- Video.
- Bewerbungsgespräch bei *Innovestment* in Berlin.
- Viele Telefonate zur Klärung verschiedenster Einzelheiten.

7. Wie hoch schätzen Sie die Kosten und den Arbeitsaufwand für den Crowdinvesting-Prozess für *rent-a-guide* ein?
- Diese waren deshalb bei uns eher gering, weil wir aufgrund der Gespräche und Verhandlungen mit anderen Kapitalgebern ohnehin schon sehr gut vorbereitet waren und fast alle Dokumente schon vorher standen.
- Für das erforderliche Video und einige Grafiken benötigten wir zwei bis drei Wochen.
- Das Drehen des Videos kostete uns rund 2.000 Euro.

8. Wie lange dauerte es von der Kontaktaufnahme mit *Innovestment* bis zum Erhalt des Fundingbetrags?
- Circa zwölf Wochen.

9. Wie hoch war der Fundingbetrag und war dieser ausreichend?
- Unser Fundingziel lag bei 80.000 Euro. 100.000 Euro wurden erreicht, wovon uns nach Abzug der Provision für die Plattform noch 92.000 Euro verblieben. Später gab es allerdings noch einen Funding-Nachschlag.

10. Wurden Ihre Erwartungen an das Crowdinvesting erfüllt?
- Im vollen Umfang, nein, sogar übererfüllt. Das Crowdinvesting war und ist mit einer positiven Emotionalität verbunden, und dies sowohl von den Investoren aus, als auch von unserer Seite her.

11. Gab es Schwierigkeiten während des Crowdinvesting-Prozesses?
- Nein.

12. Welche Verbesserungsvorschläge haben Sie für den Prozess?
    - Die Obergrenze von 100.000 Euro für ein Funding über *Innovestment* ist nicht zweckdienlich, denn wir hätten durchaus noch weiteres Kapital sehr gut nutzen können, um dies für zusätzliche Werbemaßnahmen einzusetzen. Uns gelang das Überspringen der 100.000 Euro nachträglich noch, da weniger als 20 Investoren vorhanden waren und die 100.000-Euro-Schranke erst dann gilt, wenn es mehr als 20 Investoren gibt.
13. Halten Sie es in der Nachbetrachtung für richtig, ein Crowdinvesting durchgeführt zu haben?
    - Eindeutig ja.
14. Wie sehen Sie das Crowdinvesting im Vergleich zu anderen Finanzierungsformen?
    - Absolut wettbewerbsfähig.
    - Die Erlangung von öffentlichen Fördermitteln ist zu kompliziert und zudem eher für Unternehmen geeignet, die im technischen Bereich unterwegs sind.
    - Die Bank verlangt Sicherheiten, womit sich unser Risiko weiter erhöht. Wir haben schon unser gesamtes Geld in das Projekt gesteckt und wollen nicht in eine Situation gelangen, die unsere Existenz insgesamt gefährdet.
15. Weitere Kommentare zum Crowdinvesting?
    - Wir hatten eine gewisse Angst vor einem *shit storm*, wenn wir scheitern sollten, die Erwartungen nicht erfüllen oder Fehler machen. Das war auch einer der Gründe, eine Plattform zu nehmen, die nicht so viele Investoren hervorbringt, diese dann aber mit vergleichsweise großen Einzelbeträgen kommen.
    - Eine sehr gute Erfahrung, die wir jederzeit gerne wieder machen würden.

Das meiste aus dem Interview spricht für sich! Gute Gedankenanstöße. Allerdings hat nicht jedes Start-up die gleiche Einstellung und die gleichen Bedarfe wie *rent-a-guide*. Dem Vernehmen nach ist manchem jungen Unternehmen der über ein Crowdinvesting erzielbare Werbeeffekt (anders als bei *rent-a-guide*) sehr wichtig. So etwas hat natürlich Einfluss auf die Auswahl der Plattform, wenn man überhaupt eine Auswahlmöglichkeit hat.

Immerhin sind die meisten Portale sehr selektiv und erteilen deutlich mehr Ablehnungen als Zusagen.

4.1.5 Kriterien für die Auswahl eines Crowdinvestings aus Sicht kapitalsuchender Unternehmen

Nun: Welche Auswahlkriterien lassen sich für ein Unternehmen heranziehen, das über ein Crowdinvesting nachdenkt?

1. Einschränkungen bei den Plattformen?
    Es gibt Portale, die thematische und/oder regionale Einschränkungen setzen, sich also z. B. nur auf „grüne" Themen konzentrieren oder etwa nur Start-ups mit Sitz in Berlin oder wo auch immer annehmen. Welche Einschränkungen bei welchen Plattformen bestehen, kann natürlich schnell den Webseiten der Anbieter entnommen werden.
2. Wie viel Kapital benötige ich und ist die Plattform in der Lage, eine Vermittlung in Höhe dieses Bedarfs zu arrangieren?
    Wenn ein Start-up beispielsweise mindestens 200.000 Euro aus dem Crowdinvesting benötigt, dann scheiden logischerweise diejenigen Plattformen aus, die an der 100.000-Euro-Fundinggrenze stoppen. Für kapitalintensive Gründungsvorhaben fällt damit z. B. die Plattform *Innovestment* mit ihrem bisherigen Modell oftmals aus. Nur in Ausnahmefällen kommt *Innovestment* über die 100.000 Euro hinweg. Was nicht ist, kann aber noch werden, deshalb sollte der Gründer immer frische Informationen aus erster Hand beziehen, sprich auf die Webseite gucken. Die Verfallsdaten von Informationen über das Crowdinvesting sind kurz, wenn es um konkrete Bedingungen geht, die von den Plattformen gesetzt werden.
3. Werbliche Unterstützung?
    Sieht sich die Crowdinvesting-Plattform in der Lage, mein Crowdinvesting bekannt werden zu lassen? Wie sieht es mit Pressekontakten aus und mit dem Zugang zu sozialen Netzwerken usw.? Konkrete Fragen – an die Plattformbetreiber gerichtet – helfen hier weiter. Bei einer der Plattformen konnte ich mir übrigens im Detail anhören, was alles nicht geht und wie schwierig der Umgang mit der Presse ist. Hm.

4. Welchen Erfahrungshorizont hat die Plattform?

    Das spielt aus zwei Perspektiven eine Rolle. Erstens: Wer die längere Erfah-
    rung hat, bietet tendenziell die besseren Lösungen. Die Erfahrung kann
    dabei an der bisherigen Lebensdauer der Plattform festgemacht werden,
    jedoch auch an den Erfahrungen des Plattform-Teams in den relevanten
    Fachgebieten. Wie bereits erwähnt: Nicht jedes Portal lernt gleich schnell.
    Zweitens: Wenn ein Mittler schon länger tätig ist, erzeugt dies Vertrauen
    in die Stabilität und Seriosität der Plattform.

5. Gebühren der Plattform?

    Zu beachten sind bei der Finanzierung auch noch die Höhe der an die
    Plattform abzugebenden Gebühr sowie die erforderlichen Nebenkos-
    ten etwa für das Drehen des Videos. Letztlich bleiben, wie das Beispiel
    rent-a-guide eindrücklich zeigt, von 100.000 Euro aus dem Funding nur
    ca. 90.000 Euro übrig. Manche Plattformen bieten noch Nebenleistungen
    für die Start-ups an, für die zusätzlich abgerechnet wird. Das ist natürlich
    vorab mit in das Kalkül einzubeziehen.

6. Laufzeit und Exit?

    Möchte ich die Crowd langfristig an meiner Seite haben oder nicht? Ein zu
    früher Ausstieg kann mich vor Probleme stellen, falls ich die Mikroinvesto-
    ren auszahlen muss und das Geschäft noch nicht genug Cash abgeworfen
    hat, das ich zur Auszahlung nutzen kann. Und: Wie wahrscheinlich ist
    eine Anschlussfinanzierung und wie sind die Rahmenbedingungen dafür?
    Eine Folgefinanzierung kann ich z. B. für eine Expansion nutzen, um in
    nochmals viel größere unternehmerische Dimensionen zu gelangen.

7. Anteile und Konditionen für die Investoren?

    Die Unternehmensbewertung ist in den meisten Fällen für die Höhe der
    Erfolgsbeteiligung der Crowd maßgeblich. Ich als Gründer bevorzuge eine
    hohe Bewertung, um den Mikroinvestor klein zu halten. Dieser mag dann
    aber von einem Investment Abstand nehmen, da er keine „faire" Rendite
    erwartet.

8. Art der Investoren?

    Gibt es hier Unterschiede von Plattform zu Plattform und ist das relevant
    für mich?

9. Berichtspflichten und Kommunikation mit der Plattform?

    Muss ich ständig mit Informationen um mich werfen und die Crowd andau-
    ernd bespaßen, oder lässt sich das gut mit den übrigen unternehmerischen

Belangen und den ohnehin aufzubereitenden Informationen vereinbaren? Wie sehen meine vertraglichen Pflichten aus, in Richtung Crowd und in Richtung Crowdinvesting-Plattform kommunizieren zu müssen?

10. Kann mir die Crowdinvesting-Plattform reinreden?
    Nicht zu vergessen ist natürlich, welche Rechte und Möglichkeiten der Plattformbetreiber beziehungsweise der Investor mir gegenüber hat. Kann jemand von denen in bestimmten Situationen eingreifen, wenn z. B. bestimmte Ziele nicht erreicht wurden oder ich weitreichende unternehmerische Entscheidungen treffe, mit der die Plattform beziehungsweise die Mikroinvestoren nicht einverstanden sind? Extrembeispiel: Ich ändere den ursprünglichen Geschäftszweck. Darf ich das so ohne Weiteres oder nicht? Das muss von Beginn an geregelt sein.

Eine zusätzliche Checkliste für Start-ups befindet sich im Anhang 3, die jedoch einen etwas anderen Fokus hat und sich mit weiteren zentralen Fragen befasst, die ein Gründer sich stellen sollte, der ein Crowdinvesting beabsichtigt.

4.2 Kapitalgeber (Anleger)

4.2.1 Wer sind die Kapitalgeber?

Die im Rahmen eines Crowdinvestings auftretenden Kapitalgeber werden hier auch als Anleger, Geldgeber, Investoren, Crowd- oder Mikroinvestoren bezeichnet. Durchaus nicht ganz uninteressant ist zu wissen, wer sich hinter den Kapitalgebern verbirgt. Ist das ein Querschnitt aus der (erwachsenen) Bevölkerung? Letzteres kann schon vorab mit ruhigem Gewissen eindeutig mit Nein beantwortet werden. Beginnen wir mit Vermutungen darüber, wie der typische Crowdinvestor aussieht. Erstens: Er ist online-affin, d. h. dem Internet gegenüber aufgeschlossen. Zweitens: Er ist auch bereit, Transaktionen über das Internet abzuschließen, also von keinen Ängsten geplagt, Verträge und vielleicht auch Zahlungen über das Internet laufen zu lassen. Drittens: Er hat Geld übrig und hat zum Ziel, dieses profitabel anzulegen. Viertens: Er sieht sich in der Lage, zumindest ein halbwegs gutes Gefühl dafür zu entwickeln, ob ein Unternehmen Erfolgschancen hat oder eher nicht. Fünftens: Er ist nicht komplett risikoscheu und kommt damit zurecht, sein eingesetztes

Geld Risiken auszusetzen, um sich die Möglichkeit auf die Erzielung hoher Renditen zu eröffnen.

Einverstanden mit dieser Charakterisierung? In Bälde wird es mit Sicherheit gute statistische Auswertungen dazu geben, wie sich die Investorenschaft typischerweise zusammensetzt. Wissenschaftliche Untersuchungen zu diesem Einzelaspekt des Crowdinvestings sind im Gange. Was gibt es jetzt schon aus dieser Richtung? Eine erste zu Beginn des Jahres 2013 veröffentlichte Erhebung kommt zu dem Ergebnis, dass der typische Crowdinvestor zumeist männlich ist, im Schnitt 39 Jahre alt, beruflich in einer Branche unterwegs, die als finanzierungs- oder innovationsnah einzustufen ist, und der bereits Erfahrungen am Kapitalmarkt hat sammeln können.[56] Was sich daraus ersehen lässt ist: Komplett in der Breite angekommen war das Crowdinvesting zumindest zu Beginn des letzten Jahres (2013) noch nicht. Gespräche, die ich mit Plattformen (oder besser gesagt mit deren Mitarbeitern) führen konnte, ergaben zudem, dass ein nicht ganz unbedeutender Anteil der Investoren aus dem Bereich professioneller Venture-Capital-Geber stammt. Zwar ist die absolute Anzahl der Venture-Capital-Geber, die mit im Crowdinvesting stecken, nicht besonders hoch, jedoch steigen diese gerne auch mal mit höheren Beträgen in die Projekte ein, sodass deren Finanzierungsanteil wahrscheinlich nicht ganz so unbedeutend ist.

Bei *Seedmatch* etwa kann der eingeloggte Nutzer der Plattform die Höhe der Einzelinvestments sehen. Greife ich mal blind das Projekt *Lottohelden* heraus, dann finde ich dort neben sehr vielen kleineren und mittleren Investments drei Investoren, die mit 10.000 Euro dabei sind, je einen mit 9.000, 8.750 und 7.500 Euro und gleich zehn mit 5.000 Euro. Dahinter werden sich vermutlich sowohl professionelle Venture-Capital-Gesellschaften als auch vermögende Privatpersonen verbergen, die einschlägige Anlageerfahrung aufweisen. Inzwischen hat das Thema Crowdfunding und Crowdinvesting recht große Aufmerksamkeit in den Medien erlangt, sodass sich die Investoren zunehmend auch aus der Breite der Bevölkerung rekrutieren werden. Ausbleibende Schreckensnachrichten werden ihr Übriges tun, um eine breite Basis von Investoren anzuziehen. Ich gehe davon aus, dass sich die Investorenschaft immer weiter in Richtung zum Normalverbraucher hin entwickeln wird, der als Mikroinvestor auftritt.

---

56 Vgl. Klöhn, L./Hornuf, L. (2013), S. 34.

4.2.2 Zielsetzungen der Kapitalgeber

Nachfolgend werden vornehmlich handfeste monetär geprägte Zielsetzungen der Kapitalgeber aufgegriffen und beschrieben, wenngleich auch andere Motive für ihr Engagement in Betracht kommen, die etwa sozial oder emotional geprägt sind. So kann die Teilhabe an Projekten als Crowdinvestor z. B. auch die Selbstdarstellung dieser Personen unterstützen oder ihnen einfach ein gutes Gefühl geben.[57]

Die Kapitalgeber haben ein wesentliches Ziel, das mit dem harmoniert, was die Gründer wollen: Nämlich an einem erfolgreichen Projekt beteiligt zu sein. Darüber hinaus ist es in den meisten Punkten so, dass die Zielsetzungen von Kapitalsuchenden und Kapitalgebern gegenläufig sind. Die Ziele der Investoren werden gemeinhin diese sein:

- möglichst hohe Rückflüsse in Relation zum investierten Kapital (Priorität sehr hoch)
- Mitspracherechte (Priorität zumeist gering bis sehr gering)
- möglichst umfängliche Informations- und Kontrollrechte (Priorität hoch in Bezug auf Information und eher gering in Bezug auf Kontrolle)
- möglichst geringer Verwaltungsaufwand (Priorität hoch)

Die Höhe der an den Investor fließenden Zahlungen (Rückflüsse) hängt von vier grundlegenden Komponenten ab: 1. Dem Erfolg des Start-ups, 2. dem Mechanismus der Erfolgsbeteiligung des Investors, 3. der Höhe seines Anteils und 4. der Durchsetzbarkeit seines Anspruchs. Alle diese Komponenten sind wichtig. Wenn das Start-up-Unternehmen gut läuft, fragt sich noch, wie nun konkret die Erfolgsbeteiligung aussieht. Die Crowdinvesting-Plattformen geben dafür zumeist einen festen Rahmen vor, der im Regelfall in einen Vertrag zwischen Gründern und Investoren mündet. Dieser Vertrag wird zumeist eine Teilhabe der Kapitalgeber am laufenden Gewinn des Start-ups beinhalten (aufgegriffen in Punkt 4.2.3) sowie zusätzlich eine auf das Laufzeitende der Finanzierung, den Exit, datierte Beteiligung am Wert des Unternehmens (behandelt in Punkt 4.2.4).

---

57 Vgl. zu den Motiven auch Hemer, J./Schneider, U./Dornbusch, F./Frey, S. (2011), S. 48 f.

Die Höhe der Beteiligung wird im Regelfall in Abhängigkeit von der am Beginn des Investments vorgenommenen Unternehmensbewertung gestellt. Dabei gilt: Je höher die Bewertung ist, umso geringer wird der Anteil des Investors sein. Wenn also im Rahmen der anfänglichen Bewertung die erhoffte erfolgreiche Zukunft des Start-ups schon größtenteils vorweggenommen wurde, dann bleibt dem Kapitalgeber gegebenenfalls nur ein verschwindend geringer Anteil am späteren Erfolg. Schließlich spielt es natürlich auch eine Rolle, wie zuverlässig die Gründer im Hinblick auf die Zahlungsmoral dem Investor gegenüber sind und welche Möglichkeiten der Kapitalgeber hat, sich im berechtigten Streitfall durchzusetzen. Begonnen wird aber zunächst mit den beim Crowdinvesting üblichen Komponenten der Erfolgsbeteiligung, der Partizipation am Gewinn und der Teilhabe an der Wertsteigerung.

4.2.3 Partizipation am Gewinn

Eine Beteiligung am Erfolg des Start-ups kann in verschiedenster Weise vereinbart werden, wobei in der gängigen Praxis des Crowdinvestings grundsätzlich zwei Ansatzpunkte gewählt werden können:

1. Eine Beteiligung am jährlichen Ergebnis des Unternehmens
2. Eine Beteiligung an der Wertsteigerung des Unternehmens

Ist jemand etwa als Gesellschafter an einer GmbH beteiligt, dann partizipiert er automatisch an beiden genannten Formen des Erfolgs des Unternehmens. Der Gesellschafter erhält finanzielle Mittel aus Gewinnausschüttungen, vorausgesetzt, es werden Gewinne erzielt und die Gesellschafterversammlung beschließt deren Ausschüttung. Des Weiteren kann der Gesellschafter seine Anteile veräußern und auf diesem Wege ebenfalls ein Plus erzielen, sofern der erzielte Veräußerungspreis dies hergibt. Das ist der gesetzlich vorgegebene Standardfall. Es besteht jedoch Vertragsautonomie und wenn die Gesellschafter im Rahmen des Gesellschaftsvertrags der GmbH etwas anderes vereinbaren, dann ist dies im Regelfall ohne Weiteres möglich. Ein Beispiel aus dem Gesetz dazu: In § 29 Abs. 3 GmbHG heißt es in Bezug auf die Gewinnverteilung:

„Die Verteilung erfolgt nach Verhältnis der Geschäftsanteile. Im Gesellschaftsvertrag kann ein anderer Maßstab der Verteilung festgesetzt werden. "

In Satz 1 des dritten Absatzes von § 29 GmbHG ist der Standardfall der Gewinnverteilung angegeben. Im zweiten Satz desselben Absatzes wird die Möglichkeit eingeräumt, im Gesellschaftsvertrag eine andere Regelung bezüglich der Gewinnverteilung zu treffen. Schon anhand dieses Beispiels lässt sich erahnen, dass die vertraglichen Vereinbarungen bei einer Beteiligung an einem Unternehmen äußerst disponibel sind. Der Investor tut also gut daran, sich mit den Regelungen im Einzelnen zu befassen und nachzuverfolgen, an welchen Stellen er tatsächlich am Erfolg des Projekts beteiligt wird, und vor allem auch in welchem Umfang.

Bei einer „typischen stillen Beteiligung" etwa ist der Investor nicht am Vermögen der Gesellschaft beteiligt. In einem solchen Falle würde er von einer etwaigen Wertsteigerung der Anteile nicht profitieren. Gleiches passiert bei Genussrechten oder bei partiarischen Darlehen. Wenn nicht vertraglich anders geregelt, bleibt dem Investor in diesen Fällen also eine der beiden Erfolgschancen verwehrt, nämlich die Beteiligung an Wertsteigerungen, was den Umfang seiner Rückflüsse aus dem Investment trotz recht erfolgreicher Geschäfte des Start-ups möglicherweise enttäuschend werden lassen kann.

Was sich über die gesellschaftsrechtliche Struktur nicht automatisch ergibt, kann allerdings vertraglich gesondert vereinbart werden. D. h., der Investor könnte auch dann an der im Laufe der Jahre erzielten Wertsteigerung des Start-ups teilhaben, wenn der Standardfall der Finanzierung dies nicht hergeben würde. Es wird schlichtweg eine gesonderte Vereinbarung getroffen, die regelt, in welcher Form der Investor an der Wertsteigerung teilnimmt. Eine Möglichkeit wäre es, dem Kapitalgeber zuzusagen, dass er im Falle eines Verkaufs des Start-ups einen Anteil am Veräußerungspreis erhält. Da der Zeitpunkt der Veräußerung jedoch ungewiss ist, bereitet dies Probleme. Hier kann und sollte ein Modus festgelegt werden, der klar regelt, in welcher Form der Investor bei einem Ausstieg am Laufzeitende seines Investments profitiert. Zu diesem Zweck wird in der Praxis des Crowdinvestings zum einen die Mindestlaufzeit der Beteiligung des Anlegers festgesetzt (z. B. auf fünf Jahre) und zum anderen die Art der rechnerischen Ermittlung seiner Abfindung, wenn er aussteigt. Dabei wird z. B. ein Multiplikator auf das letzte Jahresergebnis des Start-ups angewendet (Beispiele: *Seedmatch* und *Companisto*).

Das eigentliche Problem des Investors hinsichtlich seiner Erfolgsbeteiligung lässt sich so auf den Punkt bringen: Wenn sich der Kapitalgeber im Zuge der vertraglichen Vereinbarung zu Beginn des Investments hat über den Tisch ziehen lassen, dann nutzen auch satte Gewinne und eine Vervielfachung des Unternehmenswerts nicht allzu viel: Der Anteil des Investors am Erfolg bleibt möglicherweise recht dürftig und entspricht vielleicht nur einem Bruchteil der eigentlichen anteiligen Wertsteigerung, die der Investor hätte erhalten müssen, wenn es fair zugegangen wäre. Dies sei anhand eines Beispiels verdeutlicht:

Dargestellt wird hier zunächst der einfache Fall der Gründung einer GmbH in Standardform: Zwei Gesellschafter gründen eine GmbH, wobei Gesellschafter A und Gesellschafter B je 25.000 Euro des Stammkapitals der GmbH aufbringen. Wenn nichts Gegenteiliges im Gesellschaftsvertrag vereinbart wurde, dann gilt, dass A und B jeweils zur Hälfte an der Gesellschaft beteiligt sind. A hat einen Anspruch auf 50 Prozent des Gewinns, B ebenfalls, und im Falle der Veräußerung aller Gesellschaftsanteile erhält jeder die Hälfte des Kaufpreises. Es könnte aber auch so aussehen: Gesellschafter A zahlt nur 15.000 Euro ins Stammkapital ein und seine restlichen 10.000 Euro fließen in die Kapitalrücklage: gleicher Gesamtbetrag, der von seiner Seite aus kommt, aber anders aufgeteilt. Da die Anteile an der Gesellschaft der Einzahlung in das Stammkapital folgen, hat Gesellschafter A nun aber nur noch einen Anteil von 37,5 Prozent (= 15.000 € ÷ 40.000 € × 100), obgleich er in Summe nach wie vor 25.000 Euro beigesteuert hat. Auf ihn entfallen nämlich nur 15.000 Euro des Stammkapitals, das mit Gesellschafter B zusammen jetzt 40.000 Euro beträgt. Der Anteil von A am Gewinn und am Verkaufspreis ist durch die neue Konstellation von zuvor 50 Prozent auf nunmehr 37,5 Prozent gesunken. Er wird im Grunde schlechter behandelt als Gesellschafter B, der nun 62,5 Prozent der Anteile erhält. Tja, so etwas lässt sich frei gestalten und in der Regel gibt es gute Gründe dafür, warum manchmal eine Ungleichbehandlung der Kapitalgeber erfolgt. Der Crowdinvestor teilt das Schicksal von Gesellschafter A. Im Vergleich zu den Gründern wird er in aller Regel deutlich unterproportional an den Erfolgen des Start-ups beteiligt. Bei einem Crowdinvesting besteht sogar eine relativ hohe Wahrscheinlichkeit, dass der Crowdinvestor eine Beteiligung erhält, die prozentual klar geringer ist als sein Anteil am insgesamt aufgebrachten Kapital.

Im Falle der Beteiligung vieler fremder Investoren an einem neuen Unternehmen wird das vielleicht sogar begründet sein. Die Gründer leisteten viel Vorarbeit, um den Start des Unternehmens vorzubereiten, haben enorm viel Zeit investiert, geben viel eigenes Geld hinzu und nun kommen Außenstehende, die nichts weiter als ihr (geringes) Geld beitragen und erwarten, prozentual die gleiche Erfolgsbeteiligung zu erhalten. So betrachtet kann es nur als fair angesehen werden, wenn die Gründer bei gleichem Kapitaleinsatz einen spürbar höheren Anteil am Gesamtwerk erhalten. Es fragt sich allerdings, wie umfangreich die Einbußen der Crowd zugunsten der Gründer sein sollen und über welchen Mechanismus dies läuft. Der Crowdinvestor braucht also Transparenz und sollte wissen, wie weit es für ihn hinunter geht. Details zur Bemessung der Anteilshöhe, welche die Kapitalgeber erhalten, werden im folgenden Absatz aufgegriffen.

Die Bewertung des Start-up-Unternehmens zum Zeitpunkt der Beteiligung ist sehr wichtig für den Kapitalgeber, denn anhand dieser Bewertung wird festgelegt, wie hoch sein Anteil am späteren Erfolg des Unternehmens ist. Dazu ein Beispiel: Ein Investor beteiligt sich mit 250 Euro und die Unternehmensbewertung ergibt einen Wert von 500.000 Euro. Sein Anteil würde in diesem Fall auf 0,05 Prozent beziffert (= 250 € ÷ 500.000 € × 100). Würde der Wert des Unternehmens jedoch zu Beginn des Investments bereits auf satte 1.000.000 Euro taxiert, dann betrüge der Anteil des Investors nur 0,025 Prozent (= 250 € ÷ 1.000.000 € × 100). Bei jährlichen Gewinnen des neuen Unternehmens in Höhe von durchschnittlich 150.000 Euro und einem Unternehmenswert zum Ausstiegszeitpunkt in Höhe von 1.200.000 Euro (hier unterstellt: Faktor 8 auf den Gewinn) würden die Auszahlungen im Falle einer Beteiligung des Investors am Gewinn und am Wert des Unternehmens beim Exit wie folgt aussehen (Annahme: Laufzeit 6 Jahre):

Rückfluss an Investor (Beispiel)	0,05 % Anteil	0,025 % Anteil
Beteiligung am Jahresergebnis in Höhe von 150.000 € über 6 Jahre	450 €	225 €
Beteiligung am Unternehmenswert beim Exit	600 €	300 €
Summe	1.050 €	525 €

Abb. 9: Beispiel zu Rückflüssen an den Investor

Anhand dieses Beispiels wird ersichtlich, dass die Unternehmensbewertung zu Beginn und selbstverständlich auch zum Ende des Investitionszeitraums von entscheidender Bedeutung für die Höhe der Erfolgsbeteiligung ist. Nun: Dieses theoretische Beispiel sieht vom Ergebnis her noch ausgesprochen erfreulich für den Investor aus, denn er mehrt seine ursprünglichen 250 Euro sichtlich. Eher realistisch wird allerdings der etwas später dargestellte Verlauf sein, in dem Anlaufverluste vorkommen.

Die Gründer werden eine hohe Unternehmensbewertung zu Beginn des Projekts und eine niedrige Bewertung zum Ende der Laufzeit anstreben. Genau gegenteilig ist die Interessenlage des Kapitalgebers. Letzterer wird also im Rahmen seiner Beteiligung sinnvollerweise ins Kalkül ziehen, welche Bewertungsmodalitäten vereinbart werden. Dies erfordert ein genaues Lesen der Bedingungen, unter denen die Beteiligung eingegangen wird. Die Bewertung zum Start des Investments wird der Anleger wohl oder übel hinnehmen und schlichtweg entscheiden müssen, ob er unter diesen Bedingungen einsteigt oder nicht.

Bei der Beteiligung an den jährlichen Gewinnausschüttungen kommt es gemeinhin nicht dazu, dass der Investor Verluste ausgleichen muss. Jedoch werden etwaige Verluste, die z. B. in den beiden ersten Geschäftsjahren auftreten, zunächst mit den erzielten Gewinnen verrechnet, bevor es zu Gewinnausschüttungen kommen kann. Aus Sicht des Anlegers ist des Weiteren darauf zu achten, dass eine Vollausschüttung der Gewinne vertraglich vereinbart ist. Ansonsten könnten die Gründer durch Gewinneinbehaltung (Thesaurierung) verhindern, dass der Investor jährliche Rückflüsse erhält.

Nehmen wir für die Konditionen das folgendes Beispiel:

- Mindestlaufzeit: 6 Jahre
- Jährliche Auszahlung: Beteiligung an den jährlichen Gewinnausschüttungen
                         (nach Verrechnung mit etwaigen Verlustvorträgen)
- Bewertung beim Exit: Faktor 6 auf den EBIT

Unterstellt wird nunmehr folgende Entwicklung des Projekts X bei einer Laufzeit von 6 Jahren bis zum Exit, wobei angenommen wird, dass die Konditionen so vereinbart wurden, dass der Investor bei seinem Ausstieg einen Geldbetrag erhält, der anhand des Ergebnisses nach Zinsen und

Steuern (EBIT) des letzten Geschäftsjahres multipliziert mit dem Faktor 6[58] ermittelt wird:

Beträge in € für Jahr	Gewinn bzw. Verlust	Aus- schüttung	EBIT (für Bewertung)	Bewertung bei Exit
2013	– 150.000	0		
2014	– 50.000	0		
2015	0	0		
2016	100.000	0		
2017	150.000	50.000		
2018	200.000	200.000	300.000	1.800.000
Summe für 100%-Anteil	250.000	250.000		1.800.000
Summe für 0,05%-Anteil		125		900

Abb. 10: Beispiel für den Erfolgsanteil eines Investors

Wäre der Investor nun mit 500 Euro beteiligt und die anfängliche Bewertung des Start-ups beliefe sich auf 1.000.000 Euro, dann läge die Beteiligungs-quote bei 0,05 Prozent. In den beiden ersten Jahren weist das Start-up-Un-ternehmen Verluste auf und im dritten Jahr ein Nullergebnis. Es kann in diesen Jahren in Ermangelung von Gewinnen nicht zu Ausschüttungen kommen. In den Jahren vier und fünf werden die zuvor aufgelaufenen Ver-luste (= 200.000 Euro) zunächst mit den nun positiven Jahresergebnissen verrechnet. Das bedeutet: Erst im Jahr fünf wird erstmalig eine Gewinnaus-schüttung möglich, denn in genau diesem Jahr gelingt es, die vorherigen Verluste auszugleichen und einen darüber hinausgehenden Gewinn auszu-weisen. Folglich wären die Zahlungsströme an den Investor in Summe diese: 125 Euro für die Ausschüttungen (= 0,05 % von 250.000 €) und 900 Euro für den Exit (= 0,05 % von 1,8 Mio. €), insgesamt also 1.025 Euro. Immerhin wäre dies etwas mehr als eine Verdopplung des eingesetzten Betrags (500 €) innerhalb von sechs Jahren, was einer jährlichen Verzinsung des eingesetzten Kapitals in Höhe von rund 12,8 Prozent entspräche.

---

58 Vgl. dazu etwa auch das Beispiel des über die Plattform *Seedmatch* finanzierten Start-ups Cosmopol, auf das *Seedmatch* hinweist (http://blog.seedmatch.de/2011/10/07/wie-sie-mit-einem-investment-bei-seedmatch-gewinnen/).

Das Beispiel zeigt u. a., wie sich Anlaufverluste und ihre Verrechnung mit späteren Gewinnen auf die Rückflüsse an den Investor auswirken, und Anlaufverluste sind bei Start-ups durchaus an der Tagesordnung. Außerdem wird hier sichtbar, dass eine Verdopplung des Geldes im Zeitverlauf nicht unbedingt eine gigantisch hohe jährliche Rendite nach sich zieht, wenn wir auf die 12,8 Prozent blicken. Hier zunächst dies: Bei der Renditeberechnung bezieht man sich üblicherweise nicht (ganz primitiv) auf den Gesamtzeitraum. Täte man dies, ergäbe das genannte Investment eine Rendite von 105 Prozent [$= (1.025\,€ - 500\,€) \div 500\,€ \times 100$]. Aber so geht das natürlich nicht: Ein vernünftiger Anleger berücksichtigt den Faktor Zeit, der sich sehr gravierend auf die Renditeeinschätzung auswirkt. Zur Renditeberechnung später mehr.

Also: Damit der Investor wirklich eine satte Rendite erhält, muss das Projekt richtig durchstarten und nicht wie in meinem Beispiel eine eher ganz normale Erfolgsgeschichte sein, der vielleicht ja eine „geniale" Idee zugrunde liegt, deren Umsetzung aber auf die Unbilden der unternehmerischen Realität treffen mag. Beispielhaft für Schwierigkeiten, die manchmal auftreten: Das Gründerteam ist zwar enthusiastisch und mit vollem Einsatz dabei, jedoch unerfahren und liefert zu Beginn des Engagements einige grobe Fehler ab, die zu längerfristigen Nachteilen führen. Oder: Es kommt zu erheblichen Meinungsverschiedenheiten zwischen den Gründern, mit der Folge des Ausstiegs einer Person aus dem Gründerteam, die wesentlich für den Erfolg ist. Dann: Die Konkurrenz kopiert die Idee und tritt schneller und massiver auf den Plan als erwartet. So oder so ähnlich könnten größere Schwierigkeiten aussehen, die zur Folge haben können, dass das Unternehmen (trotz der unglaublich guten Geschäftsidee und des großen Einsatzes) bis zum Zeitpunkt des Exits nur recht mittelmäßig abschneidet.

Venture-Capital-Gesellschaften und Business Angels wissen es schon lange: Das Gründerteam und seine unternehmerischen Qualitäten sind noch wichtiger als die Genialität der Geschäftsidee. Oder anders gesagt: Ein gutes Team wird aus einer schlechten Geschäftsidee eher etwas machen können als ein schlechtes Team aus einer guten Idee. Letztlich sollte der Investor sich nicht allein von der Idee blenden lassen und sich unbedingt auch einen Eindruck über das Gründerteam verschaffen, besonders über dessen Erfahrungen und Potenziale.

4.2.4 Partizipation an der Wertsteigerung

Eines wird den meisten Beteiligten an einem Crowdinvesting klar sein: Für viele Kapitalgeber, wahrscheinlich sogar für die weitaus meisten von ihnen, wird die Hoffnung von entscheidender Bedeutung für das Eingehen ihres Investments sein, an einer „gigantischen" Wertsteigerung ihres Start-up-Unternehmens teilhaben zu können. Und weiterhin ist klar, dass letztlich dann abgerechnet wird, wenn der Kapitalgeber aussteigt, also zum Exit-Zeitpunkt. Zwischenzeitlich profitiert der Investor hoffentlich bereits von laufenden Gewinnen. Wie bereits in Punkt 4.2.3 dargestellt, wird die laufende Gewinnbeteiligung, anders als der Exit, im Regelfall nicht den wirklich ganz großen Geldzuwachs für den Investor bringen. Entsprechend spielt es sowohl für den Kapitalsuchenden als auch für den Kapitalgeber eine zentrale Rolle, wie die Konditionen für den Exit gestaltet werden.

Die Gründer setzen mit dem Exit einen entscheidenden Anreiz für die Investoren, tun also gut daran, den Exit möglichst attraktiv zu gestalten. Die Plattform *Welcome Investment* z. B. versprach (als sie noch auf Sendung war) den Investoren für den Fall ihres Ausstiegs nach Ablauf der Mindestlaufzeit des Investments:[59]

a) … beim Exit die finanzielle Einlage zurückzubekommen
b) … beim Exit am EBIT fünffach beteiligt zu werden

Nun fragt sich, an welche Bedingungen der Exit, neben der Mindestlaufzeit des Investments, gebunden ist. Wird die Auszahlung des für den Exit zugesagten Geldbetrags an den Investor daran geknüpft, dass ein Erwerber beziehungsweise ein Anschlussfinanzierer gefunden wird? Wenn die Bedingungen genau so sind, dann stellt sich die Frage, wie wahrscheinlich es ist, dass eine Veräußerung beziehungsweise eine Anschlussfinanzierung überhaupt gelingt. Passiert nichts, kommt der Crowdinvestor nicht an das ihm in Aussicht gestellte „große Geld" heran, obgleich das Unternehmen blendend läuft. Vielleicht hat der Investor schon sechs oder mehr Jahre bis

---

59 *Welcome Investment* gab dies auf der eigenen Webseite unter der Rubrik „Investieren" (wlcm.in/about-us; Zugriff: 26.11.2012) an. Inzwischen hat diese Plattform ihren Betrieb eingestellt (Stand: Anfang 2014), jedoch angekündigt, in Bälde mit einer neuen Struktur wieder aufzuleben.

zum Ablauf der Mindestlaufzeit warten müssen, und nun kommt der Exit nicht wie erwartet zustande oder zumindest vorerst nicht.

Greifen wir das Portal *Deutsche Mikroinvest* heraus: Dort fehlen bei vielen Projekten sowohl Erfolgsbeteiligungen als auch Beteiligungen an der Wertsteigerung. Beispiel: Beim Projekt *1137Mate/Leemate* wurden dem Investor feste Verzinsungen angeboten (7 % im 1. Jahr, 8 % im 2. Jahr, 9 % im 3. Jahr, 10 % in den Jahren 4 und 5 und danach ab dem 6. Jahr 11 %). Es handelt sich um ein sogenanntes Nachrangdarlehen. Also: Es besteht ein Rückzahlungsanspruch in Höhe des eingesetzten Geldbetrags am Ende der Laufzeit (fünf Jahre) und ein Anspruch auf Verzinsung. Durch die Nachrangvereinbarung rutscht der Mikroinvestor im Insolvenzfall auf die Stufe der Eigenkapitalgeber hinab und erhält somit erst dann einen etwaigen Liquidationsüberschuss, wenn alle anderen Gläubiger befriedigt wurden. Nun gut: Wenn ein Unternehmen pleite ist, wird ohnehin nichts oder nur noch wenig übrig sein, sodass eine solche Nachrangigkeit keine allzu große Bedeutung hat und ohne Murren akzeptiert werden kann. Schön ist für den Anleger bei diesem konkreten Projekt (*1337Mate/Leemate*), dass er auch in Verlustphasen seine Zinsen beanspruchen kann. Schade ist hingegen, dass er in keiner Weise am Erfolg des Unternehmens teilhat. Hm, mir zumindest fehlt hier der echte Anreiz. Wir befinden uns bei einem solchen Projekt eher im Crowdlending als im Crowdinvesting, da lediglich ein Kreditverhältnis mit zwar gestaffelter, aber ansonsten fester Verzinsung vorliegt. Jedoch: Nicht alle Projekte bleiben bei der *Deutschen Mikroinvest* gänzlich ohne Erfolgsbeteiligung. Manchmal sind es dort inzwischen Kombinationen aus fester Verzinsung und Erfolgsbeteiligung, womit wir uns wiederum inmitten des Crowdinvestings befinden. Im Grunde unterliegt bei der *Deutschen Mikroinvest* fast jedes Projekt anderen Bedingungen. Leider fehlt hier aber oftmals weiterhin eine Beteiligung an der Wertsteigerung beziehungsweise sie ist einfach zu gering. Andererseits hat das Modell der *Deutschen Mikroinvest* Vorteile für die finanzierten Unternehmen, denn die Investoren werden dort nicht in den Exit gedrängt und werden dem Unternehmen wahrscheinlich länger als Finanziers erhalten bleiben. Ein vergoldeter Exit, wie er bei anderen Plattformen oft zu finden ist, reizt die Investoren dazu an, nach Ablauf der Mindestbeteiligungsdauer tatsächlich auszusteigen, um „Kasse zu machen". Das einstmalige Start-up muss eine Folgefinanzierung auf die Beine stellen. Die *Deutsche Mikroinvest* löst mit ihrem Modell derartige Problematiken nicht aus, ist also unternehmensfreundlich, auf der anderen Seite allerdings auch weniger vorteilhaft für Investoren.

Unter Anreizaspekten sollte der Kapitalgeber darauf achten, entweder eine Abfindung zu erhalten, die unabhängig von einer Nachfolgelösung ist (wie etwa seinerzeit bei *Welcome Investment* und heutzutage z. B. bei *Seedmatch* und *Companisto*), oder falls so etwas nicht vereinbart wurde, dass zumindest die Voraussetzungen für eine erfolgreiche Nachfolgelösung gut sind. Für letztgenannte Situation: Sicherlich ist es einfacher, einen Erwerber zu finden, wenn der Nachfolgeprozess gebündelt abläuft, d. h., wenn die Finanzierung des Start-ups in einer Hand liegt. Dies ist z. B. dann der Fall, wenn das Investment von der Struktur her indirekt läuft, wie bei der Plattform *Fundsters*, welche die crowdfinanzierten Anteile an den Start-ups komplett selbst hält und diese somit auch in einem Rutsch loswerden kann, wenn ein Käufer gefunden wird. Bei den meisten anderen Plattformen befinden sich die Anteile in Streubesitz, denn jeder einzelne Crowdinvestor ist mit seinem jeweiligen Start-up direkt verbunden. Für den Fall eines Verkaufs muss dann erst der „Hühnerhaufen" an Mikroinvestoren zusammengebracht werden.

Die pauschale Unterstellung, dass sich Venture-Capital-Geber nicht an Unternehmen beteiligen, die viele Teilhaber aufweisen, lässt sich in dieser Stringenz sicherlich nicht aufrechterhalten. Zumindest stimmt aber der Kern dieser Aussage, nämlich dass eine vorhandene Streufinanzierung die Anschlussfinanzierung erschwert. Die Streuung ist insofern unpraktisch, als der Nachfolger die Mikroinvestoren gegebenenfalls heraus haben will und dann jeder einzelne Crowdinvestor um sein Einverständnis gebeten werden muss, sich herauskaufen beziehungsweise abfinden zu lassen. O.k., die Mikroinvestoren haben ohnehin zumeist keine Stimm- oder Mitspracherechte und es stört also auch nicht weiter, wenn ein paar von ihnen drinbleiben, wenn ein neuer (Groß-) Investor kommt. Im Übrigen: Das erste Portal, das eine Bündelung der Anteile der Investoren vorgenommen und auf diesem Wege eine mittelbare Beteiligungsstruktur geschaffen hat, war nach meinen Recherchen die niederländische Plattform *Symbid*.

Worauf ist letztlich aus Sicht des Kapitalgebers zu achten? Schön wäre es für ihn, wenn die Konditionen so vereinbart würden, dass die Zahlung zum Exit-Zeitpunkt unabhängig davon ist, ob eine Nachfolgelösung realisiert werden kann oder nicht. Nach Ende der Mindestlaufzeit der Beteiligung kann der Investor kündigen und steigt damit aus. Je nach Vereinbarung hat er ein Recht darauf, seine Einlage zurückzuerhalten oder eine Abfindung in Höhe seines Anteils am Unternehmenswert zu kassieren. Von der formalen Seite her kommt er also prinzipiell aus der Beteiligung beziehungsweise aus der Finanzierung heraus. Es kann aber sein, dass das zur Auszahlung der ausstiegswilligen Investoren erforderliche Geld vom Start-up-Unternehmen schon anderweitig ausgegeben oder verplant wurde. Was dann? Das Unternehmen müsste eine Anschlussfinanzierung finden. Hier lässt sich erkennen, wie wichtig die Folgefinanzierung unter Umständen sein kann und wie wichtig es somit ist, rechtzeitig die Voraussetzungen dafür geschaffen zu haben.

4.2.5 Investitionsstrategien und Renditeerwartungen

4.2.5.1 Investment über deutsche versus ausländische Plattform

Neben der Auswahl spannender Projekte stellt sich für den Investor sicherlich auch die Frage, ob es für ihn einen Unterschied macht, über eine Crowdinvesting-Plattform zu gehen, deren Betreiber seinen Sitz in Deutschland oder im Ausland hat. Ein wichtiger Punkt dabei ist sicherlich die Sprache, in der die Plattform auftritt. Damit müssen Investoren und Gründer letztlich klarkommen. Aus deutschsprachiger Sicht: Es gibt natürlich auch Crowdinvesting-Plattformen, die aus dem Ausland betrieben werden, deren Webseite dennoch in deutscher Sprache gefasst ist. Dies ist etwa bei Plattformen im deutschsprachigen Ausland der Fall (z. B. beim Portal *1000x1000* aus Österreich). Denkbar ist auch, dass – von uns aus gesehen – im Ausland ansässige originär fremdsprachige Plattformen eine deutschsprachige Version ihrer Webseite anbieten.

O.k., nicht jedes im Ausland ansässige Portal lässt deutsche oder andere – aus seiner Sicht – fremdländische Anleger oder Unternehmen zu. Wir kommen also nicht überall hinein und sollten daher rechtzeitig prüfen, ob wir überhaupt zugelassen werden. Den Anlegern wird aufgrund ihrer Internationalität der Zugang zumeist nicht verwehrt, den Unternehmen in den meisten Fällen schon. Nun: Wenn wir also als Anleger mit unserem Geld willkommen sind und mittels einer ausländischen Plattform investieren dürfen: Sollten wir das überhaupt tun?

Angenommen, die sprachliche Hürde ist für den Investor kein Problem, weil die ausländische Plattform entweder in deutscher Sprache gefasst ist oder der potenzielle Kapitalgeber die Fremdsprache gut genug beherrscht, in der die Plattform kommuniziert. Es fragt sich dann, ob die Sprache die einzige Hürde ist, die es zu beachten gilt. Die Antwort ist: Nein. Sitzt die Plattform in einem anderen Land, dann sind die rechtlichen Rahmenbedingungen im Verhältnis zur Crowdinvesting-Plattform andere als in Deutschland, was aber nicht bedeutet, dass im Streitfall ganz automatisch das ausländische Recht gilt.

Hier ist nämlich zunächst zu unterscheiden, ob der Streit mit der Plattform selbst oder mit der Start-up-Gesellschaft besteht, mit welcher der (Finanzierungs-)Vertrag abgeschlossen wurde. Bei Letzterem ist grundsätzlich der Rechtsrahmen desjenigen Landes maßgeblich, in dem das Start-up-Unternehmen seinen Sitz hat. Wenn man sich z. B. also an einem neu gegründeten Unternehmen in Großbritannien beteiligt, dann ist grundsätzlich das britische Recht maßgeblich, sofern in den Verträgen nicht ausdrücklich etwas anderes vereinbart wurde – was allerdings eher unwahrscheinlich ist.

Beteiligt sich der Investor an einem Projekt im Ausland, dann wird er im Konfliktfall zumeist auf deutlich mehr Schwierigkeiten stoßen, sich durchzusetzen, als wenn das Projekt in heimischen Gefilden läuft. Er bewegt sich in einem fremden und gegebenenfalls für ihn selbst ungewohnten rechtlichen Rahmen, kann daher die Erfolgsaussichten und die Vorgehensweise schlechter einschätzen und muss vielleicht einen (teuren) des ausländischen Rechts kundigen Anwalt einschalten usw.

Es lässt sich also grundsätzlich sagen, dass das Risiko für den Anleger in gewissem Maße steigt, sobald ein Auslandsbezug des Investments gegeben ist, sei es dadurch, dass der Sitz der vermittelnden Plattform oder der Sitz des zu finanzierenden Start-ups im Ausland ist. Natürlich kann es auch vorkommen, dass eine in Deutschland ansässige Plattform eine Beteiligung an einem Start-up vermittelt, das im Ausland sitzt. Deutschlands größte Crowdinvesting-Plattform *Seedmatch* ermöglicht dies bislang noch nicht und nimmt nur Start-ups mit Sitz in Deutschland an. Da die Plattform im Regelfall nur Vermittler ist, wird hier nicht die Rechtsbeziehung des Investors zur Plattform sondern vielmehr die zum Start-up (beziehungsweise zu den Gründern) von Bedeutung sein. Anders ist dies natürlich im Falle einer mittelbaren Beteiligung, also wenn der Investor etwa eine stille Beteiligung an der Gesellschaft des in Deutschland ansässigen Plattformbetreibers erhält und der Betreiber an einem ausländischen Start-up-Unternehmen beteiligt ist. In dieser Situation besteht die Rechtsbeziehung zwischen Kapitalgeber und deutscher Plattform und eben nicht zwischen Kapitalgeber und dem im Ausland ansässigen Start-up.

Ob der vollständige oder teilweise Auslandsbezug des Investmentvorgangs jedoch als entscheidender Grund dafür anzusehen ist, von einem Investment Abstand zu nehmen, muss jeder Investor für sich überlegen. Eine Rolle spielt dies in der Regel nur dann, wenn etwas schief läuft, also z. B. wenn das Start-up-Unternehmen die vereinbarte Geldsumme beim Exit nicht bezahlt.

4.2.5.2 Rendite und Risikostreuung

Um einschätzen zu können, welche Renditen in welchen denkbaren Szenarien entstehen, muss sich der Investor mit den vereinbarten Konditionen für das jeweilige Projekt auseinandersetzen. Zuvor sollte er sich allerdings Gedanken darüber machen, ob er ganz gezielt auf ein einzelnes Projekt setzt oder ob er das Risiko streut, indem er in mehrere oder sogar viele aussichtsreiche Projekte investiert. Begonnen sei mit dem Thema Risikostreuung.

Eine Möglichkeit: Statt 1.500 Euro in ein Projekt zu investieren, entscheidet sich der Crowdinvestor, diesen Betrag auf sechs Projekte aufzuteilen. Er erhöht damit seine Wahrscheinlichkeit, ein Projekt zu treffen, das „durchstartet". Des Weiteren sinkt das Risiko, dass sein Gesamtinvestment in einem Totalverlust endet. Andererseits ist der Gewinn für ihn mit Abstand am höchsten, wenn er nur in ein Projekt investiert und genau das richtige trifft. Um die mögliche Auswirkung einer Risikostreuung zu veranschaulichen, sei ein fiktives Szenario unterstellt:

Der Investor wählt sechs Projekte aus, die er für höchst Erfolg versprechend hält, und investiert jeweils 250 Euro in jedes der zugehörigen Start-up-Unternehmen. Eines der Projekte geht komplett den Bach runter und der Einsatz ist weg. Zwei weitere Projekte dümpeln mehr oder weniger vor sich hin und halten sich nach einiger Zeit halbwegs über der Nulllinie. Zwei weitere Projekte laufen gut und erwirtschaften solide Überschüsse. Das sechste Projekt startet tatsächlich durch, zwar nicht wie seinerzeit *Microsoft*, aber immerhin. In Euro:

Projekt	Einsatz	Kumulierte Gewinnbetei- ligung über 5 Jahre	Abfindung am Laufzeitende	Überschuss je Projekt
1	250	0	0	−250
2	250	60	180	−10
3	250	80	220	50
4	250	160	360	270
5	250	210	480	440
6	250	750	1.500	2.000
Summe	1.500	1.260	2.740	2.500

Abb. 11: Beispiel für Projektergebnisse als Basis für eine Renditeberechnung

Die ursprünglichen 1.500 Euro wurden nach Ablauf von fünf Jahren um 2.500 Euro auf 4.000 Euro gemehrt. Das entspricht ungefähr einer Rendite von knapp 22 Prozent pro Jahr, nicht mehr. Wieso? Dazu nehmen wir ein anderes Beispiel: Man nehme schlichtweg 1.500 Euro und lege diese mit gedachten 21,7 Prozent Festverzinsung irgendwo an anderer Stelle an. Folgendes passiert:[60]

1. Jahr: $1.500 \times 1,217 = 1.826$
2. Jahr: $1.826 \times 1,217 = 2.222$
3. Jahr: $2.222 \times 1,217 = 2.704$
4. Jahr: $2.704 \times 1,217 = 3.290$
5. Jahr: $3.290 \times 1,217 = 4.004$

Genau wie in der gerade angestellten Zinsberechnung spülen die sechs Projekte dem Anleger in der Gesamtsicht finanzielle Mittel in Höhe von rund 4.000 Euro in die Kasse, dies ebenfalls bei einem Kapitaleinsatz von insgesamt 1.500 Euro. Über alle Projekte hinweg würde das Crowdinvesting-Beispiel bei einer unterstellten Laufzeit von 5 Jahren also in einer jährlichen Rendite in Höhe von rund 21,7 Prozent enden.

Hätte der Investor nur in ein Einzelprojekt investiert, dann lägen die Renditen der Projekte 1 bis 4 unterhalb des Durchschnittswerts, bei Projekt 5 knapp über dem Schnitt und bei Projekt 6 deutlich darüber. Nur dann, wenn

---

60 Das ist nur ein ungefährer Wert, denn letztlich hängt es auch von der zeitlichen Verteilung der Rückflüsse (jährliche Gewinnausschüttung und Schlusszahlung beim Exit) ab, wie hoch die Rendite genauer berechnet ist.

der Anleger (zufällig) eines der beiden letzten Projekte ausgewählt hätte, läge er folglich über der durchschnittlichen Rendite, die über alle Projekte hinweg in diesem Beispielszenario entstünde. Ganz klasse wäre es natürlich für ihn, wenn er genau Projekt 6 ausgewählt und alles darauf gesetzt hätte. Aber weiß man das vorher? Hinterher sind wir schlauer. Zu spät. Hätten wir doch nur diversifiziert!

Wenn Plattformen geringe Mindestinvestitionsbeträge vorgeben, dann wird dadurch die Möglichkeit für Investoren besser, das Risiko zu streuen. Wenn sich also ein Anleger dazu entschließt, 250 Euro zu investieren, dann kommt das Portal *Innovestment* für ihn aufgrund der in der Regel hohen Mindestbeteiligung von 1.000 Euro (inzwischen manchmal 500 Euro) nicht in Betracht. Bei anderen Portalen, z. B. *Seedmatch* (Mindesteinsatz 250 Euro), kann er sich damit genau an einem Start-up beteiligen, bei nochmals anderen Plattformen wiederum an mehreren, z. B. bei *Companisto* sogar an 50 Projekten, da der Mindesteinsatz nur 5 Euro beträgt. Für Personen, die insgesamt nur über ein geringes Gesamtbudget verfügen, die aber trotzdem eine Strategie der Risikostreuung verfolgen möchten, scheiden also einige Plattformen aus, die zu hohe Mindestbeiträge verlangen. *Fundsters* ermöglicht manchmal sogar Beteiligungen ab 1 Euro, *United Equity* und die *Deutsche Mikroinvest* ab 100 Euro.

Die Risikostrategie ließe sich auch davon abhängig machen, wie viele Projekte der Kapitalgeber für „genial" hält, und er kann anhand dessen über die Streuung entscheiden. Genau genommen: Findet er nur ein geeignetes Projekt, dann kann er entweder alles auf diese Karte setzen oder zunächst nur einen Teilbetrag, um den Restbetrag für später kommende andere „geniale" Projekte zurückzuhalten.

Einige Plattformen geben Informationen über die mögliche Renditeentwicklung und stellen die dahinter liegende Mechanik transparent dar. Beispiel *Seedmatch*: Herausgegriffen sei das Projekt *fraisr*. Geht man mit der Maus auf das am rechten Rand der Beschreibung des Projekts *fraisr* auf der Webseite von *Seedmatch* befindliche Stichwort „Beispielsrechnung", dann erscheint u. a. folgender Text:

> *„2. Kündigung: Wenn (bei Ausbleiben eines Exits) fraisr z. B. im erstmöglichen Jahr der Kündigung (2018) das angestrebte Plan-EBIT von ca. 7,2 Mio. Euro oder den geplanten Plan-Umsatz von ca. 11,4 Mio. Euro erreichen würde, dann würde Ihre Rendite –*

vorbehaltlich einer etwaigen Verwässerung – ca. 2.220 % (EBIT)
oder ca. 640 % (Umsatz) betragen (der größere Wert ist maßgeblich).
Dieser unverbindlichen Beispielsrechnung liegen die vertraglich fest-
gelegten Bewertungs-Multiples von 6,0 (EBIT) und 1,2 (Umsatz) zu
Grunde. Selbst wenn fraisr z. B. nur ein EBIT von ca. 0,8 Mio. Euro
oder einen Umsatz von 4,1 Mio. Euro erzielen und es durch weitere
Finanzierungsrunden zu einer Verwässerung von z. B. 25 % kommen
würde, würde Ihre Auszahlung ca. 200 % betragen (100 % Rendite).
Bei einem Investment von 1.000 Euro erhielten Sie in diesem Fall
ca. 2.000 Euro zurück."

Na ja, die Renditeberechnung ist hier allerdings ein wenig fragwürdig. Kein
vernünftiger Investor berechnet seine Rendite, ohne die Laufzeit zu berücksichtigen, also die Bindungsdauer für sein Kapital. Die vermeintlichen 2.220 Prozent Rendite im ersten von *Seedmatch* geschilderten Szenario beziehungsweise
die 100 Prozent Rendite im zweiten Szenario verteilen sich auf fünf Jahre und
werden zudem nachschüssig ausgezahlt. Die jährliche Rendite beläuft sich im
zweiten Fall (Angabe 100 %) effektiv auf ca. 15 Prozent. Berechnet habe ich das
erneut so: Meinen Ausgangsbetrag von 1.000 Euro lege ich für 15 Prozent pro
Jahr anderswo an, wobei ich den Ausgangsbetrag plus die erhaltenen Zinsen im
Folgejahr wiederum für 15 Prozent anlege. Das Ganze läuft über fünf Jahre:

1. Jahr: $1.000 \times 1,15 = 1.150$
2. Jahr: $1.150 \times 1,15 = 1.323$
3. Jahr: $1.323 \times 1,15 = 1.521$
4. Jahr: $1.521 \times 1,15 = 1.749$
5. Jahr: $1.749 \times 1,15 = \mathbf{2.011}$

Eine Verdopplung meines Geldes innerhalb von fünf Jahren entspricht also
einer jährlichen Rendite von rund 15 Prozent. Wäre die Laufzeit des Engagements z. B. drei Jahre länger, bei gleichem Rückfluss, dann läge die jährliche
Rendite bei einer Verdopplung nur noch bei rund 9 Prozent. Die Plattform
Companisto gibt z. B. eine 8-jährige Mindestlaufzeit vor und der Investor würde
im Falle einer Verdopplung des Geldes (allerdings nach acht statt nach fünf Jahren) eine schlechtere jährliche Rendite errechnen. Jedoch hat das Start-up-Unternehmen bei *Companisto* auch länger Zeit, den Erfolg aufzubauen, und wird

wahrscheinlich nach Ablauf von acht Jahren mehr wert sein als nach nur fünf Jahren. Es muss also keinesfalls nachteilig sein, länger in einem Investment zu stecken, denn es ist dann auch am Ende mit einem (gegebenenfalls nochmals deutlich) höheren Unternehmenswert zu rechnen. Folgendes an dieser Stelle: Der Investor muss zum Ende der Mindestlaufzeit nicht kündigen und kann auch länger engagiert bleiben, kann also auf einen höheren Wert warten. Aber die Unternehmen verfügen zumeist ebenfalls über ein vertraglich vereinbartes Kündigungsrecht, das mit Ablauf der Mindestbeteiligungsdauer von ihnen genutzt werden kann. Der Mikroinvestor könnte also gegebenenfalls nach Ablauf der Mindestbeteiligungsdauer herausgedrängt werden. Nun gut, alle Konstrukte der Plattformen haben ihre Vor- und Nachteile, so auch bezogen auf die Regelungen zum Exit. Es wäre vieles zu beachten und ich muss zugeben, bei meinen Investments nicht alles sorgsam durchgesehen zu haben.

Zurück zur Rendite: Dem Investor sei empfohlen, sich nicht zu sehr auf die Berechnungen der Plattformen zu stützen und stattdessen lieber eigene (grobe) Rendite-Ermittlungen vorzunehmen. Übrigens: Die von *Seedmatch* zuvor angegebene Rendite von 2.220 Prozent (siehe Seite 105), die ohne Ansehen der Laufzeit ermittelt wurde, beträgt auf eine Jahresrendite umgerechnet rund 87,5 Prozent. Nachfolgend die zugehörige Umrechnung nach altbewährtem Muster.

Ausgangspunkt: Eine Rendite von 2.220 Prozent lässt, ohne den Zeitfaktor zu beachten, aus einem Betrag von 1.000 Euro am Ende 23.200 Euro werden (= 1.000 € plus 22.200 €). Jetzt folgt die Aufteilung auf fünf Jahre: Auf den Endbetrag in Höhe von 23.200 Euro komme ich auch, wenn ich den Ausgangsbetrag, die 1.000 Euro also, mit 87,5 Prozent verzinse (inklusive Zinseszinsen):

1. Jahr: $1.000 \times 1{,}875 = 1.875$
2. Jahr: $1.875 \times 1{,}875 = 3.516$
3. Jahr: $3.516 \times 1{,}875 = 6.592$
4. Jahr: $1.521 \times 1{,}875 = 12.360$
5. Jahr: $1.749 \times 1{,}875 = 23.174$ (rd. 23.200)

Dennoch: Es ist natürlich richtig gut, aus den 1.000 Euro nach fünf Jahren 23.200 Euro gemacht zu haben, kein Zweifel! 87,5 Prozent Rendite pro Jahr ist riesig. Das 23,2-Fache! Na ja, genau solche Chancen brauchen wir. Das ist zwar kein Hauptgewinn im Lotto, aber die Richtung stimmt. Wenn nun das

Verlustrisiko noch überschaubar bliebe, wäre ich begeistert. Die Risikoseite sehen wir uns später an.

Eines blieb bisher außen vor, was die Rendite-Berechnung betrifft und nicht ganz von der Hand zu weisen ist. Der Grundgedanke, dass es durchaus eine Rolle spielt, ob man Geld früher erhält oder später und ob die Geldflüsse sicher oder unsicher sind, müsste eigentlich auch noch exakter in die Kalkulation einfließen. Die jeweiligen Zu- und Abflüsse wären jeweils mit einem angemessenen Zinssatz zu erfassen. Eine Kapitalwertermittlung wäre genau genommen das Richtige, um den Zeitwert des Geldes und das Risiko zu berücksichtigen. Das soll hier nun anhand eines Beispiels vorgenommen werden. Dazu sei das obige Projekt Nr. 4 (Seite 103) herausgegriffen, bei dem es sich um etwas mehr als eine Verdopplung des Kapitaleinsatzes innerhalb von fünf Jahren handelt. Wir benötigen allerdings mehr Details über die Zahlungszeitpunkte und müssen einen Abzinsungsfaktor festsetzen. Nehmen wir für Letzteren einfach 15 Prozent und rechnen in Euro:

Jahr	Auszahlung	Einzahlung aus Gewinn	Einzahlung aus Exit	Zahlungs-saldo	abgezinster Betrag
1	−250	0	0	−250	−250
2	0	20	0	20	15
3	0	30	0	30	20
4	0	50	0	50	29
5	0	60	360	420	209
Summe	−250	160	360	270	23

Abb. 12: Kapitalwertermittlung für ein Muster-Investment

Huch! Der Kapitalwert ist mit 23 € zwar positiv und damit hat sich das Investment gelohnt, aber so arg hoch erscheint das nun auch wieder nicht. O.k., was wurde gemacht und wie ist das nun genau zu interpretieren? Die Abzinsung mit 15 Prozent erfolgt mit dem Gedanken, dass wir eine Alternativanlage hätten, die bei gleicher Risikolage wie bei unserem Crowdinvesting-Projekt 4 ebenfalls eine Verzinsung im Umfang von 15 Prozent erwarten lässt. Die 15 Prozent enthalten eine Zins- und eine Risikokomponente. Als Ergebnis der Berechnung kommt heraus, dass wir die Alternativanlage übertreffen und einen höheren Kapitalwert erzielen als die vom Risiko her mit unserem Crowdinvesting gleiche Alternative. Gut. Allerdings wird hier deutlich, dass die frühe

Auszahlung der 250 Euro und die teils deutlich späteren Rückzahlungen dazu führen, dass unsere Rendite sich gegenüber der anfangs schlichten Renditeberechnung (die ohne Umrechnung des Gesamterfolgs auf einzelne Jahre stattfand) verschlechtert. Bei einem Abzinsungsfaktor von 17,15 Prozent läge der Kapitalwert des Projekts 4 bei null. Man könnte das nun so interpretieren, dass unsere Projekt-Rendite hier bei 17,15 Prozent läge. Nicht übel, aber auch nicht der ganz große Durchbruch. Dazu bedürfte es des Projekts Nr. 6 oder eines noch viel besseren.

Ohne auf die theoretischen Grundlagen einer Abzinsung hier eingehen zu wollen, sei ein grober Anhaltspunkt für die Höhe eines passenden Abzinsungsfaktors gegeben. Bei risikobehafteten Projekten ist es kaum zu rechtfertigen, einen Abzinsungsfaktor zu wählen, der unterhalb von 15 Prozent liegt. Angemessene Abzinsungsfaktoren würden gegebenenfalls eher in einer Bandbreite von 20 bis 30 Prozent liegen, je nachdem wie die konkrete Risikolage zu beurteilen ist.[61] Die soeben getätigte Aussage hinsichtlich der möglichen Abzinsungshöhe bietet reichlich Diskussionsstoff und gleichsam einen schönen Angriffspunkt für Formalisten, Theoretiker und Praktiker. Wer sich mit den Hintergründen der Kapitalwertermittlung befassen möchte, der wird unweigerlich an vielen Stellen auf praxisuntaugliche theoretische Modelle zur Ermittlung des Abzinsungsfaktors treffen. Was nun? Ein Rückgriff auf Vergleichswerte wäre eine Möglichkeit, an die allerdings ein Laie nicht so ohne Weiteres kommen wird, es sei denn, er schmökert in anderen Crowdinvesting-Projekten herum, denn dort findet man zumeist die Unternehmenswerte.

Schalten wir durch zu einem Praxisbeispiel: *Companisto*. Eine Beteiligung ist bei dieser Plattform ab 5 Euro möglich. In den Vertragsbedingungen zum Projekt *BiteBox* wird dem Investor ein Gewinnanteil in Höhe von 0,0002 Prozent auf seinen 5-Euro-Anteil zugebilligt. Das wären bei einem von mir jetzt mal einfach so unterstellten Gewinn des Start-ups in Höhe von 200.000 Euro pro Jahr 0,40 Euro. Wird acht Jahre lang ein Gewinn in Höhe von 200.000 Euro erzielt, summiert sich der Gesamtzufluss beim Investor auf 3,20 Euro. Nicht viel bis hierhin. Aber es kommt ja noch die Abfindung beim Exit hinzu. Nun

---

61 Die Plattform *Seedmatch* verwies auf einen Artikel des Magazins *Gründerszene*, in dem sogar ein Satz von 50 Prozent für die Ermittlung eines internen Zinsfußes (IRR) genannt wird, und überträgt dies auf die Höhe des Abzinsungsfaktors für ein Investment; siehe: www.gruenderszene.de/allgemein/unternehmensbewertung-erstellen-startup (letzter Zugriff: 7.1.2014). Das erscheint sehr hoch gegriffen.

ist es von großem Interesse für den Investor, was er bei seinem Ausstieg (Exit) zu erwarten hat. Companisto äußert sich dazu in den FAQ unter der Frage „Was passiert nach der Mindestbeteiligungsdauer" u. a. wie folgt:[62]

> *„Bei Rückgriff auf die Multiplikatormethode bemisst sich der Unternehmenswert am Ergebnis (EBIT) des letzten abgeschlossenen Geschäftsjahres, welches mit dem Faktor 6,5 zu multiplizieren ist. Anstelle des EBIT-Multiples wird das Umsatz-Multiple herangezogen, sofern der Umsatz des letzten abgeschlossenen Geschäftsjahres multipliziert mit Faktor 1,0 höher ist als der EBIT multipliziert mit dem Faktor 6,5. Es wird also immer der jeweils höhere Unternehmenswert angesetzt."*

Ja gut, damit lässt sich arbeiten: Um den Exit-Betrag zu ermitteln, multipliziere ich meine 200.000 Euro also mit dem Faktor 6,5. Stopp, die 200.000 Euro waren der Gewinn, der EBIT liegt höher, da der Gewinn eine Größe nach Zinsen und Steuern ist und der EBIT vor Zinsen und Steuern. Den EBIT schätze ich grob auf 30 Prozent oberhalb des Gewinns liegend ein und komme auf 260.000 Euro. Diese multipliziert mit 6,5 ergeben 1.690.000 Euro. Nun nehme ich davon meinen Anteil in Höhe von 0,0002 Prozent. Zack: 3,38 Euro. Summa summarum: Es gäbe insgesamt 6,58 Euro (= 3,20 € + 3,38 €) zurück für meine 5 Euro. Nicht die Welt, vor allem nicht nach acht Jahren. Warum ist das so wenig? Meine 200.000-Euro-Erwartung liegt weit, sehr weit sogar, hinter dem zurück, was für *BiteBox* geplant ist. Ganz besonders der für die Unternehmensbewertung so wichtige Wert des achten Jahres liegt in der Planung Meilen über meinen herausgegriffenen 260.000 € für den EBIT. Die vorliegende *BiteBox*-Planung endet 2017. Wenn sie weitergeführt würde, läge sie sicherlich vom EBIT her irgendwo jenseits der 3 Mio. Euro. Daraus folgt, dass mein Ausstieg nach 8 Jahren mit irgendetwas in der Gegend von 40 Euro oder noch mehr belohnt würde, wenn die Realität der Planung folgen würde. Hinzu kämen noch satte Gewinnanteile für die Zeit zwischendurch. Das 10-Fache meines Einsatzes dürfte gegebenenfalls machbar sein.

Ich stecke in *BiteBox* tatsächlich als Investor (mit mehr als 5 Euro) drin und sehe gerade erstmals, dass ich echt gute Chancen auf eine erfreuliche Rendite habe, wenn alles klappt. Genauer ausgerechnet hatte ich mir das zum

---

62 www.companisto.de/faq (Zugriff 6.1.2014).

Einstiegszeitpunkt nicht. Tja, man sieht: Nicht jeder, der sich so etwas gut ausrechnen könnte, macht das auch. Hängt auch immer vom Investitionsbetrag ab. Übrigens: Die „echten" Planwerte für *BiteBox* sieht nur der registrierte Nutzer, und zwar nur während des Funding-Zeitraums. Anschließend bleiben die Zahlen für die jeweiligen Investoren natürlich weiterhin sichtbar.

Zum gleichen Thema liefert *Seedmatch* Beispielberechnungen für jedes angebotene Projekt. Ich hatte schon erwähnt, wo das ungefähr zu finden ist. Hier ganz genau: Ausgangspunkt ist bei jedem Projekt das auf der rechten Seite unterhalb des Buttons „INVESTIEREN" befindliche Stichwort „Renditechance". Wer nun mit der Maus auf das Pluszeichen geht, das am Ende des Wortes „Beispielsrechnung" steht, dem geht ein Feld auf, das eine individuelle Renditeberechnung für das betreffende Projekt zeigt. Etwas tiefer unter „Beteiligungsart" steht am Ende des Begriffs „Partiarisches Nachrangdarlehen" ebenfalls ein Plus, das, wenn die Maus darauf steht, die prozentuale Beteiligungsquote je 250-Euro-Anteil preisgibt. Aus diesen Informationen lässt sich ein eigenes Szenario erstellen.

Also gut: Ich greife das Projekt „Geile Weine" von *Seedmatch* heraus. Die zugehörige Ergebnisbeteiligung bewegt sich für einen 250-Euro-Anteil bei 0,0143 Prozent. Anders als in dem auf der Webseite von Seedmatch dargelegten Beispiel greife ich mir für das Geschäftsjahr 2018 auch hier ein selbst erfundenes Ergebnis (EBIT) in Höhe von 600.000 € heraus und wende darauf einen Multiplikator von 7 an, der als eine mögliche Alternative für die Ermittlung der Exit-Zahlung für „Geile Weine" vereinbart wurde. Es ergeben sich: 4,2 Mio. Euro, die ich mit den 0,0143 Prozent multipliziere. Macht rund 600 Euro. Hinzu käme jetzt noch die jährliche Ergebnisbeteiligung. Ich gehe einfach mal von über die fünf Jahre hinweg aufsummierten Jahresergebnissen in Höhe von 1,0 Mio. Euro aus. Das sind rund 143 Euro, wenn ich den Anteil von 0,0143 Prozent darauf ansetze. Insgesamt kämen dann ca. 743 Euro zusammen, die aus meinen 250 Euro nach fünf Jahren würden. Bei all dem liege ich mit meinen erfundenen Zahlen jedoch recht klar hinter der angegebenen Planung zurück, denn „Geile Weine" rechnet mit deutlich höheren Ergebnissen, die sich für das Exit-Jahr 2018 oberhalb von 1,1 Mio. Euro bewegen sollen. Träfe das ein, ergäbe sich ein sehr schöner Geldzuwachs für den gewogenen Anleger. Bin sehr gespannt. Nun, bei „Geile Weine" bin ich nicht dabei, jedoch bei zwei anderen *Seedmatch*-Projekten.

Wenn ich mir die zum Thema Rendite von mir geschriebenen Dinge nochmals durch den Kopf gehen lasse, wird mir klar, was passieren kann, wenn bei einem Crowdinvesting drei ahnungslose Parteien aufeinandertreffen. Der typische Mikroinvestor ist sicherlich kein Fachmann im Hinblick auf die Renditeberechnung. Er wird erwarten können und müssen, dass ihm ein sauberes Angebot ohne Fallstricke unterbreitet wird. Macht er schlechte Erfahrungen, dann behält er sein Geld künftig zurück und wird auch anderen Personen von einem Crowdinvesting abraten, was sich über das Medium Internet schnell herumsprechen kann. Auch die Gründer werden zumeist keine Finanzexperten sein. Nicht auszudenken, wenn nun auch noch ein naiver Plattformbetreiber daherkommt und glaubt, es sei mit der Programmierung und Freischaltung einer Webseite getan, auf der sich Start-ups und Mikroinvestoren treffen und sich dann schon irgendwie verständigen werden. Die präzise Vorbereitung der Kapitalvermittlung ist eine ganz wesentliche Aufgabe der Plattformbetreiber. Dazu müssen langfristig tragfähige Strukturen und Vertragswerke her. Eine entsprechende Vorbereitung erfordert Fachleute und lässt sich allein mit engagierten Laien nicht machen. Das bedeutet für den Kapitalgeber, der die vertraglichen Details nicht durchschaut, ersatzweise einen Blick auf die Personen zu werfen, die die Plattform betreiben. Also: Ein wenig (Internet-) Recherche, welche Lebensläufe dahinter stehen und ob es sich bei den Hinterleuten der Plattform um gut ausgebildete, erfahrene und seriöse Personen handelt, wäre von Vorteil. Die relevanten Erfahrungen der handelnden Personen sind dankenswerterweise oftmals schon den Webseiten der jeweiligen Betreiber zu entnehmen.

Eines hätte ich beinahe vergessen: Bei manchen Projekten gibt es neben der Beteiligung an Gewinn und Wertsteigerung für die Investoren noch zusätzliche Vorteile, z. B. Rabatte, wenn sie die Produkte des Unternehmens kaufen. Je höher der Geldeinsatz, umso höher sind oftmals die zusätzlichen Vorteile, die der Investor bekommt. Greifen wir einmal das Projekt *Meine-Spielzeugkiste* der Plattform *Companisto* heraus. Im Zusatzangebot steht u. a:[63] „Investiere 500,00 Euro oder mehr – Erhalte zusätzlich zu Deiner Beteiligung einen Gutschein für 2 hochwertige Spielzeuge Deiner Wahl aus unserem Sortiment." Ähnliches wird oft zusätzlich geboten. Das zieht sich durch viele der Plattformen und die dortigen Projekte. Sollte das auch in die Renditeberechnung einfließen? Ist das eher ein Mitnahmeeffekt? Oder reizt das an, höher zu investieren?

---

63 www.companisto.de/startups/meine-spielzeugkiste-startup-27/overview (Zugriff:
    11.1.2014).

4.2.6 Herdenverhalten

Wenn die Finanzierung eines Crowdinvesting-Projekts sehr schnell hochläuft, was sich anhand von „Tickern" auf den Webseiten oft gut beobachten lässt, spüre ich den Impuls, selbst schnell ebenfalls in das Projekt einzusteigen zu wollen. Ich denke, dass die anderen sich schon etwas Vernünftiges dabei gedacht haben werden, ihr Geld in dieses Projekt zu investieren. Vielleicht wissen die alle etwas, was ich nicht weiß? So viele Investoren können sich doch nicht irren, oder? Ihr Engagement ist glaubhaft, denn sie setzen auf der Webseite sichtbar ihr Geld ein. Mit diesem Impuls stehe ich nicht allein da, wenngleich ich letztlich doch in sehr geringem Ausmaß dazu neige, diesem Impuls zu folgen. Es ist wissenschaftlich bewiesen, dass es ein Herdenverhalten gibt. Zunächst dies: Auf Finanzmärkten kann immer wieder beobachtet werden, dass Anleger der Masse, also der Herde, folgen. Wenn ein Anlageprodukt, aus welchen Gründen auch immer, anfangs gut läuft, dann kommen oftmals sehr viele Anleger in sehr kurzer Zeit hinzu. Man spricht hier auch von einem Ansteckungseffekt. Diese Effekte gehen in beide Richtungen, betreffen also auch den massenhaften Ausstieg aus Anlagen, was manchmal sogar panikartiges Verhalten auslöst. Solche Effekte können Finanzmarktkrisen auslösen.

O.k, wir waren beim Crowdinvesting. Hier wird sich das Herdenverhalten nur in eine Richtung bewegen, in Richtung Einstieg. Der Ausstieg ist nicht kurzfristig realisierbar und kann daher nicht panikartig erfolgen. Nun, bei einem Crowdinvesting-Projekt sehen wir auf der Webseite, dass innerhalb von Minuten sehr viele Investoren hinzukommen, fast im Sekundentakt. Halt, an dieser Stelle kann man sich nicht wirklich ganz sicher sein, dass die Sache stimmt. Das Hochlaufen könnte womöglich künstlich erzeugt worden sein. Dazu diese (theoretische) Überlegung: Eine Plattform verfügt über viel Startkapital. Sie versorgt „Strohleute" mit Geld, damit sie die auf der Plattform erscheinenden ersten Projekte zügig auffüllen. Wir als Beobachter kennen den Hintergrund nicht, nehmen das Hochlaufen für bare Münze, schalten den Kopf aus und investieren ganz schnell, bevor es (vermeintlich) zu spät ist und wir diese einmalige Gelegenheit haben vorbeiziehen lassen. Das Problem bei der Sache ist im Grunde nur die fehlende vernünftige Überprüfung des Projekts durch uns. Wir gehen Abkürzungen, die wir später womöglich bereuen. Erst hinterher sehen wir etwa, dass es einen Haken im

Vertrag gibt. Zu spät. Vollkommen unseriös wäre es natürlich, wenn es bei einer Plattform gefakte Ticker gäbe, die ein Hochlaufen nur suggerieren und uns damit in das Projekt hineinziehen.

Wie ist meine Einschätzung in Bezug auf das Crowdinvesting? Einige Projekte habe ich mir sehr genau angesehen, bevor das Funding startete. Das ist bei einigen Plattformen möglich, denn sie geben teils bereits im Vorfeld schon nähere Informationen über die Projekte heraus. Anhand dieser Infos sowie über zusätzliche Recherchen bildete ich mir eine Meinung über die Projekte, ohne durch Ticker beeinflusst zu sein. Das Anlegerverhalten passte relativ gut zu meinen Prognosen. Von mir nach sorgfältiger Vorbereitung als gut eingestufte Projekte wurden eindeutig schneller finanziert als Projekte, die ich als eher weniger attraktiv beurteilt hatte. Es gab also keine Auffälligkeiten, aus denen ich irgendwelche konkreten Bedenken hätte ableiten können. Meine Einschätzung basiert hier allerdings nur auf Einzelfällen und es lässt sich daher keine allgemeine Aussage treffen.

Dauerhaft würde es aus Sicht einer Plattform ohnehin keinen Sinn ergeben, Projekte künstlich mit eigenen Mitteln hochzupushen. Letztlich geht es aber um den Plattformstart, der als Erfolg gelten soll. Was auch passieren kann, ist, dass eine Plattform Projekten, die kurz vor der Funding-Schwelle stehen, noch über diese hinweghelfen, indem sie den noch nötigen Restbetrag selbst beisteuern, und zwar gegebenenfalls wiederum über Strohleute oder vielleicht sogar offen. Was ich alles unterstelle! Was schiefgehen kann, geht schief. Irgendwann und irgendwo. Vermutlich wird die eine oder andere Plattform bereits selbst an der einen oder anderen Stelle eingegriffen haben, um Finanzierungsprobleme der Start-ups zu beseitigen, ohne dass wir dies als Anleger sehen konnten. Dem Herdentrieb nachzugeben ist nicht ohne Risiken, denn: 1. Unsere Information über das Verhalten der Herde kann falsch sein. 2. Die Herde kann unrecht haben.

Was tun? 1. Nicht blenden lassen und trotz des schnellen Hochlaufens auch dieses Projekt mit gleicher Sorgfalt durchgehen wie alle anderen Projekte. 2. Vertrauen in die eigene Einschätzung behalten, auch wenn die Masse (vermeintlich) weiß, was sie macht. 3. Die Crowd nicht komplett außer Betracht lassen, denn ihr schnelles und massives Investieren hat durchaus auch eine gewisse Signalwirkung. Mit allen Vorbehalten, die zuvor genannt wurden, liegt uns dennoch eine Zusatzinformation vor, wenn die Ticker schnell gen Finanzierungsschwelle beziehungsweise gen Limit zeigen. *Companisto* unterstützt den psychologischen Effekt des Hochlaufens dadurch, dass die dortigen „Uhren" keine gleichmäßige Skala haben. Beispiel: Beim Projekt *Wonderpots* stehen beim 1. Punkt 10 %, bei 2. 50 %, bei 3. 100 %, bei 4. 200 % und beim 8. Punkt 1.000 %. Die Abstände zwischen den Punkten sind optisch gleich, jedoch nicht die Zunahmen der Prozentzahlen. Diese legen schneller zu. Ich finde das übrigens o.k., denn am Beginn des Fundings interessieren mich als Beobachter die Feinheiten des Voranschreitens mehr als im späteren Bereich der Finanzierung. Die Darstellungsweise kommt meinem Informationsbedarf sogar entgegen, denn ich sehe alles mit einem Blick und in der Detaillierung, die mir ausreicht. Bei der *Deutschen Mikroinvest* findet der Investor keine Statusanzeigen, die das jeweils erreichte Finanzierungslevel anzeigen. Man wirbt dort sogar damit, den Mikroinvestor auf diese Weise unbeeinflusst entscheiden zu lassen:

> *„Entscheiden Sie unbeeinflusst auf Basis eigener Werte statt irrelevanter Statusanzeigen [...] Es bedeutet nicht ‚wo sich alle beteiligen, mache ich blind mit'. Das Konzept und die Idee müssen Sie persönlich überzeugen und die Rendite muss Ihnen gefallen. Dazu benötigen Sie keine Statusanzeigen, die immer beeinflussend wirken. Entscheiden Sie, trotz Schwarmfinanzierung und -aktion, unbeeinflusst und selbstständig."*

Zurück zur Herde: Es gibt von Projekt zu Projekt klare Unterschiede im Hinblick auf die Schnelligkeit der Finanzierung und es gibt natürlich auch Ausfälle in dem Sinne, dass für manche Projekte keine ausreichenden Mittel zusammenkommen. Allerdings lässt sich auch ein gewisses Herdenverhalten bezogen auf die Plattformen entdecken. Die Projekte von *Seedmatch* und *Companisto* finden besonders große Beachtung vonseiten der Investoren. Die Crowd bevorzugt offensichtlich diese beiden Plattformen, ganz besonders *Seedmatch*, obgleich auch kleinere Portale durchaus sehr attraktive Projekte anzubieten haben. Es gibt also auch hier ein gewisses Herdenverhalten, begründet oder nicht begründet. Womöglich betrifft das auch die Start-ups. Ohne dafür Beweise zu haben, gehe ich davon aus, dass auf dem Tisch von *Seedmatch* und *Companisto* deutlich mehr Bewerbungen von Start-ups landen als bei anderen Plattformen.

Die Ein- und Vorstellungen, die Kapitalsuchende und Kapitalgeber vermutlich haben, und die Rahmenbedingungen, in denen sie sich bewegen, wurden gezeigt. Was fehlt, ist ein weiterer wichtiger am Crowdinvesting Beteiligter, nämlich der gerade erwähnte Plattformbetreiber, der als Kapitalvermittler tätig wird – und sein Team.

4.3 Kapitalvermittler (Plattformen)

4.3.1 Zielsetzungen der Plattformbetreiber

Als Plattformbetreiber wird derjenige bezeichnet, der anhand einer Internet-Plattform (auch als Internetportal, elektronischer oder virtueller Marktplatz bezeichnet) als Mittler zwischen Kapitalgeber und Kapitalsuchendem fungiert. Der Plattformbetreiber stellt eine Webseite ins Internet, die die Funktion eines elektronischen Marktplatzes einnimmt. Über die jeweiligen Internetportale werden den Kapitalgebern und den Kapitalsuchenden zunächst Informationen zur Verfügung gestellt. Des Weiteren dient das Portal als Basis dazu, die Kommunikation zwischen Investoren und Gründern zu systematisieren und zu erleichtern. Zumeist sind auf den Plattformen neben den obligatorischen Businessplänen auch kurze Imagefilme über die Projekte verfügbar.[64] Dann: Die Plattformen geben in aller Regel einen Rahmen vor, in dem die Gestaltung der Rechtsverhältnisse zwischen Investoren und Gründern liegen wird. Betrachten wir aber zunächst die typischen Zielsetzungen der Plattformen.

Die Plattformbetreiber werden in erster Linie auf Folgendes abzielen:

1. **möglichst viele, voluminöse und erfolgreiche, Projekte über die Plattform laufen zu lassen**
2. **möglichst hohe Zahlungen zu erhalten (z. B. aus Provisionen)**
3. **möglichst geringe rechtliche Risiken einzugehen**
4. **einen möglichst geringen Aufwand zu haben**
5. **einen guten Ruf zu haben**

Zu Punkt 1 + 2: Die Haupteinnahmequelle der Portale sind im Regelfall Provisionen, welche auf die vermittelten Finanzierungsbeträge erhoben werden. Das

---

64 Vgl. Klöhn, L./Hornuf, L. (2012), S. 245.

reizt die Plattformen automatisch dazu an, viele Projekte freizugeben und auf möglichst hohe Finanzierungsbeträge zu achten. Die Provisionen liegen zumeist zwischen fünf und zehn Prozent. Höchst selten genehmigen sich Plattformen noch andere Gebühren, wie z. B. *United Equity*, die den Start-ups zusätzlich eine Listing-Gebühr abverlangt, oder *Fundsters*, wo auch die Investoren ein wenig zur Kasse gebeten werden. Weitere Details zu den Vergütungsstrukturen der Portale finden sich im nachfolgenden Gliederungspunkt 4.3.2. Manche Plattformen bieten auch noch Zusatzleistungen (zumeist für die Start-ups) an, die natürlich separat bezahlt werden müssen. Diese Zusatzleistungen wird manches Start-up dann gegebenenfalls aus dem erhaltenen Funding bezahlen müssen oder können.

Zu Punkt 3: Um ihre rechtlichen Risiken zu minimieren, legen die Plattformen im Regelfall Allgemeine Geschäftsbedingungen (AGB) vor, die für ihr Tun und Lassen maßgeblich sind, soweit ihnen keine gesetzlichen Bestimmungen entgegenstehen. Die Portale werden die AGB so stricken, dass die Gegenseite entweder von Streitfällen absieht, weil dies für sie aussichtslos wäre, oder so, dass sie als Portalbetreiber bei etwaigen Auseinandersetzungen eine möglichst gute Ausgangsposition haben. Zumindest wird das vermutlich die grundsätzliche Zielsetzung der Plattformen sein. In Teilen enthalten die AGB sogar etwas Gutes für die Gegenseite, die Nutzer.

Zu Punkt 4: Einen möglichst geringen Aufwand hat die Plattform dann, wenn die Abläufe softwaretechnisch weitestgehend automatisiert ablaufen und/oder, wenn die weiteren Akteure, also Investoren und Gründer, möglichst viel Arbeit übernehmen, sprich selbsttätig die erforderlichen Dokumente erstellen und austauschen. Des Weiteren kann die Plattform auch darauf setzen, bestimmte Dinge ungetan zu lassen, z. B. auf eine Überprüfung der Bewerber und deren eingereichten Unterlagen zu verzichten oder sie nur ganz oberflächlich vorzunehmen.

Zu Punkt 5: Aus meiner bisherigen Erfahrung heraus prüfen die Crowdinvesting-Plattformen die für ein Funding infrage kommenden Unternehmen allerdings alles andere als oberflächlich. Ihren guten Ruf im Auge behaltend, wird von den meisten Plattformen sogar sehr intensiv und sachkundig geprüft! Punkt 5, also einen guten Ruf zu haben, überlagert die Zielsetzung, einen geringen Aufwand zu betreiben, nach meiner Einschätzung derzeit deutlich. Das ist natürlich ganz im Sinne der Mikroinvestoren, die darauf angewiesen sind, keinen Murks vorgelegt zu bekommen. Die auf der Plattform präsentierten Informationen müssen für den Investor verlässlich sein. Zwar müssen und sollten die Crowdinvesting-Plattformen keine Meinungsbildung in Bezug auf die Qualität des Geschäftsmodells der Start-ups betreiben, jedoch für die Datenqualität Sorge tragen. Ist das gegeben, kann die Crowd selbst entscheiden, ob ein Projekt für gut oder weniger gut gehalten wird.

4.3.2 Vergütungsmodelle

Folgende grundsätzliche Möglichkeiten bestehen für einen Plattformbetreiber, seine Marge aus der Bereitstellung des elektronischen Marktplatzes zu ziehen beziehungsweise anhand der Erbringung und Abrechnung additiver Leistungen zu verdienen:

1. Erhebung einer Gebühr für das Listing von Projekten, die von den potenziellen Gründern zu entrichten ist, und zwar dafür, dass sie sich auf der Crowdinvesting-Plattform präsentieren dürfen (Beispiel: *United Equity*)
2. Erhebung einer Gebühr für das Recht der potenziellen Kapitalgeber, Start-up-Projekte (im Detail) einsehen zu dürfen
3. Provision auf jeden einzelnen Finanzierungsbetrag je Investor, zahlbar entweder von den Kapitalgebern oder von den Kapitalsuchenden (wird bislang von keiner Plattform erhoben)
4. „Success fee" auf den Gesamtfinanzierungsbetrag, wenn der Schwellenwert für die Finanzierung erreicht wurde; dieser Betrag ist wiederum entweder zahlbar von den Kapitalgebern oder von den Kapitalsuchenden (wird bei allen Plattformen von den Kapitalsuchenden erhoben).
5. Honorar für die Anlegerbetreuung (Beispiel: *Fundsters,* das dafür zehn Prozent des Gewinns der Anleger erhält)
6. Honorar für additive Vermittlungs- und/oder Beratungsleistungen, was im Regelfall die Start-up-Unternehmen beziehungsweise die Gründer betreffen wird
7. Gebühr für die Nutzung eines Handelsplatzes, auf dem die Beteiligungen der Investoren gehandelt werden (Beispiel: *Bergfürst*)

In der Realität der deutschen Crowdinvesting-Plattformen sieht es bezogen auf die Vergütungsmodelle wie folgt aus:

Plattform	Listinggebühr für Start-ups	erfolgsabhängige Vermittlungsgebühr, zahlbar vom Start-up	erfolgsabhängige Vermittlungsgebühr, zahlbar vom Anleger	zusätzliche Gebühren
Seedmatch	–	5–10 % des vermittelten Kapitals	–	–
Companisto	–	10 % des vermittelten Kapitals	–	–
Innovestment	–	10 % des vermittelten Kapitals	–	–
Fundsters	–	9 % des vermittelten Kapitals	10 % des Gewinns der Anleger	–
Deutsche Mikroinvest	–	1.794 € zuzüglich 7,75 % bei Volumen bis 250.000 €	–	Gebühren für Zusatzleistungen
Bergfürst	–	ja, aber keine Angabe dazu auf Webseite	–	5 € Flatrate für Nutzung Handelsplattform
United Equity	199 €–599 €	8–10 % des vermittelten Kapitals	–	–
bankless24	–	ja, aber keine Angabe dazu auf Webseite	–	Gebühr für Bilanzrating
Direct Startups	–	ja, aber keine Angabe dazu auf Webseite	–	–

Abb. 13: Vergütungsmodelle deutscher Crowdinvesting-Plattformen[65]

---

65 Die Zusammenstellung basiert auf den Angaben der Plattformen auf dem Stand vom 3.1.2014. Es ist nicht auszuschließen, dass die Plattformen noch weitere Gebühren (z. B. für Überweisungen) erheben. Bei der Plattform *Deutsche Mikroinvest* gibt es ein nach Transaktionsvolumen gestaffeltes Gebührenpaket, was aber derzeit (Stand: Anfang 2014) aus den auf der Webseite verfügbaren Angaben nicht ersichtlich wird; in den AGB werden max. 13 % als Provision angegeben.

Leider lassen sich nicht bei alle Plattformen Angaben zu den Gebühren für die (Start-up-)Unternehmen auffinden. Ich habe bei *Bergfürst, Deutsche Mikroinvest, bankless24* und *Direct Startups* lange gesucht und blieb dennoch erfolglos. Hm.

Einige Anmerkungen: Die Erhebung einer Listing-Gebühr kommt selten vor. Es bestünde die Möglichkeit, eine solche Gebühr von den Start-ups und/oder von den Investoren zu erheben. Bislang werden Listing-Gebühren nur von Start-ups verlangt. Diesen Weg beschreitet erst eines der deutschen Crowdinvesting-Portale. Dabei handelt es sich um die Plattform *United Equity*, welche von den Kapitalnehmern zwischen 199 Euro und 599 Euro nimmt, je nachdem wie umfangreich das gewünschte dahinter stehende Leistungspaket sein soll. Hinzu kommt bei *United Equity* eine erfolgsabhängige Provision, die je nach Laufzeit von acht bis zehn Prozent reicht und ebenfalls von den Kapitalsuchenden zu entrichten ist. Die *Deutsche Mikroinvest* hofft, zusätzlich daran verdienen zu können, dass gebührenpflichtige Zusatzleistungen angeboten werden, z. B. eine Rechtsberatung für die Start-ups. Das ist o.k., denn wenn das Start-up so etwas benötigt, kann es das aus erster Hand haben. *Fundsters* geht im Alleingang den Weg, sich auch über „Gebühren" zu finanzieren, die von den Anlegern erhoben werden. Begründet wird das damit, eine professionelle Anlegerbetreuung anzubieten.

4.3.3 Rentabilität der Plattformen

Die Frage ist berechtigt, ob das Vergütungsmodell hinreichend viel Geld in die Kasse einer Crowdinvesting-Plattform spült, um ihr Überleben zu sichern. Hier enden die Überlegungen allerdings nicht, denn die Portalbetreiber möchten natürlich auch Überschüsse erzielen. Dazu sehen wir uns die entsprechenden Ansatzpunkte etwas näher an. Wenn es einer Crowdinvesting-Plattform beispielsweise gelingt, 1 Mio. Euro pro Jahr an Kapital zu vermitteln, sie nimmt eine Provision von neun Prozent auf das Finanzierungsvolumen und ansonsten keine weiteren Gebühren, dann wird sie mit Sicherheit noch weit davon entfernt sein, Gewinne zu schreiben. Neun Prozent von 1 Mio. Euro ergeben 90.000 Euro und davon müssten die Kosten für das Betreiben der Plattform nebst der Gehälter gedeckt werden. Illusorisch. Man bedenke, dass die Ingangsetzung eines Crowdinvesting-Portals bereits aufwendig ist und daher im Vorfeld schon erhebliche Anlaufkosten entstehen. Hinzu kommen die laufenden Kosten, u. a. für das Personal. Ein Portalbetreiber benötigt einen langen Atem, um erfolgreich zu sein, und für viele der Plattformen wird es sicherlich schwer, die erste Durststrecke zu überstehen.

Wenn ein Portalbetreiber versucht, schnell mal eben eine Crowdinvesting-Webseite zu konstruieren, um kostengünstig auf den Markt zu gelangen, werden seine Erfolgschancen äußerst gering sein. Die Vorstrukturierungen des zugrunde liegenden Crowdinvesting-Modells sowie die Vorbereitung passender Vertragswerke sind keineswegs trivial. Nun: Es ließe sich der Weg beschreiten, das Modell einer anderen Plattform zu kopieren, sich die zugehörigen Verträge zu beschaffen und zu hoffen, durch ein gutes Marketing genug andere Plattformen zu überholen. Ja, aber wo ist der Mehrwert gegenüber der Konkurrenz? Wird man die Anleger überzeugen können, dass man besser ist als andere Plattformen?

Meines Erachtens ist zunächst eine sehr sorgfältige Recherche über geeignete Gestaltungsformen erforderlich, die dem angebotenen Crowdinvesting zugrunde gelegt werden. Die bisherige Praxis ist recht variantenreich. Die Vertragswerke müssen zudem „wasserdicht" sein und die Abwicklung der Kapitalvermittlung über die eigene Plattform hat sicher abzulaufen, dies gilt u. a. natürlich für die Zahlungsabwicklung. Der Betreiber muss zudem wissen, welche rechtlichen Problematiken auf ihn zukommen können und wie sich diese handhaben lassen. Des Weiteren betreffen den Portal-Betreiber alle übrigen Handgriffe, die ein Gründer zum Start seines Geschäfts braucht, inklusive der Finanzierung des eigenen Gründungsprojekts. Die Crowdinvesting-Plattformen *Companisto, Welcome Investment* und *Seedmatch* haben sich sogar selbst über ein Crowdinvesting finanziert.

Wer mit sehr hoher Wahrscheinlichkeit inzwischen Gewinne schreibt, ist die Plattform *Seedmatch*. Wenn man in Betracht zieht, dass diese in Deutschland führende Crowdinvesting-Plattform im Jahr 2013 ungefähr 7,3 Mio. Euro an Kapital vermitteln konnte, lässt sich so halbwegs abschätzen, wo es langgeht. Peilen wir also ganz grob. Die Provision von *Seedmatch* beträgt zwischen fünf und zehn Prozent des vermittelten Volumens. Nehmen wir mal acht Prozent. Man kommt auf 584.000 Euro Umsatz. Wahrscheinlich hat *Seedmatch* auch noch weitere Einnahmen aus der Erbringung von Zusatzleistungen für die Start-ups und liegt irgendwo zwischen 600.000 und 700.000 Euro. Auf der Webseite von Seedmatch finde ich neun Mitarbeiter.

Im Laufe des Jahres wurde die Anzahl der Mitarbeiter allerdings erhöht, sodass nicht alle neun über das gesamte Jahr zu bezahlen waren. Ich rechne deshalb mit acht Personen weiter. Kalkulieren wir im Durchschnitt Personalkosten (inklusive aller Personalnebenkosten und der teureren Geschäftsführung) in Höhe von monatlich 4.400 Euro: $8 \times 4.400 \, € \times 12 = 422.400 \, €$ pro Nase. Keine Ahnung, wie die Realität bei *Seedmatch* in Bezug auf die Gehälter aussieht, ich habe hier einfach mal in die Glaskugel geguckt. Hinzu kommen noch Kosten für die Büroräumlichkeiten, für Anschaffungen und Verbrauchsmaterialien, Dienstreisen, für IT-Dienstleistungen und Rechtsberatung usw., vor allem aber auch für Werbung. Sagen wir 10.000 Euro pro Monat für die aufgezählten Dinge und Ähnliches ohne die Werbung (= 120.000 €). Wir liegen in Summe bei rund 545.000 Euro. Tja, der Werbeaufwand ist besonders schwer einzuschätzen für einen Außenstehenden. Dennoch: Das passt bei *Seedmatch* schon recht gut zusammen und es bleibt im Jahr 2013 sicherlich (erstmals) genug übrig. Bin gespannt auf den Jahresabschluss 2013, der allerdings im Hinblick auf seine Veröffentlichung sicherlich noch in weiter Ferne liegt. Dann wird sich zeigen, ob meine Schätzungen halbwegs was getaugt haben.

Der Branchenprimus liegt wohl im Plus. Weniger gut wird es aber bei den übrigen Plattformen bislang noch aussehen. Schwer zu sagen allerdings. Manch eine Plattform arbeitet mit Minimalbudgets, befindet sich also quasi noch im Amateurstadium. Ein entsprechendes Herumbasteln mit zwei bis drei (Teilzeit-)Mitarbeitern, die viel Enthusiasmus und Zeit in ihr Wirken stecken und bei denen das Motto „Verzicht, Verzicht" lautet, konnte ich schon live mit ansehen. Der einen oder anderen Plattform muss man also noch Zeit geben, um sich zu entwickeln. Erfolge fallen auch im Crowdinvesting nicht immer von Himmel. Es ist ganz sicher kein Zufall, dass die eine Plattform viele und die andere nur wenige Fundings zu verzeichnen hat, und es ist kein Zufall, dass die länger am Markt befindlichen Plattformen im Durchschnitt mehr erreichen als die später hinzugekommen. Was auch zu sehen ist: dass die Lerneffekte von Plattform zu Plattform unterschiedlich ausgeprägt sind. Von den beiden Frühstartern aus dem Jahr 2011, namentlich *Seedmatch* und *Innovestment*, hat sich erstgenanntes Portal als anpassungsfähiger erwiesen und sich entsprechend schneller weiterentwickelt, was sich in den Erfolgszahlen beider Anbieter widerspiegelt. Zu den Stärken und Schwächen der Plattformen aber später noch mehr.

4.3.4 Kommunikationspolitik, Marketing und Netzwerke

Die Gestaltung der eigenen Webseite ist ein ganz wesentlicher Erfolgsfaktor für die Crowdinvesting-Plattformen. Die Anbieter präsentieren ihre Geschäftsmodelle in ganz unterschiedlicher Form. Einige Plattformen informieren den Betrachter sehr umfassend und dennoch anschaulich und verständlich. Anderen gelingt es weniger gut, ihr Modell zu präsentieren. Manch ein Portal versucht, mit einer überladenen Webseite zu punkten. Als eher abschreckend empfinde ich auch, dass der eine oder andere Anbieter keine umfassenden Informationen zu den Konditionen eines Investments gibt und zumindest in einigen relevanten Punkten nebulös bleibt. In diesen Fällen mag der (vielleicht unbegründete) Verdacht aufkommen, dass später im Zuge der vertraglichen Vereinbarung möglicherweise noch böse Überraschungen lauern. Außerdem habe ich mich bei einzelnen Webseiten halbtot gesucht, um an manche für mich relevante Infos zu gelangen, und musste dazu teils lange AGB „durchblättern". Nicht jeder Plattform scheint klar zu sein, dass im Crowdinvesting Transparenz und Klarheit enorm wichtig sind. Viele potenzielle Investoren ziehen garantiert weiter zur nächsten Plattform, wenn sie etwas nicht finden oder nicht verstehen.

Informativ und spannend zu verfolgen sind die auf den meisten Crowdinvesting-Portalen vorhandenen Ticker, die das aktuell erreichte Finanzierungs-Level jedes einzelnen Projekts anzeigen. Für mich ist ein glasklarer Zusammenhang zwischen der Gestaltung der Webseite (inklusive einer gelungenen Informationspolitik) und dem Plattformerfolg zu sehen. Ein gutes Beispiel dafür ist der schnelle Aufstieg von *Companisto*. Die beiden erfolgreichsten deutschen Crowdinvesting-Plattformen, *Seedmatch* und *Companisto*, sind nach meiner Beurteilung auch diejenigen, welche insgesamt die besten Webseiten haben.

Crowdinvesting-Plattformen starten im Vorfeld ihrer Freischaltung zumeist umfangreiche Pressekampagnen, die sich über Printmedien erstrecken und natürlich auf das „heimische" Medium, das Internet. Auffällig ist, dass manch eine neue Plattform kurz vor ihrer Freischaltung bei einer Suche über *Google* ganz vorne in der Trefferliste auftaucht. Hier ist anzunehmen, dass die jeweilige Plattform als Teil ihrer Vermarktungsstrategie eine Suchmaschinenoptimierung vorgenommen hat. Manch ein Portal erkauft sich bei den Suchmaschinenanbietern sogar einen der ersten Plätze im Werbeblock,

der sich direkt oberhalb der üblichen Trefferlisten befindet und sich z. B.
bei *Google* traditionell kaum von den „echten" Treffern abhebt, die nach
Relevanz gestaffelt sein sollten.

Schwenken wir von der Plattform zu den dort präsentierten (Start-up-)
Unternehmen. Die Wahrscheinlichkeit, dass ein Start-up Erfolg hat, steigt
mit dessen Bekanntheitsgrad, klar. Es gibt Plattformen, die „ihre Crowd"
geschickt in das Marketing ihrer Start-ups einbinden. Dazu steht auf der
Companisto-Webseite u. a. dies:[66]

> *„Im Dialog mit der Zielgruppe zu bleiben ist im Zeitalter der Inter-*
> *aktivität ein wichtiger Schlüssel zum Unternehmenserfolg. Durch zahl-*
> *reiche Features, wie z. B. virtuelle Pinnwände und Kommentarfunkti-*
> *onen, ist die Companisto-Plattform darauf ausgerichtet, den Austausch*
> *zu ermöglichen. […] Ein weiterer wertvoller Aspekt für Startups ist die*
> *Möglichkeit, über Companisto Open-Innovation-Prozesse zu initiieren.*
> *Durch die Einbeziehung der Crowd kann das Angebot weiterentwickelt*
> *und laufend an die Marktbedürfnisse angepasst werden. "*

Eine derartige Unterstützung der Start-ups kann ein wichtiges Kriterium für
Gründer sein, um die Finanzierungsform des Crowdinvestings auszuwählen
und auf eine Plattform zuzugreifen, die so etwas bestmöglich (über die Webseite) organisiert. Dabei ist zu bedenken: Wenn eine (positive) Diskussion
über Crowdinvesting-Projekte in Gang kommt, wird sich das möglicherweise
schnell über soziale Netzwerke und Blogs multiplizieren. Entsprechend viele
Personen können so auf derartige Projekte aufmerksam werden. Eine Verbreitung über soziale Netzwerke und Blogs wird von vielen Nutzern im Vergleich
zu Werbebotschaften vermutlich als deutlich glaubwürdiger angesehen, weil
sie die so erhaltenen Informationen womöglich als echte und unverfälschte
Meinungen Gleichgesinnter ansehen. Sowohl einzelne Start-up-Projekte können davon profitieren als auch die Crowdinvesting-Plattform insgesamt. Die
Verbreitung in Sozialen Netzwerken funktioniert zumeist jedoch nicht, ohne
dass künstlich nachgeholfen wird. In diesem Sinne hilft es natürlich, wenn die
Crowdinvesting-Plattformen über umfangreiche und zielgerichtete Verteiler
verfügen. Das sähe etwa so aus: Die Plattform ist in zum Thema passenden

---

66 www.companisto.de/your-startup-on-companisto (Zugriff: 7.1.2014.).

Xing-Gruppen präsent, hat reichlich Facebook-Freunde eingesammelt, die angefunkt werden können, informiert seine auf der eigenen Plattform registrierten Nutzer per E-Mail usw. Um die Investoren zu aktivieren, werbend für ihr eigenes per Crowdinvesting mitfinanziertes Start-up tätig zu werden, lässt *Seedmatch* Folgendes auf der Webseite verlauten:[67]

> *„Fördern Sie den Erfolg der Startups, indem Sie in Ihrem Umfeld oder über soziale Netzwerke über diese berichten. "*

Beweglichkeit in Sozialen Netzwerken ist ebenso von Vorteil wie die Präsenz in Printmedien, auf themenrelevanten Veranstaltungen, im Hörfunk und am besten auch im Fernsehen. Etwas nervig finde ich die Banner-Werbung im Internet, die ich auch immer wieder von einigen Crowdinvesting-Plattformen sehe. Tja, das mag eine Befindlichkeit von mir sein. Mich stört das ungebetene Einblenden von Werbung und es ist für mich ein Ausdruck von mangelnder Rücksichtnahme. Manch ein Anbieter wird das aber so sehen: „Der Zweck heiligt die Mittel. Hauptsache, es wird mehr verkauft."

Für die Crowdinvesting-Plattformen wird es also wichtig sein, sich von Beginn an über die Art und Weise des Marketings klar zu sein. Neben den klassischen Werbekanälen (etwa Printmedien, Fernsehen und Radio) sollte es für Crowdinvesting-Portale selbstverständlich sein, ihr heimisches Medium, das Internet, zu nutzen. Bei all dem können die Plattformen darauf setzen, dass die Thematik Crowdinvesting momentan sehr zugkräftig und damit attraktiv für Medien fast jeglicher Couleur ist. So werden sich derzeit ohne Weiteres Artikel und Beiträge zum Crowdinvesting sowie zugehörigen Projekten in den Medien lancieren lassen, ohne dass dafür ein allzu hoher Werbeetat vorhanden sein müsste.

Eine weitere Überlegung ist, ob es für eine Crowdinvesting-Plattform nützlich sein kann, ein Netzwerk aufzubauen. Die Antwort ist: ja. Nicht umsonst verweisen die bislang aktiven Plattformen über ihre Webseite auf Netzwerk-Partner. *Seedmatch* führt hier u. a. *ds deutsche Startups* (Webseite, die über die Internet-Gründerszene informiert), *Startnext* (Deutschlands größte Crowdfunding-Plattform), *BAND* (Business Angels Netzwerk Deutschland e.V.), *Seed lounge* (Startup-Förderungsinitiative), und *FÜR-GRÜNDER.DE* (Webseite, mit

---

67 www.seedmatch.de/ueber-uns/fuer-investoren (Zugriff: 7.1.2014).

umfassenden Informationen für Existenzgründer) sowie mehrere Unternehmen aus dem Bereich der Print- und Online-Medien an. Herausgegriffen werden soll an dieser Stelle der Zusammenschluss von Business Angels unter dem Dach des Netzwerks *BAND*. Dabei handelt es sich um das größte deutsche Business-Angel-Netzwerk. Natürlich ist die Zusammenarbeit einer Crowdinvesting-Plattform mit einem solchen Verbund sinnvoll, denn nicht immer reicht die über ein Crowdinvesting erlangte Finanzierung aus. Die Crowdinvesting-Plattform kann über ein passendes Netzwerk frühzeitig und systematisch Kontakte zu Business Angels herstellen.

4.3.5 Verhaltenspflichten und Geschäftsbedingungen der Plattformen

In Gliederungspunkt 2.3.2 wurde bereits dargelegt, dass den Crowdinvesting-Plattformen in Deutschland keine besonderen Verhaltenspflichten aufgebürdet werden, die sich etwa aus dem Vermögensanlagengesetz oder dem Wertpapierhandelsgesetz (WpHG) ergeben könnten. Folgende Verhaltenspflichten wären grundsätzlich denkbar, die den Portalbetreibern auferlegt werden könnten:

1. Verantwortlichkeit für eine transparente und vollständige Information gegenüber den Investoren
2. Pflicht zur Überprüfung der auf die Plattform gestellten Projekte hinsichtlich ihrer Seriosität
3. Pflicht zur Plausibilisierung der Angaben über die Projekte
4. Information der Investoren über etwaige Implausibilitäten oder sogar Verweigerung der Freischaltung von Projekten auf der Plattform, wenn bestimmte Anforderungen nicht erfüllt sind

Je umfangreicher die Pflichten eines Plattformbetreibers sind, umso arbeitsaufwendiger und damit teurer wird es für den Betreiber. Damit ginge der bisherige Vorteil des Crowdinvestings, nämlich mit geringen Transaktionskosten auszukommen, womöglich ganz oder teilweise verloren. So wären die Plattformen wahrscheinlich darauf angewiesen, entweder die erfolgsabhängigen Provisionen zu erhöhen oder neben diesen zusätzlich eine Listing-Gebühr zu

erheben, um die Kosten für eine (sorgfältige) Überprüfung der Start-ups abzudecken. Bei größeren Finanzierungsvolumina wären alleinige und prozentual
nur mäßig hohe Provisionen kein entscheidendes Problem. Die sich daraus
ergebenden und der Plattform zufließenden absoluten Beträge müssten hoch
genug sein, um den Aufwand für genauere Überprüfungen zu rechtfertigen
und abzudecken.

Ein Beispiel dazu: Wenn eine Plattform die Finanzierung eines Projekts
mit einem Volumen in Höhe von 100.000 Euro vermittelt hat und eine
Provision von neun Prozent erhält, dann sind dies 9.000 Euro. Davon muss
nicht nur die Überprüfung des zugehörigen Projekts, sondern auch aller nicht
zustande gekommenen Finanzierungen beziehungsweise aller abgelehnten
Projekte gespeist werden. Und: Natürlich muss die Summe der Provisionen
auch noch viele weitere Kosten der Plattform abdecken. Man braucht nicht
viel Fantasie, um zu erkennen, dass in der oben beispielhaft geschilderten
Situation zwar eine grobe Überprüfung denkbar ist, jedoch wohl kaum eine
sorgsame Recherche jedes einzelnen Start-up-Vorhabens. Es könnte allenfalls
funktionieren, wenn die Plattform einen hohen Durchlauf an erfolgreich
gefundenen Projekten hätte und so auf Menge setzen könnte. Würde für ein
Einzelprojekt hingegen 1 Mio. Euro an Kapital vermittelt und könnte die
Plattform ebenfalls neun Prozent Provision darauf berechnen, dann ließe
sich anhand der zu erwartenden 90.000 Euro vom Plattformbetreiber schon
so einiges auf die Beine stellen. Eine sorgsame Prüfung des Projekts wäre
möglich, und sogar die Erstellung eines Verkaufsprospektes.

Wie gesagt, bei kleinen Volumina ist der Handlungsspielraum vergleichsweise gering und es wäre unangemessen, für eine solche Kapitalvermittlung
umfängliche Verhaltenspflichten in Gang bringen zu wollen. Wenn sich der
Plattformbetreiber allerdings völlig aus der Pflicht ziehen kann, dann steht
der Anleger womöglich so schutzlos da.

In den USA wird versucht, die Problematik des Anlegerschutzes für den
Fall des Crowdinvestings über gesetzliche Regelungen (JOBS Act) so zu
lösen, dass der Anleger nur begrenzt investieren darf. Er unterliegt einer
sogenannten Zeichnungsgrenze und wird auf diese Weise zwar nicht vor
einem Fehlverhalten der Gründer oder der Plattformen geschützt, jedoch
vor sich selber. Wenn der Investor ein Jahreseinkommen und ein Vermögen
unterhalb von 100.000 US-Dollar hat, dann darf er den niedrigsten Betrag
in einem Zeitraum von zwölf Monaten im Rahmen eines Crowdinvestings

investieren, der sich aus den folgenden drei Restriktionen ergibt: 1. höchstens 2.000 US-Dollar, 2. höchstens fünf Prozent seines Jahreseinkommens und 3. höchstens fünf Prozent seines Vermögens.[68] Ist so etwas sinnvoll? Eine solche Lösung ist meines Erachtens nicht nachahmenswert, denn dadurch werden die Investoren bevormundet, ohne dass am Kern des Problems gearbeitet wird, nämlich dass nur seriöse und nachvollziehbare Projekte auf die Plattformen gelangen.

Was bürdet der CROWDFUNDING Act (als Bestandteil des JOBS Act) den Portalbetreibern in den USA auf? Dies sei knapp in eigenen Worten geschildert. Durch die Kürze der Darlegung gehen dabei zwangsläufig einige Detailinformationen verloren:[69]

(1) Die Portale müssen sich registrieren lassen und einer gemeinschaftlichen Organisation beitreten, die für die Einhaltung bestimmter selbst auferlegter Standards sorgt.

(2) Das Management und die Partner der Plattform dürfen nicht selbst in die Start-ups investieren.

(3) Personen, die mehr als 20 Prozent der Anteile an dem Start-up-Unternehmen halten, müssen nach gewissen Kriterien überprüft werden.

(4) Es müssen Vorkehrungen getroffen werden, damit keine betrügerischen Angebote unterbreitet werden.

(5) Der Zahlungsverkehr hinsichtlich der eingeworbenen Mittel muss reguliert werden.

(6) Die Plattform hat für bestimmte Informationsflüsse Sorge zu tragen.

(7) Das Portal hat die Risiken eines Crowdinvestings gegenüber den Anlegern zu kommunizieren und auf die Vorgaben hinzuweisen, welche die Höhe des maximalen Investmentbetrags pro Anleger regeln (siehe die zuvor im ersten Absatz hier auf dieser Seite aufgeführten Punkte 1., 2. und 3.).

Wie bereits angedeutet: Aus meiner Sicht ist weniger mehr. Eine den US-amerikanischen Gepflogenheiten vollumfänglich entsprechende Regulierung des Crowdinvesting-Marktes in Deutschland oder Europa halte ich nicht für sinnvoll. Man könnte und sollte den Markt meines Erachtens weitgehend sich

---

68 Vgl. Klöhn, L./Hornuf, L. (2012), S. 253.
69 Vgl. ebenda, insb. S. 264 f.; an gleicher Stelle lassen sich auch weitere Details nachlesen.

selbst überlassen, ohne kostentreibende Restriktionen vorzugeben. Wichtig und unabdingbar sollte es allerdings sein, den Mikroinvestor in geeigneter Form auf die Risiken seines Tuns hinzuweisen. Außerdem werden die Plattformen im eigenen Interesse ohnehin schon für gute Qualitätsstandards sorgen. Ansonsten verlieren sie schnell ihren guten Ruf und werden im Wettbewerb der Plattformen höchstwahrscheinlich untergehen.

Was könnte der deutsche Gesetzgeber dennoch in der Gesamtsicht sinnvollerweise tun? Ein gewisser Teil der aus den USA stammenden Regelungen ließe sich durchaus in gleicher oder ähnlicher Weise übernehmen, ohne allzu viel Schaden anzurichten: Der Beitritt zu einer Selbstregulierungsorganisation (obiger Punkt 1), die es allerdings noch nicht gibt, sollte kein Problem sein; eine gewisse Mindest-Sorgfaltspflicht im Hinblick auf die Reduzierung der Wahrscheinlichkeit, betrügerische Angebote auf die Plattform gelangen zu lassen (Punkt 4), wäre als machbar anzusehen; eine angemessene Organisation des Zahlungsverkehrs zu gewährleisten (Punkt 5) sollte selbstverständlich sein; bestimmte Informationsflüsse sicherzustellen (Punkt 6) wäre zumutbar; und: die Anleger über gewisse Risiken aufklären zu müssen (Punkt 7) ist keine Schwierigkeit und sogar oberstes Gebot. All dies dürfte den Portalen durchaus zuzumuten sein, ohne dass es meines Erachtens zu einem Abwürgen der Vermittlungsaktivitäten der Plattformen kommen würde.

Des Weiteren halte ich es vor dem Hintergrund der zu schließenden Finanzierungslücke für Start-ups, die leider nicht bei einem Finanzierungsbedarf von 100.000 Euro endet, für äußerst hilfreich, die Befreiung von der Prospektpflicht deutlich über die 100.000-Euro-Schwelle hinaus anzuheben. Der volkswirtschaftliche Nutzen des Crowdinvestings ist meines Erachtens so hoch, dass gewisse Risiken in Kauf zu nehmen sind.

Widmen wir uns nun den Allgemeinen Geschäftsbedingungen (AGB) der Crowdinvesting-Portale. Die Crowdinvesting-Plattformen verfügen gemeinhin über AGB und stellen darüber hinaus teils Musterverträge für die Beteiligung ins Netz, die dann ausgefüllt, gegebenenfalls individuell an die Projektsituation angepasst und schließlich zumeist zwischen Kapitalgeber und Kapitalsuchendem abgeschlossen werden. In den AGB der Plattformen geht es u. a. darum, unter welchen Bedingungen sich Außenstehende auf der Internet-Plattform registrieren können und welche Rechte und Pflichten sich für die Parteien ergeben, wenn sie bestimmte Aktionen auf der beziehungsweise über die Plattform tätigen. Bei den beteiligten Parteien handelt es sich um den Plattformbetreiber, die Kapitalgeber, die Kapitalsuchenden sowie die registrierten Nutzer der Plattform.

Die AGB geben einen Rahmen vor und stellen u. a. klar, was Aufgabe der Plattform ist. Dabei verdeutlichen die Betreiber insbesondere auch, was *nicht* ihre Aufgabe und *nicht* ihr Verantwortungsbereich ist. Damit unterstützen die auf der Plattform veröffentlichten AGB den Plattformbetreiber bei der Abwehr etwaiger Ansprüche, die von Außenstehenden, also insbesondere von Investoren und Start-ups, hergeleitet werden könnten. Je geringer die eigenen Versprechungen und die im Rahmen der AGB selbst auferlegten Sorgfaltspflichten sind, umso schwerer wird es Dritten fallen, im Schadensfall erfolgreich Ansprüche gegen den Plattformbetreiber durchzusetzen. In manchen Punkten wäre es seitens der Portale sogar geradezu fahrlässig, keine Haftungsausschlüsse beziehungsweise Haftungsbegrenzungen in die AGB aufzunehmen. Das ist im Übrigen keine Besonderheit der Crowdinvesting-Plattformen, sondern zieht sich vielmehr durch das gesamte Geschäftsleben.

Hervorgehoben wird in den AGB der Crowdinvesting-Portale zumeist die (relativ) hohe Risikobehaftung des Investments. So findet sich etwa in den AGB von *Seedmatch* klar und deutlich:[70]

> *„Jedes Investment kann einen Totalverlust Ihrer Investitionssumme zur Folge haben. Sie sollten daher nur Gelder investieren, deren eventuellen Verlust Sie sich leisten können."*

Companisto schreibt in den AGB:[71]

> *„Investitionen in Startups bieten große Chancen, sind jedoch auch riskant. Im schlechtesten Fall besteht die Gefahr des Verlustes der gesamten Investition."*

Nach vergeblicher Suche in den AGB findet sich der Risikohinweis auch bei *Fundsters,* und zwar im Verkaufsprospekt: [72]

---

70 www.seedmatch.de/agb (Zugriff: 3.1.2014), dort unter Punkt 7.

71 www.companisto.de/business-terms (Zugriff: 3.1.2014), dort unter Punkt 11.1.

72 www.fundsters.de/fileadmin/user_upload/documents/Verkaufsprospekt.pdf (Zugriff: 3.1.2014).

„Für den Anleger besteht das Risiko des Totalverlustes der Vermögens-
anlagen. Er müsste zudem seine mögliche Erwerbspreisrefinanzierung
sowie etwa noch zu leistende Steuernachzahlungen aus eigenen Mit-
teln finanzieren. Das maximale Risiko des Anlegers besteht in einer
Überschuldung, die bis zur Privatinsolvenz des Anlegers führen kann. "

Dies ist ein sehr schönes Beispiel dafür, welch merkwürdige Formulierungen
manchmal in einem Verkaufsprospekt stehen, vielleicht sogar stehen müssen.
Der erste Satz ist klar, der Rest ist ein wenig unpassend in Bezug auf den
konkreten Fall des Crowdinvestings und leitet den Anleger hier anhand
extrem übertrieben dargestellter Risiken womöglich etwas in die Irre. Man
stelle sich einen Anleger vor, der 50 Euro investieren möchte. Was soll der
über diese Äußerungen denken? Wie soll der Mechanismus sein, der ihn mit
seinem 50-Euro-Investment in die Privatinsolvenz treibt? Nun ja, bei den
Verkaufsprospekten geht es schließlich darum, gesetzlichen Anforderungen
nachzukommen, und nicht um einen tieferen Sinn. Hier wird klar, wie
„hilfreich" ein Verkaufsprospekt für einen Anleger sein kann, wenn er diesen überhaupt liest. Aber dem Gesetz ist nun Genüge getan und die BaFin
freut sich. Keine Diskussion: Risikohinweise halte ich für sehr wichtig! Sie
müssen jedoch nach meiner Auffassung klar, unverzerrt und jederzeit schnell
auffindbar sein. Das gelingt den nicht prospektpflichtigen Plattformen sehr
gut. Was will man also mehr?

Die AVB (Allgemeinen Vermittlungsbedingungen) der Plattform *Deutsche*
Mikroinvest geben folgendes zum Risiko her:

„Alle Anlagen, die von der Plattformbetreiberin vermittelt werden,
sind mit Risiken versehen. Investor/-innen können Verluste bis hin
zum Totalverlust erleiden. "

Bei *United Equity* steht dies in den AGB:[73]

„Die Entscheidung, in eine stille Gesellschaft zu investieren oder einen
Genussrechtsvertrag abzuschließen, birgt unternehmerisches Risiko. Der
Totalverlust des investierten Kapitals ist möglich. "

---

73 www.united-equity.de/agb (Zugriff 3.1.2014), zu finden unter Punkt 2 der AGB.

Das klingt alles ganz ähnlich. Mit solchen Hinweisen möchten die Portale vermeiden, sich mit dem Vorwurf konfrontiert zu sehen, die Mikroinvestoren nicht hinreichend über die Risiken des Investments aufgeklärt zu haben. Unterlassen die Plattformen eine solche Aufklärung, dann droht ihnen im Verlustfall womöglich, für die Ausfälle bei den Mikroinvestoren in Haftung genommen zu werden.

4.3.6 Weitere Modelle

Denkbar – jedoch meines Wissens bislang nur in einem einzigen Fall praktiziert – ist es, dass der Plattformbetreiber statt der oder ergänzend zu den Provisionen an den Start-up-Unternehmen beteiligt wird und auf diese Weise eine Entlohnung erhält. Die schweizerische Plattform *Investiere* erhält als Entgelt für ihre Vermittlungstätigkeit eine Beteiligung an den erfolgreich finanzierten Start-ups. Bei *Investiere* handelt es sich allerdings deshalb nicht um eine „echte" Crowdinvesting-Plattform, weil der von jedem Investor einzusetzende Mindestbetrag 6.000 Schweizer Franken beträgt, was beim heutigen Wechselkurs (Stand: Januar 2014) knapp 4.900 Euro sind. Es wäre aber durchaus möglich, dass eine waschechte Crowdinvesting-Plattform auf das Modell von *Investiere* zurückgreift, kombiniert mit deutlich geringeren Mindestbeträgen für das Investment. Indirekt macht die Plattform *Fundsters* dies, denn sie beteiligt sich zu zehn Prozent an den Gewinnen, die der Investor erhält.

Was nach meinem Wissen im Zuge eines Crowdinvestings noch nicht praktiziert wird, sind Modelle mit sogenannte Equity-Kickern. Letztere sind so ausgestaltet, dass der Investor an der Wertsteigerung partizipieren kann, indem ihm über ein Options- oder Wandlungsrecht für später die Möglichkeit eingeräumt wird, Anteile an dem Start-up-Unternehmen zu vorher festgelegten Konditionen zu erhalten. Dies kommt dann in Betracht, wenn der Investor nicht ohnehin schon am Eigenkapital des Start-ups beteiligt ist. Eine Beteiligung am Eigenkapital fehlt etwa bei typischen stillen Beteiligungen, bei Genussrechten und bei partiarischen Darlehen. Anhand eines Wandlungsrechts könnte der Kapitalgeber seine zuvor nicht mit einer Beteiligung am Eigenkapital des Unternehmens verbundene hybride Finanzierung in eine Beteiligungsform umwandeln, die ihn am Eigenkapital teilhaben lässt. Er würde dann z. B. automatisch auch an Erlösen aus einer Veräußerung der Anteile partizipieren.

Ein Optionsrecht räumt ihm die Möglichkeit ein, sich in einem bestimmten Zeitraum an dem Unternehmen zu einem Preis zu beteiligen, der schon zu Beginn des Investments festgelegt wurde. Anders erklärt: Ein Equity-Kicker ermöglicht es, Fremdkapital oder fremdkapitalähnliches Kapital zu einem späteren Zeitpunkt in Unternehmensanteile umzumünzen, und dies oftmals zu Vorzugskonditionen. Na ja, das würde freilich zu einer Verkomplizierung führen und ist dem Anleger womöglich nicht so gut zu vermitteln. Ist nur so ein Gedanke.

Es gibt auch sogenannte virtuelle Equity-Kicker, die erfolgsabhängige Sonderzahlungen am Ende der Laufzeit eines Investments vorsehen. Bei einem virtuellen Equity-Kicker handelt es sich jedoch genau um das, was in der Crowdinvesting-Praxis oft für den Exit vereinbart wird, so etwa bei *Seedmatch* und *Companisto*.

Zuvor wurde bereits angesprochen, dass Crowdinvestoren den Start-ups oft nur „stupid money" liefern werden, d. h. Geld pur, ohne wesentliche zusätzliche Hilfestellungen. Venture-Capital-Geber und Business Angels können eher mal wichtige zusätzliche Leistungen bieten. Nun wäre es gegebenenfalls sinnvoll, es im Rahmen des Crowdinvestings zu honorieren, wenn jemand in der Lage und willens ist, mehr als nur Geld beizusteuern. Das ließe sich auf zwei Wegen umsetzen. Wer als Anleger handfeste nutzbringende Zusatzleistungen für das Start-up-Unternehmen anzubieten hat, dem könnte ein höherer Anteil am Start-up gewährt werden. Praktikabler wird es allerdings sein, eine separate Abrede zu treffen, wodurch der „smarte" Crowdinvestor Sonderzahlungen für den Fall erhält, dass seine Zusatzleistungen fruchten. Wenn Crowdinvesting-Plattformen mit Bonuszahlungen für zusätzliche Leistungen winken, könnte dies durchaus (noch) mehr „smart money" aus der Crowd herauslocken. Damit bestünde zudem auch ein Anreiz für gut vernetzte Crowdinvestoren, aktiv zu werden und sich Zeit dafür zu nehmen, den von ihnen mitfinanzierten Start-ups behilflich zu sein.

In der 1. Auflage dieses Buches schrieb ich:

> *„Zu überlegen wäre, ob es Sinn machen kann, sogenannte Metaplattformen für ein Crowdinvesting einzurichten. Auslösend für diesen Gedanken war ein Portal, das auf einem völlig anderen Gebiet eine Metasuche durchführt: Der Anbieter Swoodoo durchsucht beispielsweise*

andere Portale, die Flugpreise vergleichen, sowie die Webseiten von Fluglinien. Ziel dieser Suche ist es primär, die günstigsten Flugangebote herauszufiltern, jedoch auch, diese nach anderen Suchkriterien zu ordnen. Analog zu diesem für Flüge eingerichteten übergeordneten Suchportal könnte eine Crowdinvesting-Plattform eingerichtet werden, die andere Crowdinvesting-Portale durchsucht und die dortigen Angebote nach bestimmten Kriterien sortiert und vergleicht. Auf diesem Weg könnten sich Interessenten, also potenzielle Mikroinvestoren, schnell einen Überblick darüber verschaffen, welche Start-up-Projekte jeweils im Umlauf sind, ohne jede einzelne Crowdinvesting-Plattform selbst durchforsten zu müssen. Der Betreiber einer solchen Metaplattform müsste dann überlegen, auf welche Weise er sein Geld mit seiner Plattform verdient. Die gegebenenfalls vielen Aufrufe seiner Webseite würden etwa die Schaltung von Werbung gegen Entgelt möglich werden lassen."

Die Zeit hat mich überrollt, denn eine solche Metaplattform gibt es inzwischen schon seit einigen Monaten: Das *Crowdfinance-Portal*. Dort finden sich die Crowdinvestings, die Crowdfundings und die Crowdlendings (Letztere im Portal als „Social Banking" bezeichnet) aller wichtigen Plattformen und es wird ein Rating der Projekte über das *Crowdfinance-Portal* ermöglicht. Für potenzielle Investoren hat dies den Charme, nicht jedes Mal alle Plattformen einzeln durchsuchen zu müssen. Sie sehen auf einen Blick, was gerade auf dem Markt ist beziehungsweise neu hinzukommt. Gerade auch für unbekanntere Crowdinvesting-Plattformen ist das eine zusätzliche Chance, mit ihren Projekten gesehen zu werden.

Ein ganz anderer Aspekt: Die Plattform *Deutsche Mikroinvest* bietet teils eine „Beteiligung" in Gestalt von Nachrangdarlehen an, die lediglich mit einer festen Verzinsung einhergehen. Es handelt sich dabei nicht um Beteiligungen an Unternehmen, sondern um Kreditverhältnisse. Ein Beispiel ist das über die *Deutsche Mikroinvest* laufende Projekt *greenday-world*. Der Investor erhält eine feste Verzinsung und hat nach fünf Jahren Anspruch auf Rückzahlung seines Einsatzes: ein Kredit, nichts anderes. Es gibt Plattformen, die sich auf die Vermittlung von Krediten spezialisiert haben, die von Privatpersonen an andere Privatpersonen und/oder von Privaten an Unternehmer beziehungsweise Unternehmen gegeben werden, namentlich *aux-money, smava, Lendico* und *finmar*. Ist das aus Sicht eines Anlegers nicht auch ein Crowdinvesting?

Er kann sich über diese Plattformen schließlich auch an Start-ups beteiligen. Im Unterschied zu dem von mir anfangs definierten Crowdinvesting gibt es bei *auxmoney* und Co allerdings (wie teils auch bei der *Deutschen Mikroinvest*) keine Ergebnisbeteiligungen, sondern nur feste Verzinsungen. Die feste Verzinsung kann aber durchaus interessant sein, zumal die Ausfallquote bei den Crowdlendings (den Investitionen der Crowd in Kredite) recht gering ist. Die neue Crowdlending-Plattform *finmar* hat sich sogar ausdrücklich auf Kredite für Unternehmen spezialisiert, die aus der Crowd gespeist werden, wenngleich dort bis heute (Stand: 17.1.2014) noch kein Projekt erschienen ist. Na ja, das muss noch hochlaufen.

Einstweilen kann sich der interessierte Investor z. B. bei *auxmoney* umsehen und sich dort u. a. auch an Geschäftsentwicklungen über das Auffüllen von Krediten „beteiligen" und dabei recht ordentliche Zinsen erhalten. Ich stecke dort beispielsweise (neben zahlreichen anderen Kreditgebern) mit 100 Euro in der Finanzierung eines Kredits über 12.350 Euro drin, den eine Mode- und Kostümdesignerin für den Aufbau ihrer Selbstständigkeit aufgenommen hat. Die mir vertraglich zugesicherte Verzinsung beträgt 13,7 Prozent. Die zugehörigen Zins- und Tilgungsbeträge landen nun monatlich auf meinem Konto. Es gibt keine Erfolgsbeteiligung nach dem Motto „nach oben offen", aber ein gutes Chance-Risiko-Verhältnis. Die durchschnittliche Ausfallquote über alle Projekte hinweg gibt *auxmoney* mit 2,15 % an.[74]

Wie dem auch sei: Es gibt nicht nur fließende Übergänge vom Crowdinvesting hin zum Crowdfunding, sondern auch zum Crowdlending. Solche Vermischungen finden sich bereits innerhalb der Plattformen wie etwa bei *Fundsters* und der *Deutschen Mikroinvest*.

---

74 www.auxmoney.com/info/statistics (Zugriff 3.1.2014).

5. KAPITEL

RECHTLICHE STRUKTURIERUNG DES ENGAGEMENTS UND IHRE FOLGEN FÜR DIE AKTEURE

5.1   Rechtsformen und Verträge

Grundsätzlich lassen sich die Rechte und Pflichten der Akteure eines Crowd-investings frei gestalten, denn über entsprechende vertragliche Vereinbarungen kann fast alles, was von den Beteiligten gewollt ist, rechtlich fixiert werden. Allerdings gibt es manchmal auch Einschränkungen durch unabdingbare gesetzliche Vorgaben. Wesentlichen Einfluss auf die Rechtsfolgen hat zunächst die gewählte Art der Beteiligung, anhand deren die Geldgeber an den von ihnen ausgewählten Projekten beteiligt werden. Jedoch bestehen im Rahmen der jeweiligen Beteiligungsformen oft noch recht weite Spielräume, die sich durch die konkrete vertragliche Ausgestaltung nutzen lassen.

Beim Crowdinvesting wird regelmäßig sehr stark von „Standardlösungen" abgewichen und es werden vielmehr individuelle Lösungen gesucht, die zur besonderen Situation des Crowdinvestings passen. Das mag einer der Gründe gewesen sein, warum das Crowdinvesting überhaupt erst so spät startete, obgleich die jetzigen Rahmenbedingungen schon seit Langem Bestand haben. Es musste erst einmal jemand den Mut haben, ganz neue sehr individuell geprägte Lösungen zu entwickeln und anzubieten. Andere Crowdinvesting-Anbieter konnten das einmal hochgezogene Grundkonzept dann als Blaupause für ihr eigenes Agieren nehmen. Der rechtliche Hintergrund des Crowdinvestings ist sehr komplex, wenngleich die Investoren davon in der Regel nicht allzu viel mitbekommen.

Welche rechtlichen Dinge gibt es neben der Art der Beteiligung noch? Die vom Plattformbetreiber vorgegebenen Allgemeinen Geschäftsbedingungen (AGB) sind natürlich von Relevanz. Beginnen wir aber mit den Beteiligungsformen.

Klassischerweise werden Finanzierungsformen danach kategorisiert, ob sie dem Eigenkapital oder dem Fremdkapital zuzurechnen sind. Die Vielfalt der in der Praxis anzutreffenden Finanzierungsformen lässt diese Zweiteilung allerdings fraglich erscheinen, zumal es eine Reihe von Finanzierungsformen gibt, die sich im Graubereich zwischen Eigen- und Fremdkapital befinden und bei denen die Einsortierung in eine der beiden Reinformen willkürlich erscheint.[75] Die manchmal künstlich erscheinende Einordnung in eine dieser beiden Kategorien hat allerdings Folgen. Diese können etwa steuerlicher Natur sein, die Bilanzierung betreffen oder die Einschätzung der Kreditwürdigkeit eines Unternehmens beeinflussen. Insofern wäre es unter Umständen fahrlässig, die (teils willkürliche) Einordnung in die beiden genannten Kategorien zu ignorieren.

Grundsätzlich wäre jedwede Art der gesellschaftsrechtlichen Beteiligung an einem crowdfinanzierten Unternehmen denkbar, z. B. als Gesellschafter an einer GmbH, AG, KG oder OHG. Bei diesen Rechtsformen entsteht entweder ein formaler Aufwand (z. B. die notarielle Beurkundung bei der GmbH), was Zeit und Geld kostet und sich daher kaum eignet, um eine größere und mit geringen Beträgen beteiligte Crowd in Projekte zu integrieren, oder der Investor wird zum Vollhafter (OHG und KG), der auch Verluste zu tragen hat. Ansonsten stört noch die Prospektpflicht für breit gestreute Beteiligungen oberhalb von 100.000 Euro. Der erforderliche Formalismus und dessen Kosten würden den Investitionsbetrag in nicht wenigen Fällen verbrauchen. Wer Gesellschafter einer GmbH werden möchte, der benötigt dazu einen notarielle Beurkundung. Dafür berechnet der Notar eine Gebühr, die kleine Investitionsbeträge komplett unsinnig werden lässt.

Nachfolgend werden die Arten des Engagements eines Kapitalgebers den Kategorien Eigen- und Fremdkapital zugeordnet, wenn diese als Reinformen

---

75 Vgl. dazu auch Elschen, R. (1993), S. 586 ff.

des Eigen- beziehungsweise des Fremdkapitals einzustufen sind. Des Weiteren werden diejenigen Arten der Hingabe finanzieller Mittel, die gleichzeitig typische Eigenschaften des Eigen- und des Fremdkapitals aufweisen, als hybride Finanzierungen (auch: Mezzanine-Kapital) einsortiert.

reines Eigenkapital	Mezzanine	reines Fremdkapital
Anteile an: • GmbH • UG • AG • OHG • KG sowie an Mischformen dieser Rechtsformen	• typisch stille Beteiligung • atypisch stille Beteiligung • Genussrecht • partiarisches Darlehen • Wandel- und Options- anleihen	• Darlehen mit fester Verzinsung

Abb. 14: Kategorisierung ausgewählter Engagements des Investors nach Eigen-
kapital-, Mezzanine- und Fremdkapital-Finanzierung

Bei einem fremdkapitalbasierten Engagement eines Kapitalgebers liegt faktisch ein Kreditverhältnis vor. Der Kreditgeber hat ein Recht auf Rückzahlung des an den Kreditnehmer ausgeliehenen Geldbetrags. Charakteristisch für Fremd-kapital sind folgende Eigenschaften:[76]

1. Keinerlei Stimmrechte oder sonstige Mitspracherechte der Kapitalgeber.
2. Das Kapital wird zeitlich befristet zur Verfügung gestellt.
3. Es besteht ein Rechtsanspruch der Kapitalgeber auf Rückzahlung des zur Verfügung gestellten Nominalbetrags, wobei im Regelfall entweder turnusmäßige (z. B. monatliche oder jährliche) oder endfällige Rückzah-lungen (Tilgungen) durch den Schuldner erfolgen.
4. Die Kapitalgeber erhalten eine festgelegte Verzinsung ihres hingegebenen Geldbetrags.
5. Die Kapitalgeber werden weder am Gewinn noch am Verlust noch an den stillen Reserven des Unternehmens beteiligt.

Wenn es sich bei dem zur Verfügung gestellten Geld um eine Reinform des Fremdkapitals handelt, die exakt den obigen Kriterien folgt, dann sprechen wir von einem „üblichen" Kredit. Der Definition des Crowdinvesting-Begriffs

---

76 Vgl. Perridon, L./Steiner, M./Rathgeber, A. (2009), S. 383.

ist zu entnehmen, dass eine Beteiligung am Erfolg des Start-ups vorliegen muss, um die Mindestvoraussetzungen zu erfüllen, Crowdinvesting genannt zu werden. Ein übliches Kreditverhältnis, entsprechend den oben aufgeführten fünf Kriterien, begründet also kein Engagement, das als Crowdinvesting zu bezeichnen ist. Wir befinden uns dann vielmehr im Crowdlending, also z. B. bei *auxmoney, smava, Lendico* und *finmar*. Sobald allerdings etwa von Punkt 5 des obigen Kriterienkataloges abgewichen wird, indem eine Erfolgsbeteiligung gewährt wird, kann es sich durchaus um ein Crowdinvesting handeln, dies auch dann, wenn die übrigen Kriterien des Fremdkapitals ganz oder teilweise erfüllt bleiben.

Da in der Praxis des Crowdinvestings (nicht ohne Grund) fast ausnahmslos hybride Finanzierungsformen eingesetzt werden, die Eigenschaften von Fremd- und Eigenkapital gleichzeitig aufweisen, seien diese speziellen Formen der Finanzierung nunmehr ausführlicher beschrieben, wobei die für ein Crowdinvesting in der Praxis (bislang) nicht oder zumindest so gut wie nicht relevanten Formen hybrider Finanzierungsinstrumente ausgelassen werden (z. B. Nachrang- und Gesellschafterdarlehen, Wandel- und Optionsanleihen, Vorzugsaktien).[77]

5.2 Hybride Finanzierungsformen

5.2.1 Kennzeichen und Ausprägungen hybrider Finanzierungsformen

Hybride Finanzierungsformen, auch Mezzanine-Finanzierungen genannt, stehen wirtschaftlich zwischen Eigen- und Fremdkapital, werden allerdings steuerlich zwingend einer dieser beiden Kategorien zugeordnet. Mezzanine-Finanzierungen weisen aber Beschaffenheiten auf, die typischerweise dem Eigenkapital zugeschrieben werden, und haben gleichzeitig Eigenschaften, die prägend für Fremdkapital sind. So stehen u. a. Genussrechte, partiarische Darlehen und atypisch stille Beteiligungen in einer solchen Zwitterstellung.

Die drei soeben genannten für ein Crowdinvesting besonders relevanten Formen der hybriden Finanzierungsinstrumente sind in nachfolgender Tabelle

---

77 Vgl. zur Vielzahl von hybriden Finanzierungsinstrumenten auch Brokamp, J./Ernst, D./ Hollasch, K./Lehmann, G./Weigel, K. (2008).

im Überblick mit ihren zentralen Eigenschaften aufgeführt und werden in den kommenden Abschnitten 5.2.2 bis 5.2.4 ausführlich erläutert:

	atypisch stille Beteiligung	Genussrecht	partiarisches Darlehen
Beteiligung am Gewinn	ja	ja	ja (optional an einer anderen Erfolgsgröße)
Beteiligung am Verlust	ja, aber in der Regel begrenzt auf die Einlage	in der Regel ja, aber nur bis zur Höhe des Einsatzes	nein
Beteiligung am Vermögen	ja	nein	nein
Beteiligung am Liquidationserlös	ja	optional	nein
Schuldrechtliche Vereinbarung	nein	ja (mit Nachrang gegenüber anderen Gläubigern)	ja
Stimm- und Mitspracherecht	in der Regel nein	nein	nein

Abb. 15: Eigenschaften von drei ausgewählten hybriden Finanzierungsinstrumenten

Dass die Grenzziehung zwischen Eigen- und Fremdkapital nicht einfach ist, zeigt sich anhand der sogenannten stillen Beteiligung. Je nach konkreter Ausgestaltung der stillen Beteiligung wird diese Form des finanziellen Engagements dem Eigen- oder Fremdkapital zugeordnet, mit entsprechend abweichenden rechtlichen Folgen. Der Riss geht also mitten durch ein- und dieselbe Art der Beteiligung. Gleiches gilt für Genussrechte. Insofern ist es durchaus von Bedeutung für die Akteure, sich mit den jeweiligen (gesellschafts-)rechtlichen Vereinbarungen und deren Folgen ein wenig zu befassen, zumal es dabei auch steuerlich abweichende Einstufungen gibt.

In der Praxis des Crowdinvestings wird das (Start-up-)Unternehmen zumeist eine GmbH sein, bei der die Gründer auch die Eigentümer (= Gesellschafter) der GmbH sind. Inzwischen tauchen Start-ups vermehrt auch als Unternehmergesellschaften (UG) auf. Diesen Unternehmen tritt der Mikroinvestor dann etwa als still Beteiligter bei, hat damit aber nicht die gleiche Stellung wie „echte" Gesellschafter. Seine Rechte und Pflichten sind weniger umfangreich als die der „echten" Gesellschafter der GmbH, der UG oder welcher Rechtsform auch immer.

5.2.2 Stille Beteiligungen

Eine stille Beteiligung liegt immer dann vor, wenn sich eine natürliche oder juristische Person am Unternehmen einer anderen Person mit einer Vermögenseinlage oder in Gestalt erbrachter Arbeitsleistung beteiligt. Stille Beteiligungen können in recht unterschiedlicher Art und Weise ausgestaltet werden. Vorteil der stillen Beteiligung gegenüber einer herkömmlichen Beteiligung (z. B. als GmbH-Gesellschafter) an einem Unternehmen ist, dass das Hinzutreten und Ausscheiden von stillen Gesellschaftern recht einfach und unkompliziert gehandhabt werden kann. Es wird lediglich ein privatrechtlicher Vertrag zwischen Unternehmen und Investor abgeschlossen, der nicht notariell beurkundet werden muss, wie dies etwa zur Erlangung der Eigentümerstellung an einer GmbH zwingend erforderlich wäre. Typisch und gleichsam namensgebend für eine stille Beteiligung ist, dass der Beteiligte nicht nach außen hin in Erscheinung tritt, also „still" bleibt. Der „Stille" kommt weder im Namen der Gesellschaft vor noch wird er als Gesellschafter im Handelsregister eingetragen.

Bei der stillen Gesellschaft handelt es sich um eine Beteiligungsform, die einer Personengesellschaft von der Kategorisierung her gleichgestellt wird. Stille Beteiligungen sind allerdings nicht nur an originären Personengesellschaften (z. B. OHG oder KG) sondern auch an Kapitalgesellschaften (z. B. GmbH oder AG) möglich. Damit käme eine sogenannte GmbH & Still oder eine AG & Still zustande, wobei diese Bezeichnungen nicht offiziell als Namensbestandteil geführt werden dürfen, denn es handelt sich bei der stillen Beteiligung (lediglich) um eine Vereinbarung im Innenverhältnis der Beteiligten. Die Gesellschaften firmieren im obigen Fall allein unter dem Zusatz GmbH oder AG.

Wichtig zu wissen für einen still Beteiligten ist natürlich, was mit seiner Beteiligung bei verschiedenen Ereignissen geschieht. Was passiert beispielsweise, wenn die Gesellschaft verkauft wird? Nun: Die stille Beteiligung bleibt davon unberührt, denn der „Stille" hat einen Vertrag mit der Gesellschaft, der auch im Falle eines Verkaufs der Gesellschaft weiterhin Bestand hat. Den „Stillen" wird man also nicht so schnell los. Lässt sich die stille Beteiligung veräußern? Ja, jedoch wird der Verkauf an die Zustimmung der Gesellschaft gebunden sein. Insofern ist eine eigenständige Disponierbarkeit des still Beteiligten hier im Regelfall nicht gegeben. Warum aber sollte die Gesellschaft die Zustimmung verweigern? Mir fällt kein guter Grund für eine Verweigerung ein.

Was passiert, wenn der still Beteiligte aussteigen will, ohne von der Zustimmung der Gesellschaft abhängig zu sein? Er kann seine Beteiligung kündigen. Die entsprechenden Kündigungsmodalitäten (z. B. auch die Kündigungsfristen) sind vertraglich festgelegt. Für stille Beteiligungen werden im Rahmen eines Crowdinvestings regelmäßig Mindestlaufzeiten vereinbart. Der Investor kann in diesem Fall erstmals nach Ablauf der Mindestlaufzeit aussteigen und erhält dann entweder seinen ursprünglichen Einsatz zurück oder eine darüber hinausgehende Abfindung. Weiterhin werden Kündigungsfristen festgelegt, die für den Zeitraum nach Ablauf der Mindest-Beteiligungsdauer gelten. Ganz am Rande: Es gibt drei Möglichkeiten, wie eine stille Beteiligung enden kann: Kündigung durch den „Stillen", Kündigung durch die Gesellschaft (beides oftmals nach einer Mindestlaufzeit) oder an einem fest definierten Laufzeitende. Im Beteiligungsvertrag werden die jeweils zur Anwendung kommen sollenden Kündigungsmodalitäten festgelegt.

Was der still Beteiligte bei seinem wie auch immer zustande kommenden Ausscheiden erhält, hängt zunächst vom Typus der stillen Beteiligung ab. Unterschieden werden zwei Grundtypen: die typisch stille und die atypisch stille Beteiligung, wobei sich diese beiden Typen je nach konkreter Ausgestaltung durchaus sogar recht deutlich voneinander unterscheiden können. Die atypisch stille Beteiligung ist diejenige Finanzierungsform, welche für ein Crowdinvesting in der Praxis am häufigsten genutzt wird, was natürlich an bestimmten Eigenschaften dieser Beteiligungsform liegt, die für das Crowdinvesting besonders vorteilhaft sind.

Bei einer atypisch stillen Beteiligung ist der Investor sowohl am Gewinn und Verlust der Gesellschaft beteiligt als auch an ihrem Vermögen. Er hat bei Auflösung der Gesellschaft oder bei seinem Austritt aus dieser einen Anspruch auf Teilhabe am Liquidationserlös beziehungsweise am Vermögenszuwachs der Gesellschaft, also letztlich auch an der Wertsteigerung. Mit der Vermögensbeteiligung gehen in der Regel Mitsprache- und Kontrollrechte des Investors einher. Jedoch ist die konkrete Vereinbarung von Rechten und Pflichten des atypisch stillen Gesellschafters durchaus disponibel, was u. a. die Mitsprache- und Kontrollrechte betrifft. Die Gründer werden im Regelfall kein Interesse daran haben, dass den (vielen) Anlegern Mitspracherechte an „ihrem" Unternehmen eingeräumt werden. Im Allgemeinen werden die Anleger ihrerseits kein allzu großes Interesse daran entwickeln, an den Entscheidungen des Unternehmens mitzuwirken. Die Vereinbarung über die atypisch stille Beteiligung wird bei einem Crowdinvesting im Normalfall so sein, dass der stille Gesellschafter keinerlei Mitspracherechte hat und sich mit einigen Informations- und Kontrollrechten zufriedengeben muss, wobei die Kontrollrechte auf ein Minimum reduziert sein können.

Bei der typisch stillen Beteiligung ist der stille Gesellschafter am Gewinn und nur wenn konkret vereinbart auch am Verlust der Gesellschaft beteiligt. Anders als bei der atypisch stillen Gesellschaft wird der still Beteiligte weder an deren Vermögen noch an einem Liquidationserlös beziehungsweise an den stillen Reserven beteiligt. Letzteres hat zur Folge, dass der typisch still Beteiligte weder im Falle der Liquidation der Gesellschaft noch bei seinem Austritt einen Anspruch auf Teilhabe an der Wertsteigerung des Unternehmens hat. Er kann lediglich seinen ursprünglichen Einsatz zurückfordern. Weiterhin hat der typisch still Beteiligte in der Regel keine Mitsprache- und Kontrollrechte. Natürlich hat er ein Recht darauf, bestimmte Informationen zu erhalten.

Entscheidend dafür, dass bei einem Crowdinvesting zumeist eine atypisch stille Beteiligung angeboten wird, ist, dass dem Investor so die Chance eingeräumt wird, bei seinem Austritt „Kasse zu machen". Letztlich ist der (hoffentlich hohe) Abfindungsanspruch das wesentliche Incentive für den Investor, sich an einem Start-up zu beteiligen, fußt doch die Höhe seiner Rendite zumeist vorrangig auf dem, was er beim Ausstieg erzielt.

Auf den Punkt gebracht: Bei einer typisch stillen Beteiligung kann der Investor im Falle seines Ausscheidens lediglich davon ausgehen, seinen ursprünglichen Einsatz zurückzuerhalten. Er profitiert zwischenzeitlich von seinen Gewinnanteilen, sofern Gewinne erzielt wurden. Bei einer atypisch stillen Beteiligung kann er hingegen mit einer Abfindung rechnen, die ihn neben der Rückzahlung seines Einsatzes zusätzlich an der Wertsteigerung des Unternehmens teilhaben lässt. Wie hoch seine Beteiligung am Wertzuwachs ist, hängt davon ab, was vertraglich vereinbart wurde. Dies könnte etwa so aussehen, dass der atypisch still Beteiligte seinen Einsatz zurückerhält und zusätzlich einen Betrag in Höhe des anteiligen Ergebnisses vor Zinsen und Steuern (EBIT) des letzten Geschäftsjahres multipliziert mit dem Faktor sechs. Letzteres würde dann die Teilhabe an der Wertsteigerung konkret werden lassen. An dieser Stelle wird klar, warum für ein Crowdinvesting die atypisch stille Beteiligung eine so attraktive Lösung ist. Sie beteiligt automatisch sowohl an Gewinnen als auch an der Wertsteigerung des Unternehmens und kann ohne kostenintensive Formalitäten eingegangen werden. Bei der typisch stillen Beteiligung entfällt hingegen der Automatismus, an der Wertsteigerung teilzunehmen, die ja vermutlich ein ausschlaggebender Anreiz für den Mikroinvestor dafür sein wird, sich zu beteiligen. Wie nun die stille Beteiligung im Einzelnen ausgestaltet ist, hat nicht nur Folgen für die Rechte des Investors auf Anteile am Gewinn, auf seinen Abfindungsanspruch sowie auf Mitsprache und Kontrolle, sondern auch auf steuerlicher Ebene. Die steuerlichen Aspekte werden in Punkt 5.6 separat thematisiert.

5.2.3 Genussrechte

Eine nicht selten vorkommende hybride Finanzierungsform beim Crowdinvesting sind Genussrechte, auch als Genussscheine oder umgangssprachlich als Genüsse bezeichnet. Bei Genussscheinen handelt es sich genau genommen um verbriefte Genussrechte, also als Wertpapier handelbare Genussrechte. Die deutsche Crowdfunding-Plattform *Mashup Finance* bietet ebenso ein Crowdinvesting an, das auf Genussrechten basiert, wie die Portale *United Equity* und *bankless24*.

Je nach konkreter Ausgestaltung kann das Genussrecht eher Eigenkapital- oder eher Fremdkapitalcharakter aufweisen. Für Genüsse ist typisch, dass die Kapitalgeber einen Rückzahlungsanspruch haben und am Erfolg des von ihnen mitfinanzierten Unternehmens teilnehmen, jedoch über keine Mitsprache- beziehungsweise Stimmrechte verfügen. Die Teilhabe am Erfolg des Unternehmens kann recht unterschiedlich ausgestaltet sein. So kommt etwa eine lupenreine Gewinnbeteiligung in Betracht. In der Regel wird der Genussrechtsinhaber aber auch am Verlust beteiligt, dies jedoch maximal bis zur Höhe seines eingesetzten Kapitals. Des Weiteren unterscheiden sich verschiedene Genussrechtsvereinbarungen dadurch, ob sie eine Beteiligung des Kapitalgebers am Liquidationserlös vorsehen oder nicht. Schließlich gibt es Genussrechte mit festgelegter und welche mit nicht festgelegter Laufzeit.

Eine sinnvolle Ausgestaltung von Genüssen für Zwecke des Crowdinvestings sähe so aus: Der Investor wird am Gewinn beteiligt, wobei die Gewinne zuvor mit etwaigen Verlusten verrechnet werden. Das Genussrecht hat eine fest definierte Laufzeit, z. B. fünf Jahre. Am Laufzeitende hat der Investor einen Rückzahlungsanspruch in Höhe seines eingesetzten Kapitals. Darüber hinaus hat er einen Anspruch auf eine Prämie, die sich am Wert des Unternehmens zum Ausstiegszeitpunkt orientiert und der ein fest definierter

Ermittlungsmodus zugrunde liegt. Eine derartige indirekte Teilhabe an der Wertsteigerung eines Unternehmens, ohne am Unternehmen selbst beteiligt zu sein, wird auch als Non-Equity-Kicker bezeichnet. Der Non-Equity-Kicker macht das Genussrecht für den Crowdinvestor erst interessant. Wie bei der atypisch stillen Beteiligung kann er – hier nun über den Weg des Kickers – von der Wertsteigerung des Unternehmens profitieren. Der Kapitalgeber erhält beim Genussrecht wie gesagt weder Mitsprache- noch Stimmrechte.

Das Beschriebene ist eine von vielen denkbaren Ausgestaltungen des Genussrechts, die sehr einer stillen Beteiligung ähnelt, dies sogar so sehr, dass es in Grenzfällen zu Umqualifizierungen (z. B. aus steuerlicher Sicht) kommen kann. Der einzige prägende Unterschied zwischen diesen beiden Finanzierungsformen ist, dass bei einer stillen Beteiligung eine Zweckgemeinschaft vorliegt, bei Genussrechten hingegen nicht. Da in den jeweiligen Vereinbarungen jedoch manchmal nicht ausdrücklich auf das Vorliegen oder Nicht-Vorliegen einer Zweckgemeinschaft Bezug genommen wird, wäre also gegebenenfalls eine Interpretation des Willens der Kapitalgeber erforderlich, um die Zuordnung zu klären.

5.2.4 Partiarische (Nachrang-)Darlehen

Von einem partiarischen Darlehen ist die Rede, wenn ein Kredit keine feste Verzinsung hat, sondern mit einer Erfolgsbeteiligung kombiniert wird. Das klingt sehr nach Genussrecht und die Unterschiede sind in der Tat gering. Wie Abbildung 15 zu entnehmen ist, besteht der einzig zwingende Unterschied zwischen Genussrecht und partiarischem Darlehen in der Verlustbeteiligung, die beim Genussrecht üblich und beim partiarischen Darlehen definitiv nicht gegeben ist. Jedoch: Genussrechte können auch ohne Verlustbeteiligung sein. Genau an dieser Stelle werden die Grenzen zwischen partiarischem Darlehen und Genussrecht fließend.

Die Erfolgsbeteiligung kann beim partiarischen Darlehen in verschiedener Weise vereinbart werden. Üblich sind Gewinn- oder Umsatzbeteiligungen. Aber auch andere Formen der Erfolgsbeteiligung sind denkbar, so etwa die Beteiligung an einem zuvor definierten Deckungsbeitrag. Da die Ermittlung von Gewinn und Umsatz handelsrechtlichen Regelungen unterliegt und der Rechnungslegung des Unternehmens entnommen werden kann, eignen sich diese Größen recht gut, um als Bezugsgröße für die Erfolgsmessung bei partiarischen Darlehen zu dienen. Beim Deckungsbeitrag ist dies anders, da dieser keine in der externen Rechnungslegung vorzufindende Größe ist. Es müsste hier konkret vertraglich festgelegt werden, wie der Deckungsbeitrag definiert sein soll.

Partiarische Darlehen haben gegenüber den Finanzierungsformen, die bei einem Crowdinvesting anfangs vorrangig praktiziert wurden, einen wesentlichen Vorteil: Sie lösen auch dann keine Prospektpflicht im Sinne des Vermögensanlagengesetzes aus, wenn die Finanzierungssumme 100.000 Euro überschreitet, wie dies bei allen anderen bisher dargelegten Finanzierungsformen der Fall ist. Es ist jedoch darauf zu achten, die partiarischen Darlehen so auszugestalten, dass keine Bankenerlaubnis im Sinne des § 32 KWG erforderlich wird. Ansonsten würde ein unangemessen hoher Aufwand entstehen. Die Bankenerlaubnis kann vermieden werden, wenn das partiarische Darlehen entweder mit einem qualifizierten Nachrang oder mit einer banküblichen Besicherung ausgestattet wird. Eine Besicherung wäre im Falle des Crowdinvestings nicht wirklich praktikabel. Daher wird hier ein sogenannter „qualifizierter Nachrang" vereinbart.

Was heißt das? Zunächst: Nachrang bedeutet, dass der Darlehensgeber im Insolvenzfall (des Darlehensnehmers) hinter alle anderen Gläubiger zurücktritt, also erst dann Geld zurückerhält, wenn die übrigen Gläubiger befriedigt wurden. Um nicht in ein unerlaubtes Bankengeschäft zu rutschen, ist nach Auffassung der BaFin allerdings eine einfache Nachrangabrede nicht ausreichend. Der Nachrang beziehungsweise Rangrücktritt muss besonders streng formuliert sein:[78] Dabei ist ausdrücklich sowohl die Nachrangigkeit des Anspruchs auf Zinszahlungen und Erfolgsbeteiligungen als auch der Tilgungszahlungen festzulegen. Eine weitere Verstärkung des Nachrangs kann durch eine Vereinbarung erfolgen, die besagt, dass eine Tilgung des Darlehens ausgesetzt wird, wenn eine Zahlungsunfähigkeit droht, also schon im Vorfeld einer Insolvenz. Die Verstärkung des Nachrangs wird also mit dem Begriff „qualifiziert" umschrieben. Crowdinvesting-Plattformen, die mit einem partiarischen Darlehen arbeiten möchten, könnten sicherheitshalber eine Abstimmung mit der BaFin vornehmen, um eine spätere unerwartete Umqualifizierung – mit entsprechend unangenehmen Folgen – zu vermeiden. Genussrechte und atypisch stille Beteiligungen sind hingegen auch ohne die Verabredung

---

78 Vgl. dazu etwa: http://finanzierungen.blogg.de/2012/04/20/darlehen-mit-qualifiziertem-nachrang-wird-nach-dr-horst-siegfried-werner-von-der-bafin-im-wege-dereinzelfallprufung-akzeptiert/ (Zugriff 4.1.2014).

eines qualifizierten Nachrangs sicher davor, als unerlaubtes Bankengeschäft eingestuft zu werden.[79]

Nachteilig im Sinne eines Crowdinvestings ist an einem partiarischen Darlehen zunächst, dass zwar am Ende der Laufzeit ein Rückzahlungsanspruch besteht, jedoch keine Beteiligung am Wertzuwachs. Das gilt zumindest für die Reinform dieses Darlehens. Es besteht jedoch ein Gestaltungsspielraum. Kompensieren ließe sich der Nachteil etwa über einen erhöhten Anteil des Mikroinvestors am jährlichen Gewinn und/oder durch eine Sonderzahlung am Ende. Ein als partiarisches Darlehen gedachtes Schuldverhältnis könnte z. B. mit einem Non-Equity-Kicker (also einer an der Wertsteigerung des Unternehmens orientierten Sonderzahlung zum Exit-Zeitpunkt) ausgestattet werden, liefe allerdings dann in gewisser Weise Gefahr, seine Eigenschaft als partiarisches Darlehen zu verlieren und als etwas anderes gedeutet zu werden. Die Eigenschaft als partiarisches Darlehen hinge womöglich nur noch am seidenen Faden der fehlenden Verlustbeteiligung. O.k., das sind meines Erachtens nur Restrisiken, aber auch die sind zu beachten. Denn: Kippte die Einstufung, so wäre dies eine äußerst kritische Sache: In diesem Falle bestünde meines Erachtens ein nicht unerhebliches Risiko, dass die 100.000-Euro-Grenze einsetzen würde und eine entsprechende Prospektpflicht einträte. Wer also mit partiarischen Darlehen hantiert, der sollte ein wenig vorsichtig mit vertraglichen Modifikationen sein, die von der Grundform des partiarischen Darlehens abweichen. Aber genau diese Modifikationen braucht das Crowdinvesting, um eine gute Anreizstruktur für den Investor hinzubekommen. Durch strengere gesetzliche Regulierungen (vermeintlich zum Schutze des Anlegers) könnte man diese Strukturen zerstören und die bisher anlegerfreundliche Lage verschlechtern. Was käme womöglich heraus? Ein Anlegerschutz zum Nachteil des Anlegers.

Einige Crowdinvesting-Plattformen konnten die beschriebene Anreizproblematik lösen, indem das partiarische Nachrangdarlehen mit einem für das Ende der Laufzeit zugesagten Bonuszins versehen wurde. *Seedmatch* formuliert das so:

> *„Das partiarische Nachrangdarlehen wird zunächst mit einem Zinssatz von 1 % p. a. verzinst. Das wesentliche Renditepotenzial entsteht*

---

79   Vgl. www.bafin.de/SharedDocs/Veroeffentlichungen/DE/Merkblatt/mb_110607_tatbestand_einlagengeschaeft.html;jsessionid=57807641E1648928F8848674B5AE189B.1_cid290?nn=2818474#doc2676100bodyText9 (Zugriff 11.1.2014.), dort unter „stille Gesellschaften; Genussrechte".

aber entweder durch die Partizipation am wirtschaftlichen Erfolg des Start-ups nach Auslaufen der Mindestvertragslaufzeit (der soge- nannte ‚Bonuszins nach Kündigung‘) oder durch die wirtschaftliche Beteiligung an einem gegebenenfalls stattfindenden Exitereignis (der sogenannte ‚Bonuszins nach Exitereignis‘)."

Mit Exit-Ereignis ist ein Verkauf gemeint. Übrigens: *Seedmatch* greife ich als Beispiel deshalb besonders häufig auf, weil vieles auf der dortigen Webseite sehr gut und transparent beschrieben wird.

Ein kurzes Zwischenfazit: Die Darlegungen zum partiarischen Darlehen lassen deutlich werden, dass die Hintergründe eines Crowdinvestings durchaus an einigen Stellen äußerst komplex sind, wenngleich weder die Investoren noch die Start-ups in der Regel mit dieser Komplexität behelligt werden. Sie können von den vordergründig einfachen Strukturen profitieren. Hinter der schlichten Fassade befindet sich allerdings oftmals ein recht ausgetüfteltes Räderwerk, wenn die jeweilige Plattform auf Zack ist. Die Strukturierung eines Crowdinvestings und der Aufbau einer Crowdinvesting-Plattform sind absolut nichts für Dilettanten. Hut ab von meiner Seite aus für das, was die meisten Plattformen leisten. Und: Die Lerneffekte, die Flexibilitäten und die Weiterentwicklungen einiger Portale sind enorm, die Reaktionszeiten kurz. Na ja, ganz vereinzelt gibt es auch Plattformen, die ein wenig träge reagieren, die lange an einmal installierten Modellen festhalten, die sich nicht allzu sehr bewährt haben und die letztlich nur langsam vom Fleck kommen. Ein neben dem partiarischen Darlehen für das Crowdinvesting ebenfalls höchst interessantes und wirksames Modell kommt jetzt: die indirekte Beteiligung.

5.3   Indirekte Beteiligungen

Eine dem Crowdinvesting nahekommende Form des Investments wird von der *FoundingCrowd GmbH* mit Sitz in Berlin angeboten. Der Investor betei- ligt sich dabei über die zugehörige Webseite an der *FoundingCrowd GmbH*, die wiederum in diverse Start-up-Unternehmen investiert. Anders als beim echten Crowdinvesting hat der Investor bei dieser Plattform allerdings keine Möglichkeit, sich unmittelbar und individuell an Projekten zu beteiligen. Vielmehr ist er gemeinsam mit anderen Mikroinvestoren zu 63 Prozent in

Form einer atypisch stillen Beteiligung an der *FoundingCrowd GmbH* beteiligt. Diese Art des Investments könnte im weitesten Sinne auch als Crowdinvesting zu fassen sein, denn auch hier werden zahlreiche Investoren gesucht und die Sache hängt indirekt mit Start-ups zusammen. Die obige weite Definition des Begriffs Crowdinvesting sieht allerdings vor, dass der Kapitalgeber sich das Start-up-Unternehmen selbst aussuchen kann und dieses unmittelbar finanziert, ohne dass eine andere Gesellschaft dergestalt zwischengeschaltet ist, dass keinerlei Bezug mehr zu einzelnen vom Mikroinvestor ausgewählten Start-ups besteht. Im Falle von *FoundingCrowd* kann der Investor nicht auswählen, an welchen Gründungsprojekten er direkt oder indirekt beteiligt wird. Er muss sie alle nehmen und investiert quasi in einen Fonds, der das Geld der Mikroinvestoren nach eigenem Gutdünken in Start-ups investiert. Der Mikroinvestor lässt aussuchen.

Die Problematik der fehlenden Auswahlmöglichkeit für den Mikroinvestor ließe sich durch eine andere Form der Finanzierung heilen, die auch unter dem Stichwort „tracking stocks" geläufig ist, jedoch in Deutschland (anders als in den USA) kaum Bekanntheit erlangt hat. Diese Beteiligungsform würde es grundsätzlich ermöglichen, am Erfolg eines bestimmten klar abgegrenzten Geschäftsbereichs eines Unternehmens oder am Erfolg von Tochterunternehmen (hier z. B. von Beteiligungen der *FoundingCrowd GmbH*) beteiligt zu sein. Problematisch ist: Die gesetzlichen Regelungen in Deutschland sind nicht auf diese Form der Beteiligung ausgerichtet und es bestehen hier kaum Erfahrungen mit diesem Instrument, was zu rechtlichen Unsicherheiten führen kann. Inzwischen gibt es allerdings erste Crowdinvesting-Plattformen, die ein solches Modell fahren beziehungsweise zeitweise gefahren haben.

Die Plattform *Fundsters* regelt das Crowdinvesting geschickterweise so, dass der Mikroinvestor an der *Fundsters AG* eine typisch stille Beteiligung erhält, während die AG sich an dem vom Investor gewünschten Start-up über eine atypisch stille Beteiligung beteiligt. Der Mikroinvestor ist also nur indirekt mit dem von ihm ausgewählten Start-up verbunden, ohne aus dieser Konstellation jedoch Nachteile zu haben. Klar, rechtlich ist die Konstruktion etwas anders, aber vertraglich wird der Mikroinvestor im Grunde so gestellt, als wäre er direkt an dem Start-up beteiligt. Vom Ergebnis her „merkt" der Investor im Prinzip nicht, dass er kein direkt Beteiligter ist. Natürlich wird das gesamte Konstrukt von *Fundsters* offengelegt und genau beschrieben. Der Investor ist also (bestens) informiert.

Die Risikolage ist dabei allerdings nicht die gleiche wie bei einer direkten Beteiligung. Hält der Mikroinvestor nämlich direkte Anteile an einem Start-up, dann „stört" ihn ein Absterben der Crowdinvesting-Plattform nicht. Ist er – wie bei der indirekten Beteiligung – jedoch an der Plattform beteiligt und über diese nur auf Umwegen an „seinem" Start-up, dann bleibt er auf das Weiterleben der Plattform angewiesen. Dennoch ist zu sagen, dass die indirekte Beteiligung ein äußerst robustes Modell ist, wenn es um die Überschreitung der 100.000-Euro-Hürde hinsichtlich der Gesamtfinanzierung geht. Das Überspringen dieser Hürde über das Konstrukt des partiarischen Nachrangdarlehens wird vermutlich nicht mehr allzu lange Bestand haben und vom Gesetzgeber aller Befürchtung nach in Bälde kassiert und somit auch unter die (oberhalb von 100.000 Euro greifende) unangenehme Prospektpflicht fallen. Wenn das passiert, ist *Fundsters* fein raus, denn es kann sein indirektes Beteiligungsmodell so lassen und ungestört weiterarbeiten. Das können die übrigen Plattformen nicht, mit Ausnahme von *Bergfürst*. Übrigens: Damit das indirekte Modell funktioniert, musste *Fundsters* natürlich einen Prospekt für sich selbst erstellen, denn es sind ja viele Mikroinvestoren an *Fundsters* beteiligt, die in Summe mit mehr als 100.000 Euro in *Fundsters* stecken. Der Vorteil liegt darin, dass *Fundsters* nur eben diesen einen Prospekt für sich selbst benötigt, und nicht einen für jedes einzelne Start-up. Wen es interessiert: Über die Webseite von *Fundsters* ist der Prospekt einsehbar.[80]

Die Plattform *Companisto* nutzte eine solche den „tracking stocks" entsprechende indirekte Form der Beteiligung der Investoren an Start-ups zeitweise ebenfalls. Die Kapitalgeber erhielten eine stille Beteiligung an der Betreibergesellschaft der Plattform, der *Companisto GmbH*, mit der das Recht verbunden war, am Erfolg des ausgewählten Start-ups zu partizipieren. *Companisto* hatte damit – wie *Fundsters* – zunächst zahlreiche an der eigenen GmbH beteiligte Mikroinvestoren, die an ihr still beteiligt waren. *Companisto* schloss seinerseits jeweils einen Vertrag über eine stille Beteiligung mit jedem einzelnen Start-up-Unternehmen ab. Anders als bei *founding-crowd* konnte sich aber der Mikroinvestor bei *Companisto* aussuchen, an welchen Start-ups er (indirekt) beteiligt sein möchte. Die Crowdinvestoren standen also nur mittelbar – über den Umweg der *Companisto GmbH* – mit dem Start-up in Verbindung. Dieses Modell hat *Companisto* – vermutlich der Einfachheit halber – fallen lassen und sich dem partiarischen Nachrangdarlehen zugewandt. Wenn Letzteres fällt,

---

80 www.fundsters.de/fileadmin/user_upload/documents/Verkaufsprospekt.pdf (Zugriff 31.12.2013).

dann kann *Companisto* wahrscheinlich recht zügig auf das seinerzeitige Modell umstellen, es sein denn, das Aufleben des Prospekts und die entsprechenden Abwicklungen mit der BaFin rauben Zeit. *Fundsters* ist hier wie gesagt im Vorteil und kann einfach weitermachen und ungestört durcharbeiten.

Die niederländische Plattform *Symbid* ließ ihr Crowdinvesting wohl als erstes Portal über eine solche indirekte Struktur der Erfolgsbeteiligung laufen und verfügt somit schon über längere Erfahrungen damit. Keine schlechte Sache für den Crowdinvestor, auch aus folgendem Blickwinkel: Er muss sich im Falle von Problemen nicht mit den Start-up-Unternehmen auseinandersetzen. Das übernimmt zwangsläufig die Plattform, da sie schließlich direkt an den Start-ups beteiligt ist. Wenn der Mikroinvestor hingegen direkt am gefundeten Unternehmen beteiligt ist, kann er nur hoffen, dass sich „seine" Plattform um Problemlagen kümmert oder (vertraglich festgelegt) kümmern muss.

Wie dem auch sei: Dem Modell von *Fundsters* wird vermutlich die Zukunft gehören und andere Plattformen werden diesem wohl irgendwann folgen, wenn sie dauerhaft oberhalb der 100.000 Euro agieren wollen. Oder man macht es wie *Bergfürst* und lässt für alle Projekte (teure) Prospekte erstellen. *Innovestment* gelang es übrigens vereinzelt, ohne Prospekt, ohne partiarisches Nachrangdarlehen und ohne das Konstrukt der indirekten Beteiligung über die 100.000 Euro zu gelangen, und zwar so: Es waren weniger als 20 Investoren, mit denen besagte Schwelle erreicht wurde, und man konnte noch zusätzliche Investoren mit zusätzlichem Geld hinzunehmen, bis es 20 Investoren waren. Die 100.000-Euro-Marke gilt nämlich erst, sobald es mehr als 20 (Mikro-) Investoren je Projekt gibt, wenn dann überhaupt noch von Mikroinvestoren die Rede sein kann, denn im Schnitt müsste ja jeder von ihnen mehr als 5.000 € beisteuern.

5.4   Die Verwässerungsproblematik

Ein weiterer Aspekt mag den Crowdinvestoren Kopfzerbrechen bereiten: Nimmt das Start-up-Unternehmen später neue Investoren hinzu, dann werden diese natürlich ebenfalls am Unternehmen beteiligt und der prozentuale Anteil der bisherigen (Mikro-)Investoren sinkt. Man spricht hier auch von Verwässerung der Anteile. Die Folge ist: Der Gewinnanteil der Mikroinvestoren wird prozentual geringer und der Umfang ihrer Beteiligung beim Exit ebenfalls.

Zunächst sei gesagt, dass die beim Hinzutreten neuer Investoren stattfindende Kapitalerhöhung den Unternehmenswert erhöht, denn über die Kapitalerhöhung fließen dem Unternehmen weitere finanzielle Mittel zu, wodurch sich die Liquidität des Unternehmens verbessert. Natürlich ist das Unternehmen mehr wert, wenn es über zusätzliches Geld verfügt. Das Geld ist erstens da und hat seinen Wert und kann zweitens gewinnbringend genutzt werden, indem das Unternehmen z. B. Investitionen tätigt, die das Geschäft sichtbar verbessern. Dieser Gedanke zeigt, dass die Verwässerung nicht automatisch dazu führen wird, dass der Wert der Beteiligung der Altinvestoren durch das Hinzukommen neuer Investoren sinkt.[81] Der Wert kann sogar durch die neue Kapitalmaßnahme überproportional steigen, wenn klug investiert wird.

Für denjenigen, der dennoch besorgt ist: Am einfachsten wäre es, wenn die hinzukommenden Investoren den Altinvestoren, also der Crowd, deren Beteiligung abkauften. Dann könnten definitiv keine Bedenken mehr bestehen, dass sich aus dem Hinzutreten neuer Investoren eventuell gewisse Nachteile ergeben könnten. Was auch ginge: Die Mikroinvestoren werden fair abgefunden und steigen aus. Erst im Anschluss daran treten die neuen Investoren ein. Wenn allerdings schon vor Ablauf der Mindest-Beteiligungsdauer und damit vor der Abfindung der Altinvestoren ein zusätzlicher Kapitalbedarf bestünde, wäre der Ausschluss neuer Investoren gegebenenfalls unklug. Vielleicht ließen sich ja Bankkredite bekommen, wodurch Kapital zufließt, ohne dass es zu einer Verwässerung der Erfolgsbeteiligung kommt. Aber nochmals: Die Anteilsverwässerung ist im Grunde kein echtes Problem. Es werden sich für den Mikroinvestor zumeist nur geringe Veränderungen seines Gesamtbezugs ergeben, und dies tendenziell eher nach oben als nach unten. Er erhält im Prinzip einen geringeren Anteil an einem größeren Kuchen, mit wahrscheinlich leichter Tendenz dahingehend, dass er in Summe davon profitiert. Voraussetzung ist natürlich, dass die neuen Mittel halbwegs intelligent verwendet werden und nicht nur auf dem Sparbuch des Unternehmens liegen. Es kommt natürlich auch gelegentlich vor, dass die zusätzliche Kapitalspritze zu einer erheblichen Wertsteigerung führt.

Schlecht wäre es allerdings, wenn die Unternehmensbewertung bei der Hereinnahme neuer Investoren unangemessen gering wäre und sie dadurch einen zu hohen Anteil erhielten. Das kann aber auch nicht im Interesse der Gründer sein, denn auch sie verlieren dann Anteile; es sei denn, sie selbst sind

---

81 Vgl. dazu etwa auch Berk, J./DeMarzo, P. (2011), S. 524 f.

die hinzukommenden Investoren und erhalten neben ihren bisherigen Anteilen zusätzlich neue (billige) Anteile.

Eines sollte der Mikroinvestor, wenn er kann, überprüfen: Wurde die im Rahmen des Businessplans vom Unternehmen veröffentlichte Planung unter der Prämisse erstellt, dass nach dem Crowdinvesting noch zusätzliche Kapitalgeber am Unternehmen beteiligt werden? Sollte die Planung zusätzliche spätere Kapitalgeber vorsehen, dann stimmt die Sache nämlich nicht. Wird jemand später zusätzlich beteiligt, sinkt unser Anteil (also der der Mikroinvestoren) in aller Regel. Aus unserer Sicht sitzen nun weitere Personen an den Fleischtöpfen und wir erhalten weniger. Das Mehr an Geld, das durch die zusätzlichen Kapitalgeber kommt, war aber womöglich schon von Beginn an in die (Erfolgs-)Planung eingerechnet und wurde von uns dort schon für unsere Renditesituation einkalkuliert. Nicht einkalkuliert war von uns jedoch die durch die neuen Investoren ausgelöste Verwässerung, die unseren Anteil am Kuchen schmälert.

Das Problem kann sich auch durch das frühzeitige Einplanen einer späteren zweiten Finanzierungsrunde über ein erneutes Crowdinvesting äußern. Ergo: Bitte die Planung auf spätere Kapitalerhöhungen durchsuchen und darauf achten, wie das in der Finanzplanung erfasst ist. Unzutreffend ist die Planung für unsere Zwecke als Investoren, wenn die Ergebnisse inklusive der Effekte aus einer späteren Kapitalerhöhung dargestellt wurden, unsere durch die Kapitalerhöhung entstehende Verwässerung jedoch unberücksichtigt blieb. Eine nach dem Crowdinvesting eingeplante Kapitalerhöhung heißt für uns „Alarm" und sollte die Fahndung nach einer etwaigen (nicht mitgeplanten) Verwässerung auslösen.

Wie man an dieser Stelle sieht, ist das Thema Crowdinvesting nicht ganz ohne Tücken. Der Mikroinvestor kann letztlich nicht alles exakt nachverfolgen. Wie viel Zeit soll er denn z. B. bei einem Einsatz von vielleicht 250 Euro in die Überprüfung und Kalkulation seiner möglichen Rendite stecken? Ja, er muss auf die Plattform, ihre Fähigkeiten, ihre Fairness und ihre saubere Informationspolitik vertrauen. Übrigens: Ich habe das soeben Gesagte, also den Abgleich des Businessplans mit der Verwässerungsthematik, in meinen bisherigen sechs Crowdinvestings auch nicht gecheckt, weil ich zu den jeweiligen Investitionszeitpunkten schlichtweg noch nicht an diese Sache gedacht hatte. Mir ist das erst jetzt beim Verfassen der 2. Auflage dieses Buches aufgefallen. Tja, nur wenn man sich aus irgendwelchen Gründen veranlasst sieht,

die Dinge zu Ende zu denken, stellt man manchmal fest, dass es noch etwas
Weiteres zu beachten gäbe.

Companisto beschreibt die Verwässerungsthematik so:[82]

> *„Wenn es bei einem Startup im Rahmen einer Anschlussfinanzierung
> zu einer Kapitalerhöhung kommt, dann werden die Beteiligungen aller
> Gesellschafter und der Companisten verwässert. Dies bedeutet, dass
> wenn das Stammkapital beispielsweise um 5 % erhöht wird, sich die
> Beteiligungsquote der Companisten entsprechend verringert.*
>
> *Eine Verwässerung ist in der Venture-Capital-Branche ganz üblich.
> Dies betrifft jedoch nicht nur die Companisten, sondern auch die
> Gründer und grundsätzlich auch Business Angels und VCs. Ohne eine
> Verwässerung wären Anschlussfinanzierungen ansonsten auch nicht
> möglich. Schon allein aus Eigeninteresse der Gründer (die Gründer
> betrifft eine Verwässerung ja am stärksten) werden die Gründer die
> Verwässerung jedoch so gering wie möglich halten. Grundsätzlich sind
> Anschlussfinanzierungen – und damit verbunden Kapitalerhöhungen –
> aber sehr zu begrüßen, denn dadurch wird der Unternehmenswert stark
> gesteigert. Es ist sehr viel besser ‚ein kleineres Stück von einem großen
> Kuchen zu haben als ein großes Stück von einem kleinen Kuchen'.“*

Das ist durchaus nett formuliert.

5.5 Bilanzierung

In Deutschland ansässige Unternehmen haben grundsätzlich einen Jahresabschluss gemäß Handelsgesetzbuch (HGB) zu erstellen, der aus einer Bilanz
und einer Gewinn- und Verlustrechnung sowie einem Anhang besteht. Ein
Crowdinvesting kann sich in mehrfacher Hinsicht auf die Bilanzierung bei
den betroffenen Start-up-Unternehmen auswirken. Zunächst geht es darum, in
welcher Weise die von den Investoren zur Verfügung gestellten Mittel bilanziell
erfasst werden. Sobald dem Start-up-Unternehmen Geld von den Investoren

---

82 www.companisto.de/glossary#letterV (Zugriff 4.1.2014).

zugeflossen ist, erhöhen sich die liquiden Mittel auf der Aktivseite der Bilanz. Wie die Erfassung des Finanzierungsvorgangs auf der Passivseite zu erfolgen hat, ist unter Umständen nicht so leicht abzuleiten. Konkret geht es darum, ob die jeweilige Finanzierung dem Eigen- oder dem Fremdkapital des Unternehmens zuzuordnen ist oder keinem von beiden. Folgender Aufstellung kann entnommen werden, welche Fälle eindeutig sind und welche Fälle von der Detailkonstruktion des jeweiligen Finanzierungsinstruments abhängen. Die Betrachtung bezieht sich nur auf die nationale Bilanzierung gemäß HGB.

Erfassung:	typisch stille Beteiligung	atypisch stille Beteiligung	Genuss-recht	partia-risches Darlehen	GmbH-Anteil oder Aktie
immer als Eigenkapital					X
immer als Fremdkapital	X			X	
je nach Gestaltung als Eigen- oder als Fremdkapital		X	X		

Abb. 16: Erfassung von Finanzierungsinstrumenten als Eigen- oder Fremdkapital[83]

Bei GmbH-Anteilen und Aktien ist der Fall eindeutig: Es handelt sich bilanziell immer und ausnahmslos um Eigenkapital. Aufgrund der Gläubigerstellung bei der typisch stillen Beteiligung und der fehlenden Verlustbeteiligung bei partiarischen Darlehen kommt bei diesen Instrumenten trotz gewisser eigenkapitalähnlicher Eigenschaften nur ein Ausweis im Fremdkapital in Betracht. Die übrigen in Abbildung 16 aufgeführten Finanzierungsinstrumente sind manchmal dem Eigen- und manchmal dem Fremdkapital zuzuordnen, abhängig manchmal nur von Details in der vertraglichen Gestaltung. Stille Beteiligungen, Genussrechte und partiarische Darlehen, aber auch einige ähnlich gestaltete Finanzierungsinstrumente, werden Mezzanine-Kapital genannt. Es hat sich bislang keine einheitliche Meinung herausgebildet, ob Mezzanine-Kapital bilanziell entweder dem Eigen- oder dem Fremdkapital zugerechnet werden muss oder alternativ dazu in einen gesonderten Posten eingestellt werden kann, der zwischen Eigen- und Fremdkapital steht. Der Ausweis im Rahmen eines Sonderpostens könnte etwa so aussehen:[84]

---

83 Vgl. auch Brokamp, J./Ernst, D./Hollasch, K./Lehmann, G./Weigel, K. (2008), S. 124 ff.
84 Vgl. ebenda, S. 2.

Passiva
A. Eigenkapital
B. Equity Mezzanine
C. Debt Mezzanine
D. Fremdkapital

Abb. 17: Mögliche Erfassung von Mezzanine-Kapital auf der Passivseite der Bilanz

Sehen wir uns die Bilanzierungspraxis an: In der Bilanz der *Drägerwerk AG & Co. KGaA* auf den 31.12.2011 tauchten Genussscheine an zwei Stellen auf der Passivseite auf:

Passiva
Gezeichnetes Kapital
Kapitalrücklage
Gewinnrücklagen
Bilanzgewinn
Genussscheinkapital (Serie D)
Eigenkapital
Rückstellungen für Pensionen und ähnliche Verpflichtungen
Sonstige Rückstellungen
Rückstellungen
Genussscheinkapital (Serien A+K)
Verbindlichkeiten gegenüber Kreditinstituten
Verbindlichkeiten aus Lieferungen und Leistungen
Übrige Verbindlichkeiten
Verbindlichkeiten
Summe Passiva

Abb. 18: Auszug aus der Bilanzgliederung der Drägerwerk AG & Co. KGaA auf den 31.12.2011

Bei *Drägerwerk* gibt es ganz offensichtlich unterschiedliche Arten von Genussscheinen, wobei die der Serie D als Eigenkapital und die der Serien A und K als Fremdkapital einzustufen sind. Ausschüttungen auf Genussscheine der Serien A und K bei *Dräger* sind als Zinsaufwand zu erfassen, weil die entsprechenden Genussscheine als Verbindlichkeiten gelten. Die Dividenden auf die Genüsse der Serie D werden in der Gewinn- und Verlustrechnung bei *Dräger* in einer gesonderten Position gezeigt, die nach dem Steueraufwand und vor dem Jahresüberschuss/-fehlbetrag steht und als „Ausschüttung auf das

Genussscheinkapital" ausgewiesen wird. Die dazu passende GuV von *Dräger* sieht auszugsweise so aus:

Gewinn- und Verlustrechnung der Drägerwerk AG & Co. KGaA vom 1.1.-31.12.2011
Sonstige betriebliche Erträge
Personalaufwand
Abschreibungen
...
Zinsergebnis *(inklusive Ausschüttungen auf Genussscheine der Serien A+K)*
Ergebnis der gewöhnlichen Geschäftstätigkeit
Außerordentliche Erträge
Außerordentliche Aufwendungen
Außerordentliches Ergebnis
Steuern vom Einkommen und Ertrag
Sonstige Steuern
Ergebnis vor Ausschüttung auf das Genussrechtskapital
Ausschüttung auf das Genussrechtskapital (Serie D)
Jahresüberschuss
Gewinnvortrag
Bilanzgewinn

Abb. 19: Auszug aus der Gewinn- und Verlustrechnung des Geschäftsjahres 2011 der Drägerwerk AG & Co. KGaA

Ob die hybriden Finanzierungsinstrumente nun im konkreten Fall als Eigen- oder als Fremdkapital in der Bilanz auszuweisen sind, ist fallabhängig. Wie das Beispiel *Drägerwerk* eindrücklich anhand der dort zu bilanzierenden Genuss- scheine zeigt, hängt die Bilanzierung nicht vom Namen des Instruments ab, sondern vielmehr von seiner ganz konkreten Ausgestaltung. Um hier zu einer sachgerechten Entscheidung zu gelangen, ist ein Kriterienkatalog abzuarbeiten, der im Zusammenhang mit der Problematik der zutreffenden Bilanzierung von Genussscheinen vom Institut der Wirtschaftsprüfer (IDW) entwickelt wurde und sich auf andere hybride Finanzierungsformen übertragen lässt. Normalerweise werden Genussscheine als Fremdkapital bilanziert. Aber was heißt schon „normalerweise"? Wenn die Genussscheine im konkreten Fall so ausgestaltet sind, dass sie nachfolgende Kriterien erfüllen, dann müssen sie bilanziell dem Eigenkapital zugerechnet werden:[85]

---

85 Vgl. Institut der Wirtschaftsprüfer (1994), Stellungnahme HFA 1/1994, S. 420.

(1) Erfolgsabhängigkeit der Vergütung
(2) Verlustbeteiligung (bis zur Höhe des eingesetzten Kapitals)
(3) Langfristigkeit der Kapitalüberlassung
(4) Nachrangigkeit

Die gleichen Kriterien lassen sich heranziehen, um zu bestimmen, ob die weiteren Mezzanine-Finanzierungen (z. B. atypisch stille Beteiligungen) in der Bilanz dem Eigen- oder dem Fremdkapital zugeschlagen werden. Alle vier aufgeführten Kriterien müssen kumulativ erfüllt sein, um eine Bilanzierung im Eigenkapital folgen zu lassen. Sobald eines der genannten Kriterien nicht erfüllt ist, hat eine Bilanzierung im Fremdkapital zu erfolgen, dies vorbehaltlich der Überlegung, eigens einen Sonderposten zu bilden, der sich zwischen dem Eigen- und dem Fremdkapital befindet.

5.6 Steuerliche Aspekte

Bei der einstmals am häufigsten praktizierten Form des Crowdinvestings, der atypisch stillen Beteiligung, gilt der Investor grundsätzlich als Mitunternehmer im Sinne des § 15 Einkommensteuergesetz (EStG), da er am Vermögen der Gesellschaft beteiligt ist und über umfangreichere Kontrollrechte verfügt. In diesem Falle handelt es sich beim Gesellschafter (also beim Mikroinvestor) um Einkünfte aus Gewerbebetrieb und ihm werden die Gewinnanteile aus der stillen Beteiligung zugerechnet. Liegt eine typisch stille Beteiligung vor, dann sind die Gewinnanteile steuerlich hingegen den Einkünften aus Kapitalvermögen zuzuordnen. Einkünfte aus Kapitalvermögen und Einkünfte aus Gewerbebetrieb werden unterschiedlich besteuert und weisen voneinander abweichende Freibeträge auf. Die jeweilige Zuordnung einer atypisch stillen und einer typisch stillen Beteiligung im Hinblick auf die steuerlichen Einkunftsarten hat insofern nicht ganz unerhebliche Folgewirkungen. Während Einkünfte aus Kapitalvermögen grundsätzlich einer 25-prozentigen Abgeltungsteuer unterliegen, ist bei den Einkünften aus Gewerbebetrieb der individuelle Einkommensteuertarif des Investors maßgebend, der je nach individueller Situation zwischen 14 und 45 Prozent liegt. Wenn der Mikroinvestor auf seine Einkünfte aus Kapitalvermögen Abgeltungsteuer zu entrichtet hat, jedoch einem Einkommensteuertarif unterhalb von 25 Prozent unterliegt, kann er den geringeren Tarif auf Antrag geltend machen (§ 32d Abs. 6 EStG). Mit anderen Worten: Steuerpflichtige, die einen Einkommensteuertarif haben, der höher ist als 25 Prozent, profitieren davon, wenn es sich um Einkünfte aus Kapitalvermögen handelt, denn ihnen werden nur die geringeren 25 Prozent abgezogen. Lägen hingegen Einkünfte aus Gewerbebetrieb vor, dann müssten diese mit dem höheren Einkommensteuersatz belastet werden. Zu beachten ist noch, dass in beiden Fällen, also bei Einkünften aus Kapitalvermögen und aus Gewerbebetrieb, zusätzlich Solidaritätszuschlag und gegebenenfalls Kirchensteuer erhoben werden.

Zieht der Investor Früchte aus einem Genussrecht, dann liegen wie im Falle einer typisch stillen Beteiligung in der Regel Einkünfte aus Kapitalvermögen vor. Gleiches gilt für partiarische Darlehen. Letztlich bedeutet das für den Investor, dass sein Erfolgsanteil bei typisch stillen Beteiligungen, Genussrechten (je nach Ausgestaltung) und partiarischen Darlehen grundsätzlich einer pauschalen Abgeltungsteuer in Höhe von 25 Prozent sowie eines darauf erhobenen Solidaritätszuschlags in Höhe von 5,5 Prozent zuzüglich gegebenenfalls Kirchensteuer unterliegt. Die Gesamtbelastung beträgt im Falle der Abgeltungsteuer 26,375 Prozent, wenn keine Kirchensteuer zu entrichten ist, rund 27,82 Prozent, wenn der Kirchensteuersatz 8 Prozent beträgt (in Baden-Württemberg und Bayern) und rund 28 Prozent, wenn der Kirchensteuersatz bei 9 Prozent liegt (in den übrigen Bundesländern). Übrigens: Die Crowdinvesting-Plattform wird die Kapitalertragsteuer normalerweise abführen und dann auch eine entsprechende Steuerbescheinigung erstellen, die der Anleger erhält. Einzutragen hat der Investor das in der Anlage KAP zu seiner Einkommensteuererklärung, vorausgesetzt, er überschreitet den Sparerpauschbetrag.

Bei einer atypisch stillen Beteiligung hingegen liegt eine Mitunternehmerschaft seitens des Investors vor und er hat für die entsprechenden Einkünfte Einkommensteuer gemäß seinem persönlichen Steuertarif (Bandbreite: 14 bis 45 Prozent) zuzüglich Solidaritätszuschlag und gegebenenfalls Kirchensteuer zu zahlen. Hier müsste der Investor die Anlage G (Zeile 8–11) zu seiner Einkommensteuererklärung nehmen, um die Erträge dort einzutragen.

Eine GmbH unterliegt der Gewerbesteuer und kann anders als eine Personengesellschaft keinen Gewerbesteuerfreibetrag beanspruchen. Das ändert sich durch das Hinzukommen eines atypisch still Beteiligten. Der GmbH & atypisch Still steht wie einer Personengesellschaft der gewerbesteuerliche

Freibetrag von 24.500 Euro zu. Der atypisch still Beteiligte löst also tatsächlich einen Gewerbesteuervorteil für die GmbH aus und verbessert dadurch die Gewinnsituation für sich! Oberhalb des Freibetrags fällt natürlich dann Gewerbesteuer an. Steuern sind oftmals sehr kompliziert und so hat diese Angelegenheit hier noch nicht ihr Ende. Das Einkommensteuergesetz (EStG) sieht u. a. für den Fall einer atypisch stillen Beteiligung, die oberhalb des Freibetrags Gewerbesteuer auslöst, gemäß § 35 EStG eine Anrechnung auf die Einkommensteuer vor, sodass die aus der Gewerbesteuer zunächst entstandene Belastung auf Ebene des Mikroinvestors wieder schwindet. Für die Anrechnung müsste in der Anlage G irgendwo unter den Punkten 15–20 noch ein Eintrag erfolgen. Wo genau, konnte ich aus den unklaren Angaben im Steuerformular nicht entnehmen. Welch ein Dschungel!

Hier folgt eine Übersicht der steuerlichen Auswirkungen verschiedener für das Crowdinvesting relevanter Gestaltungen auf Ebene des Investors:

Steuer	typisch stille Beteiligung	atypisch stille Beteiligung	Genussrecht	partiarisches Darlehen	GmbH-Anteil oder Aktie
Gewerbesteuer	nein	ja, wenn Freibetrag überschritten*	in der Regel nein (abhängig von Einstufung)	nein	nein
Abgeltungsteuer (25 %)*	ja	nein	in der Regel ja (abhängig von Einstufung)	ja	ja
Einkommensteuer**	wahlweise statt Abgeltungsteuer	ja (ermäßigt um etwa angefallene Gewerbesteuer)	in der Regel nein (abhängig von Einstufung); wahlweise statt Abgeltungsteuer (falls relevant)	wahlweise statt Abgeltungsteuer	wahlweise statt Abgeltungsteuer

*   Die Gewerbesteuer ist hier allerdings in der Gesamtsicht keine Zusatzbelastung, denn bei den anderen Finanzierungsformen trägt die Gesellschaft die gesamte Gewerbesteuer, was den Gewinnanteil der Beteiligten vorab schon mindert. Durch den Freibetrag ergibt sich in der Regel sogar ein Steuervorteil der atypisch stillen Beteiligung gegenüber den anderen Fällen.
** Abgeltung- und Einkommensteuer sind jeweils immer zuzüglich Solidaritätszuschlag und gegebenenfalls zuzüglich Kirchensteuer zu verstehen.

Abb. 20: Steuerliche Aspekte verschiedener Finanzierungsformen im Überblick

Festhalten lässt sich bereits an dieser Stelle, dass die steuerlichen Folgen der jeweiligen Art des Investments zwar nachvollziehbar sind, dies aber eher für Steuerberater als für typische Crowdinvestoren. Um die steuerliche Problematik noch auf die Spitze zu treiben, sei das Augenmerk auf Folgendes gerichtet: Die vertragliche Gestaltung der hybriden Finanzierungsformen ist bekanntermaßen ja durchaus disponibel, wovon im Zuge eines Crowdinvestings reichlich Gebrauch gemacht wird. Das kann durchaus zu steuerlichen Risiken führen. Je nach Ausgestaltung der stillen Beteiligungen oder der Genussrechte können sich für den Investor gegebenenfalls ungewollte steuerliche Einstufungen ergeben. Der Investor wird sich bestimmt über jedweden steuerlichen Hinweis der jeweiligen Plattform freuen, der ihm in seiner Situation nutzbringend ist. Ansonsten helfen nur eigene Recherchen oder der Steuerberater. Der typische Crowdinvestor wird das Thema Steuern bei der Entscheidungsfindung über das Investment vermutlich ignorieren, da der Aufwand für die Nachverfolgung der Thematik zu groß ist. Ihn holt die Sache allerdings spätestens dann ein, wenn er Rückflüsse aus dem Investment erhält und seine Einkommensteuererklärung zu erstellen hat. Ach so: Mir sind übrigens die mit einer 25-prozentigen Abgeltungsteuer belegten Einkünfte aus Kapitalvermögen im Zweifel lieber, in meiner Situation.

6. KAPITEL

RISIKEN EINES CROWDINVESTINGS

6.1 Risikobegriff und Verlust des Kapitaleinsatzes

Umgangssprachlich wird unter Risiko gemeinhin verstanden, dass die spätere Realität von einem zuvor gewünschten oder erwarteten Ergebnis negativ abweichen kann. Für die Risikoeinschätzung sind dabei zwei Faktoren von Relevanz: zum einen die Eintrittswahrscheinlichkeit des negativen Falles und zum anderen sein Ausmaß. Je höher die Wahrscheinlichkeit für eine negative Abweichung ist und je größer der denkbare Schaden, umso höher wird das Risiko eingestuft.

Anders als in der Umgangssprache wird der Risikobegriff in der Wissenschaft nicht selten umfassender definiert, etwa so:

Risiko ist die mögliche Abweichung vom Ziel- beziehungsweise vom Erwartungswert.

Bei einer solchen Beschreibung wird also eine Abweichung in beide Richtungen betrachtet. Es fließt hier demzufolge nicht nur eine negative, sondern auch eine positive Abweichung von der erwarteten Situation mit in den Risikobegriff ein, also sowohl eine Verlustgefahr als auch eine Gewinnchance. Über die Chancen eines Crowdinvestings wurde zuvor schon vieles berichtet. Nachfolgend wird gezielt auf Verlustsituationen und ihre möglichen Ursachen eingegangen, die unter dem Stichwort „Risiken" eines Crowdinvestings zusammengefasst werden. Es wird also im Grunde ein umgangssprachlicher Risikobegriff genutzt, um die nun kommenden Inhalte zu beschreiben. Das Thema Risiko soll dabei aus drei verschiedenen Perspektiven beleuchtet werden: des Investors, des Unternehmers und des Plattformbetreibers.

Bevor das geschieht, betrachten wir den Investor aus Richtung einer weit gefassten Risikoperspektive und stellen uns die Frage, ob der Crowdinvestor eine risikofreudige Person ist, was zunächst anzunehmen wäre. Folgende Situation sei gegeben: Eine Person ist gewillt, 100 Euro zu investieren, und hat die Wahl zwischen zwei Anlagealternativen. Die erste Möglichkeit besteht darin, dass sie mit einer Wahrscheinlichkeit von 100 Prozent nach einem Jahr 110 Euro zurückerhält. Die zweite Möglichkeit ist, dass sie nach einem Jahr mit je 50-prozentiger Wahrscheinlichkeit entweder 220 Euro oder 0 Euro zurückbekommt. Wenn dem Investor beide Alternativen gleich gut erscheinen, dann gilt er als risikoneutral, denn der Erwartungswert liegt in beiden Situationen gleichermaßen bei 110 Euro. Wählt er Variante 1, also das sichere Geld, dann ist er risikoscheu. Entscheidet er sich für Variante 2, dann wird er als risikofreudig bezeichnet, denn er zieht bei gleichem statistischen Ergebnis die Variante mit dem größten Verlustrisiko vor (Rückfluss 0 Euro), die gleichzeitig aber auch die größere Chance in sich birgt (Rückfluss 220 Euro). So gesehen handelt der Investor bei einem Crowdinvesting tendenziell risikofreudig, denn die Streuung der möglichen Ergebnisse ist relativ hoch. Oder ist die Sicht so nicht zutreffend? Es müsste sich eine sichere Geldanlage als Vergleich ergeben, die den gleichen Erwartungswert bei geringerer Spreizung der möglichen Ergebnisse hergibt. Momentan sind die sicheren Anlagen aber derart mies verzinst, dass fast alles besser ist als diese. Nun gut, das ist wohl ein zeitlich begrenztes Problem. Zurück zur Risikoneigung des Investors.

Die soeben getätigte Einstufung ist ein wenig tückisch, denn die Risikoeinstellung des Investors wird auch maßgeblich von der Höhe des eingesetzten Betrags abhängen. Mit anderen Worten: Setzt der Investor wenig Geld ein (z. B. 10 Euro), dann wird er weitaus eher zu risikofreudigem Verhalten neigen, setzt er hingegen viel Geld ein (also z. B. 10.000 Euro), dann wird er wahrscheinlich risikoscheu agieren. Es ist also recht unwahrscheinlich, dass Personen grundsätzlich risikofreudig oder grundsätzlich risikoscheu sind. Die Risikoeinstellung wird situationsbezogen variieren. Aufgrund der oftmals geringen Einstiegsbeträge ermöglicht ein Crowdinvesting vermutlich, die Risikofreudigkeit von Personen zu begünstigen, und genau das wird für Start-ups gebraucht! Nicht konservative Banken sind hier gefragt, sondern risikofreudige Geldgeber.

Ab dem Jahr 2014 wird sich nach und nach zeigen, ob sich die Geschäftsrisiken der bislang über ein Crowdinvesting gefundeten Unternehmen eher in positiver oder eher in negativer Weise realisiert haben werden, denn inzwischen sind weit über 100 Projekte im Umlauf. Ende 2014 werden zudem erste Projekte ihre Mindestlaufzeit erreichen und die zugehörigen Investoren können dann aussteigen. Natürlich wird auch zwischenzeitlich für die Anleger bereits sichtbar, wie sich ihr Investment entwickelt, denn sie werden schließlich über ihr Start-up auf dem Laufenden gehalten, oftmals anhand von Quartalszahlen. Wir hatten festgestellt, dass der Ausstiegszeitpunkt für den Erfolg des Investors allerdings die zentrale Zielmarke ist. Dort wird abgerechnet und letztlich transparent, ob die Angelegenheit ein Erfolg war oder nicht. Misserfolge können sich darin äußern, dass ein Teil- oder Totalverlust des eingesetzten Geldes eintritt. Manch ein Kapitalgeber wird jedoch auch schon die Situation als nicht erfolgreich bezeichnen, wenn er nur sein Geld zurückerhält und sein eingesetztes Kapital „lediglich" unverzinst blieb.

Wir befassen uns nunmehr aber vornehmlich mit der möglichen extremen Schattenseite des Investments, nämlich einem Gesamtverlust des hingegebenen Kapitals. Dieses Szenario wird betrachtet, wenngleich viele der Investoren gegebenenfalls denken mögen: „Was soll's, ich sehe das wie einen Lottoeinsatz und ich akzeptiere einen Totalverlust des Einsatzes klaglos."

Vorausgeschickt sei, dass der Mikroinvestor je nach Vertragsgestaltung auch mehr verlieren könnte als seinen Kapitaleinsatz. Denkbar wäre eine Vereinbarung des Geldgebers mit dem von ihm mitfinanzierten Start-up-Unternehmen, die eine Verlustbeteiligung festschreibt, welche über das eingesetzte Kapital hinausgeht, also etwa eine Nachschusspflicht im Falle von Verlusten. Eine derartige Vereinbarung konnte ich jedoch bislang bei den von mir analysierten Plattformen nicht finden. Möglich ist so etwas dennoch und der Investor sollte dringend darauf achten, die Vertragsdokumente auf eine etwaige Nachschusspflicht hin durchzusehen oder den Angaben dazu auf der Webseite zu vertrauen. Wir gehen nunmehr vom zu erwartenden Normalfall aus, nämlich dass der Verlust auf das eingesetzte Kapital begrenzt bleibt.

Das Risiko für die Geldgeber, die sich im Zuge eines Crowdinvestings engagieren, ließe sich aus zwei Gründen als relativ hoch einstufen. Zum einen sind junge Unternehmen ohnehin risikobehaftet und haben (naturgemäß) eine statistisch höhere Ausfallquote als bereits am Markt befindliche etablierte Unternehmen. Zum anderen mag die Anonymität des Internets vielleicht

manch eine Person eher dazu einladen, unseriöse (Projekt-)Angebote zu unter-
breiten, als wenn es sich um eine Face-to-Face-Kommunikation und/oder
um ein rechtlich stärker strukturiertes und kontrolliertes Verfahren handelt.
Zu vermuten ist allerdings, dass die Misserfolge im Regelfall eher aus einem
(ungewollten) geschäftlichen Versagen stammen und weitaus seltener aus
krimineller Energie. Hier fragt sich, ob strengere gesetzliche Maßregelungen
her müssen, um die Seriosität zu erhöhen. Dazu ist zu sagen, dass gesetzliche
Auflagen auch zu einer Gängelung der ganz großen Mehrheit der seriösen
Wirtschaftsteilnehmer führen werden. Die Erfüllung von Auflagen oder etwa
auch den Plattformbetreibern auferlegte Kontrollen erhöhen die Kosten der
jeweiligen Finanzierungsform und können deshalb ein Crowdinvesting sogar
unwirtschaftlich werden lassen. Meines Erachtens sollte es im Wesentlichen
schon ausreichen, dass der mögliche Investitionsbetrag gering und somit das
Risiko für den Geldgeber vom Ausmaß her begrenzt bleiben kann. Natürlich
muss auch auf die Risiken hingewiesen werden, keine Frage.

Eine empirische Untersuchung von Heckmann[86] kommt zu dem Ergebnis,
dass nur jedes vierte neu gegründete Unternehmen überlebt, wobei er sich auf
einen Zeitraum von 1997 bis 2006 bezieht. Nicht klar ist allerdings, ob z. B.
folgender Fall angemessen in der Statistik über Betriebsschließungen erfasst ist:
Ein Unternehmen wird zunächst als Gesellschaft bürgerlichen Rechts (GbR)
gegründet und die Gründer beschließen, daraus eine GmbH werden zu lassen.
Da die Umwandlung einer GbR in eine GmbH nicht möglich ist, bleibt nur die
Übertragung des Betriebs aus der GbR in die GmbH, wobei anschließend in
der Regel eine Auflösung der GbR erfolgt. Aus Sicht der Statistik wird an dieser
Stelle dann vermutlich ein Unternehmen als geschlossen gelten (die GbR),
obgleich dies wirtschaftlich gesehen nicht der Fall ist, denn das ehemalige
Geschäft der GbR lebt an anderer Stelle, nämlich in der GmbH, weiter. Ein
Versagen liegt nicht vor. Wie viele solcher beziehungsweise vergleichbarer Fälle
unbereinigt in der Statistik stehen, bleibt offen. Es kann außerdem durchaus
sein, dass ein Gründer eine andere, bessere, Beschäftigung gefunden hat und
deshalb seinen Betrieb wieder schließt. Aus der empirischen Untersuchung von
Heckmann lässt sich letztlich nicht ersehen, wie viele planmäßige Schließungen
in der Statistik enthalten sind und das Ergebnis drastischer erscheinen lassen,
als es tatsächlich ist.

---

86 Vgl. Heckmann, M. (2009), S. 179.

Es gibt weitere stichhaltige Argumente, die dafür sprechen, dass die statistisch ermittelte Schließungsquote in Höhe von rund 75 Prozent zu hoch gegriffen ist, dies nun auch speziell bezogen auf ein Crowdinvesting: Bei einem Crowdinvesting ist aufgrund der vertraglichen Verpflichtungen gegenüber den Mikroinvestoren mit freiwilligen Schließungen eher nicht zu rechnen. Und: Heckmann fand auch heraus, dass die Überlebenswahrscheinlichkeit derjenigen Start-ups größer ist, die ein höheres Startkapital aufweisen.[87] Bei den anhand eines Crowdinvestings finanzierten Start-ups ist durchaus davon auszugehen, dass sie im Durchschnitt besser „durchfinanziert" sind als andere Start-ups. Das würde für eine bessere Überlebenschance der crowdfinanzierten Unternehmen im Vergleich zu den übrigen Start-ups sprechen. Weiter: Die aus einem Crowdinvesting stammenden Start-ups haben schon einen Selektionsmechanismus durchlaufen, und auch das spricht für eine tendenziell erhöhte Überlebensquote dieser jungen Unternehmen. Die meisten Crowdinvesting-Plattformen sind sehr genau bei der Auswahl der auf ihre Plattform zu setzenden Start-ups und sorgen nicht nur dafür, dass der gröbste Unfug fern bleibt, sondern sind darüber hinaus sehr bemüht, nur die besten Projekte anzunehmen. Dann: Das Erreichen der Funding-Schwelle ist ein Indiz dafür, dass eine ganze Reihe von Investoren das Geschäftsmodell des Start-up-Unternehmens für tragfähig hält, sonst wären sie nicht bereit, Geld beizusteuern. Zudem kann das neue crowdfinanzierte Unternehmen damit rechnen, zahlreiche Unterstützer für das eigene Projekt zu haben, denn die Mikroinvestoren werden sicherlich versuchen, ihr Unternehmen nach ihren Möglichkeiten zu fördern. Das sind Voraussetzungen, die nicht jedes „normale" Start-up-Unternehmen hat.

Fragt sich nun aber auch, warum die Ausfallquote im Bereich des – ganz ähnlich wie das Crowdinvesting gestrickten – Venture-Capitals (VC) vergleichsweise hoch liegt. Die Erklärung ist einfach: Die VC-Geber gehen im Durchschnitt höhere Risiken ein, denn sie sind nicht so stark auf ihren guten Ruf angewiesen wie Crowdinvesting-Plattformen, die ständig im Blickpunkt der Crowd stehen und deren Erfolg untrennbar mit einer geringen Verlustquote verbunden erscheint. Gespräche mit Verantwortlichen von Crowdinvesting-Plattformen ergaben, dass dort die Besorgnis äußerst groß ist, scheiternde Projekte zu haben. VC-Geber können sich eher einen oder mehrere Patzer erlauben, wenn nur der eine oder andere große Durchbruch an anderer Stelle

---

87 Vgl. Heckmann, M. (2009), S. 129.

gelingt. Beim Crowdinvesting steht jedes Einzelinvestment viel stärker für sich und muss für sich allein erfolgreich sein, ohne sich auf eine bei VCs übliche „Mischkalkulation" berufen zu können. Das prägt das Handeln. Dieser Unterschied war mir vor einem Jahr noch nicht bewusst und ergab sich tatsächlich erst aus Gesprächen mit Plattformen.

Summa summarum: Ich gehe davon aus, dass die mittels eines Crowdinvestings finanzierten Unternehmen eine signifikant geringere Ausfallquote aufweisen werden als der Durchschnitt der sonstigen neu gegründeten Unternehmen. Um eine halbwegs realistische Vorstellung von den Risiken eines Crowdinvestings zu erhalten: Trotz aller positiven Argumente muss meines Erachtens damit gerechnet werden, dass vermutlich nicht allzu viel mehr als drei Viertel der crowdfinanzierten Unternehmen langfristig überleben werden. Vor einem Jahr war ich da noch pessimistischer, hatte allerdings zu diesem Zeitpunkt auch noch nicht so viele Argumente auf dem Schirm wie heute.

Weiter: Den Crowdinvestor interessiert nicht unbedingt die Gesamtlebensdauer „seines" Start-ups, sondern nur sein Beteiligungszeitraum. Ein Verenden des Unternehmens nach seinem Ausstieg kratzt ihn wenig. Die Versagensquote wird in den fünf bis acht Jahren, die oft der Mindest-Beteiligungszeitraum sind, natürlich noch geringer sein als die von mir prognostizierten maximal 25 Prozent, die sich eben auf einen längeren Zeitraum beziehen. Nach einem kurzen Blick in die Glaskugel: Die Unternehmens-Sterblichkeit beim Crowd—investing wird innerhalb des Mindestzeitraums für die Beteiligung womöglich in einer Größenordnung von 15 Prozent bis allerhöchstens 20 Prozent liegen. Wie gesagt: Brauchbare Statistiken kann es dazu noch nicht geben, denn das Thema ist noch zu jung und die Übertragung von Werten aus (vordergründig) vergleichbar erscheinenden Fällen droht zu stark zu hinken.

Fakt ist: Da das Crowdinvesting neu ist und die ersten Mindestlaufzeiten für die Beteiligungen der Kapitalgeber beginnend mit dem Schluss des Jahres 2014 nach und nach enden, kann zum jetzigen Zeitpunkt noch keine seriöse Aussage über die Ausfallwahrscheinlichkeit getätigt werden. Erst ab dem Jahr 2019 wird genug brauchbares statistisches Material vorhanden sein, um erste wirklich valide Aussagen treffen zu können. Es bleibt mit Spannung abzuwarten, wie viele über ein Crowdinvesting finanzierte Unternehmen am (geplanten) Ausstiegszeitpunkt der Mikroinvestoren noch existieren und welche wiederum zu einem Totalverlust des eingesetzten Kapitals geführt haben werden.

6.2 Meinungen zum Thema Risiko bei Crowdinvesting

Zum Thema Risiko sei Folgendes vorausgeschickt: Die Überraschung ist – so vermute ich – für nahezu alle am Crowdinvesting Beteiligten und Interessierten groß, denn bis Ende des Jahres 2013 gab es nur ein einziges über ein Crowdinvesting finanziertes Unternehmen, das sein Geschäft einstellen musste (BluePatent). Bei rund 125 über ein Crowdinvesting gefundeten Start-ups (und etablierten Unternehmen) lag die Versagensquote bis Ende 2013 also unterhalb von einem Prozent. Stopp. Einen Vorfall habe ich dabei ausgelassen. Die Plattform *Gründerplus* strengte ein Crowdinvesting für sich selbst an, war damit erfolgreich, hat jedoch ihre gefundete Aktivität inzwischen eingestellt. Zwar gibt es diese Plattform weiterhin, jedoch mit anderen Aufgabenstellungen. Ob die Mikroinvestoren hier Verluste erlitten haben oder ausgezahlt wurden, ist mir leider nicht bekannt. Wie dem auch sei: Die Verlustquote ist bis dahin sensationell gering. Im ersten Quartal 2014 wurden allerdings fünf weitere Insolvenzen crowdfinanzierter Unternehmen bekannt: *Amsaa* (über die Plattform *Deutsche Mikroinvest*), *sporTrade* und *Zapitano* (jeweils über die Plattform *Companisto*), *betandsleep* und *foodiesquare* (jeweils *Seedmatch*). Damit liegt die Ausfallquote nunmehr bei rund 4,3 Prozent der bisher finanzierten knapp 140 Projekte (Ende Q1 2014). Zapitano hat allerdings noch nicht aufgegeben und hofft, aus der Insolvenz heraus die Kurve zu kriegen. Die bislang geringe Ausfallquote wird sich so nicht halten lassen, das ist klar, jedoch gibt es gute Erklärungen dafür, dass sich die vermeintlich hohen Risiken nicht realisiert haben. Erstens: Die Risiken sind voraussichtlich tatsächlich nicht so hoch wie von vielen befürchtet. Zweitens: Es ist noch zu früh für eine valide Einschätzung, denn viele der Start-ups gibt es noch nicht allzu lange und sie hatten insofern noch nicht genug Zeit, um endgültig zu versagen. Das eine oder andere Start-up wird vermutlich die Gewinnzone nicht (rechtzeitig) erreichen und irgendwann aufgeben müssen, wenn das Startgeld aufgebraucht ist und eine weitere Finanzierung ausbleibt.

Verfolgt man die bisherigen Diskussionen zu den erwarteten Ausfallrisiken beim Crowdinvesting, dann findet sich – vielleicht auch etwas Deutschland-typisch – eine Reihe warnender Stimmen. Manchmal ist von Ausfallquoten von um die 50 Prozent die Rede.[88] Das hielt ich von Beginn an für völlig

---

88 So im Ergebnis auch: www.zeit.de/2013/17/geldanlage-crowdinvesting-start-up-unternehmen/seite-3 (Zugriff 1.1.2014), wobei sich der Autor auf eine britische Studie bezieht.

schwarzmalerisch. Zum Zeitpunkt des Schreibens der 1. Auflage dieses Buches war ich bezogen auf die Risikoaspekte des Crowdinvestings also keineswegs beunruhigt, allerdings dennoch ein wenig reservierter als jetzt, nachdem seither mehr als ein Jahr vergangen ist. Inzwischen konnte ich zusätzliches Wissen erlangen, neue Erfahrungen sammeln und einige wertvolle Hintergrund- und Insiderinformation erheischen. Dies alles hat zu einer spezifiziert auf das Thema Crowdinvesting zugeschnittenen Einschätzung geführt, die im Vergleich zu anderen Prognosen im ersten Moment optimistisch erscheinen mag, aber mit validen Argumenten unterlegt ist.

Die bisherigen Einschätzungen von Skeptikern über die Ausfallquoten der über ein Crowdinvesting finanzierten Unternehmen liegen extrem weit neben der bis zum heutigen Tage geltenden Realität und auch weit neben dem, was fürderhin zu erwarten ist. Zwar sind die meisten Start-ups, die über ein Crowdinvesting finanziert wurden, noch sehr jung und hatten somit noch keine ausreichende Gelegenheit, vollends zu versagen. Dennoch gibt die bisherige Versagensquote, die unterhalb von 5 Prozent liegt, im positiven Sinne zu denken. Warum irren die Skeptiker bislang? Wird sich das Blatt zum Negativen wenden und werden die Unheilspropheten letztlich doch recht behalten? Vorab: Besonders kritische Stimmen kommen natürlich immer auch aus Lagern, die das Crowdinvesting als Konkurrenz sehen oder die sich von einer negativen Stimmungslage persönliche Vorteile versprechen. Das ist überall so. Daher ist es wichtig, alle Argumente zu kennen, sie zu überprüfen, anschließend abzuwägen und sich ein vernünftiges Gesamtbild zu machen.

Hier einige Splitter: Meschowski/Wilhelmi sehen in ihrem ansonsten guten Beitrag hohe Ausfallquoten im Crowdinvesting vorher. Sie gehen davon aus, dass 52 Prozent der Investitionen negative Renditen aufweisen.[89] Dabei beziehen sie sich auf statistisches Material aus den USA aus dem Bereich der Angel-Investoren, also der Business Angels. Die Übertragbarkeit der Ergebnisse ist aus zwei Blickwinkeln infrage zu stellen. Erstens: Hier werden Crowdinvestings mit Angel Investments gleichgesetzt. Zweitens: Die Rahmenbedingungen für Start-up-Unternehmen in den USA und in Deutschland weichen voneinander ab, sodass Statistiken aus den USA keine gute Prognosekraft für deutsche Verhältnisse aufweisen. Zwar nennen Meschowski/Wilhelmi die richtigen Ansatzpunkte für Risiken, die mit dem Crowdinvesting

---

89 Meschowski, A./ Wilhelmi, F.K. (2013), S. 1412.

zusammenhängen, schätzen allerdings die Ausprägung meines Erachtens übermäßig negativ ein. Klöhn/Hornuf sehen dies teils ähnlich pessimistisch.[90] Vielleicht ist es ein Spezifikum vieler Juristen, Risiken besonders stark in den Vordergrund zu rücken. Trotz der nicht allzu gelungenen Argumentation in Bezug auf die Risikoaspekte handelt es sich sowohl bei Meschowski/Wilhelmi als auch bei Klöhn/Hornuf um Beiträge, die wertvolle Erkenntnisse zum Thema Crowdinvesting beisteuern und zum Nachdenken anregen. Wem gelingt es schon, durchgängig gut zu argumentieren?

Aus anderen Quellen kommen gelegentlich ebenfalls negative Stimmen, welche die Risiken besonders betonen. Herausgegriffen sei ein besonders unglückliches Beispiel: Daniel Bauer von der Schutzgemeinschaft der Kleinaktionäre äußerte gegenüber dem *Handelsblatt*: „Die Investmentform gleicht mehr einem Kasino, da neun von zehn Start-ups scheitern"[91], wobei hier das Crowdinvesting gemeint ist. So reden Interessenvertreter, denen es nur um Effekte geht, nicht aber um eine realistische Einschätzung.

Die Einseitigkeit mag manchmal interessengesteuert sein, hat aber nicht selten auch kognitive Ursachen. Für manche ist es schwierig oder sogar unmöglich, die eigenen Erfahrungen und das eigene Wissen auf ganz neue Situationen zu übertragen. Das wird bei der noch sehr jungen Finanzierungsform des Crowdinvestings hin und wieder sehr deutlich. Der Verweis auf blanke Statistiken, welche die Ausfallquote herkömmlicher Start-up-Unternehmen zeigen, ist aus mehreren Gründen unangebracht. Dazu folgt gleich im Detail noch mehr. Zunächst aber zu den Ecken, aus denen die Risiken kommen.

6.3   Unseriöse Akteure

6.3.1 Plattformen

Eine Risikoquelle könnten die Mittler, d. h. die Crowdinvesting-Plattformen, sein. Ganz vereinfacht gesagt ließe sich denken: Diese könnten das Geld von den Mikroinvestoren einsammeln und damit verschwinden. Freilich ginge das nicht allzu lange gut, denn (fast) nirgendwo spricht sich etwas Negatives

---

90   Vgl. Klöhn, L./Hornuf, L. (2012), S. 255 f. u. S. 258.
91   www.handelsblatt.com/finanzen/boerse-maerkte/anlagestrategie/crowdinvesting-weitere-insolvenzen-koennten-folgen/8733338-2.html (Zugriff 1.1.2014).

schneller herum als im Internet. Theoretisch (und natürlich auch praktisch) könnte jemand eine Webseite programmieren (oder programmieren lassen), darüber ein Crowdinvesting anbieten und mit den eingesammelten Beträgen das Weite suchen. Der Aufwand, eine frequentierte Webseite aufzubauen, ist in aller Regel jedoch viel zu groß. Im Hinblick auf ein Crowdinvesting wäre die Anfangsinvestition meines Erachtens derart umfangreich, dass sich so etwas wohl nicht lohnen würde. Es reicht schließlich nicht aus, Besucher auf der Webseite zu haben, es müssen auch Verträge mit und Zahlungen von den Nutzern zustande kommen. Ob es genug Leichtfertige gibt, die auf eine gefakte Webseite hereinfallen, ist zu bezweifeln. Wenn einfache Produkte oder Leistungen verkauft werden, kann ein Betrüger wesentlich leichtfüßiger agieren als bei einem Thema wie dem Crowdinvesting, das einer aufwendigen Beschreibung bedarf. Dennoch: Völlig auszuschließen ist nichts. Interessanterweise konnte ich den ansonsten manches Mal arg bedenkenträgerischen juristischen Beiträgen zum Crowdinvesting nichts zum Thema Betrug durch Crowdinvesting-Plattformen entnehmen.[92] Dort geht es eher um vertragliche Ansprüche, die ein Investor gegenüber einer Plattform haben kann, beispielsweise Auskunfts-, Aufklärungs- und Rücksichtnahmepflichten. Von einem denkbaren Betrug durch die Plattformen im Sinne des Einkassierens von Geld und des Verschwindens mit ebendiesem ist nicht die Rede. Nun gut, vielleicht ist ein solcher Fall auch extrem weit hergeholt, dennoch aber nicht komplett unmöglich.

Was ist zu tun? Man könnte auf Plattformen setzen, die schon ein wenig Historie vorzuweisen haben, also z. B. schon zwei Jahre oder mehr, erfolgreich und ohne (massive) Kritik am Markt agieren. Für die Zukunft wäre es auch denkbar, eine Zertifizierung von Crowdinvesting-Plattformen vorzunehmen, meinetwegen auf freiwilliger Basis. So etwas gibt es auch in anderen Bereichen der Wirtschaft. Nun ja, ich konnte mich inzwischen schon an einige Plattformen gewöhnen, zumal ich einzelne der dort handelnden Personen kennen und schätzen gelernt habe. Von den wichtigsten Crowdinvesting-Plattformen turnen ständig Geschäftsführer und Mitarbeiter auf Veranstaltungen zum Crowdinvesting und -funding herum. Diese sind in der Szene bekannt und könnten sich nach einem Betrug nirgends mehr sehen lassen. Aufgrund des

---

92 Vgl. Meschkowski, A./Wilhelmi, F.K. (2013); S. 1411 ff. sowie Klöhn, L./Hornuf, L. (2012); S. 237 ff.

relativ starken Personenbezugs eignet sich dieses Geschäft nicht allzu sehr für Betrügereien vonseiten der Plattformen. Nun, aber woher soll jeder Investor wissen, ob die Personen der Plattformen existieren, bekannt sind und was auch immer für eine Vertrautheit hilfreich ist?

Was eher ein gewisses Problem bei Crowdinvesting-Plattformen sein könnte, wenn man schon mühsam nach dem Schlechten sucht, wäre gegebenenfalls die eine oder andere kleine oder mittlere Schummelei im Rahmen des Vermittlungsgeschäfts. Das kennt man etwa auch von Banken schon. Was fällt mir dazu bezogen auf Crowdinvesting-Plattformen (theoretisch) ein? Verdeckte Gebühren, zugesagte und dann nicht durchgeführte Überprüfungen, die Nichteinhaltung von Sicherheits- und/ oder Datenschutzbelangen und solche Sachen. Warum sollte eine Plattform so vorgehen? Bei den Gebühren möchte man den Anlegern eventuell vorgaukeln, dass alles gebührenfrei bleibt, um diese anzulocken. Hinterher wird dem Investor dann mit Verweis auf das Kleingedruckte eine Rechnung geschrieben oder von den späteren Rückflüssen etwas abgezwackt. Die Bank lässt grüßen. Und: Nichts oder wenig zu tun reduziert Kosten für die Plattformen. Anleger und Kapitalnehmer sollten sich also die vertraglichen Bedingungen ansehen und sich nach Möglichkeit sogar die Zeit nehmen, sie genauer zu lesen, um die Aufgaben der Plattformen zu sehen und die eigenen Rechte im Blick zu haben. Beim zweiten Investment kennt man dann die Details und muss sich diese nicht erneut durchlesen, wenn man als Anleger bei einer Plattform ist. Im Ernst: Bei meinen ersten Crowdinvestings verließ ich mich weitgehend auf die Angaben auf der Webseite, in der Hoffnung, dass sich diese in den Vertragswerken beziehungsweise in den Allgemeinen Geschäftsbedingungen (AGB) 1:1 widerspiegeln. Nur vereinzelt habe ich im Detail nachgelesen. Die weitaus meisten Details ging ich tatsächlich erst im Zusammenhang mit dem Schreiben dieses Buches durch und selbst dabei gelang es mir nicht, die Verträge und AGB aller Plattformen von vorne bis hinten durchzuackern.

6.3.2 Kapitalnehmer

Auch den Gründern beziehungsweise Unternehmern könnte man unterstellen, dass sie sich das über die Plattform eingeworbene Geld einfach unter den Nagel reißen und damit verschwinden. Tja, aber die Welt ist auch für sie klein. So leicht kommt ein Gründer nicht weg, zumal er schon bekannt ist und von Mitarbeitern der Plattform gesehen wurde. Grundsätzlich wäre so etwas jedoch denkbar, und: Alles, was schiefgehen kann, geht schief, irgendwann mal. Das ist im gesamten Wirtschaftsleben so. Nun fragt sich, ob das Crowdinvesting eine negative Ausnahme ist oder sein kann. Auch jemand, der einen Bankkredit aufgenommen hat, kann sich mit dem Geld aus dem Staub machen, hat die Bank allerdings hinterher an der Hacke.

Nein, im Hinblick auf das Crowdinvesting gibt es keine Anzeichen oder Argumente, die im Guten oder im Bösen eine Ausnahme erwarten lassen. Bisher klappt alles sehr gut und es wurde nicht bekannt, dass ein oder mehrere Kapitalnehmer beim Crowdinvesting ein betrügerisches Handeln an den Tag gelegt hätten. Woran liegt das? Das Auswahlprozedere der Crowdinvesting-Plattformen funktioniert bislang gut. Es werden Dokumente ausgetauscht und es finden persönliche Gespräche zwischen Kapitalnehmern und Plattformen statt. Der Auswahlprozess ist sicherlich intensiver als bei der Aufnahme eines Bankkredits, zumeist sogar wesentlich intensiver. Das reduziert Unsicherheiten und erschwert betrügerisches Handeln enorm. Für Betrügereien sind Distanz und Anonymität wichtig. Das Crowdinvesting ist hingegen eher durch Nähe gekennzeichnet. Der Informationsaustausch zwischen Plattform und Gründer ist umfangreich und es wäre sehr schwierig und äußerst zeitaufwendig für einen Betrüger, hier ein Fantasiegebilde aufzubauen, das als Realität verkauft werden kann. Die Plattformen verlangen in der Regel einen Nachweis darüber (z. B. per Handelsregisterauszug), dass das zu finanzierende Unternehmen formal schon existiert, eine Webseite und gegebenenfalls schon einen Jahresabschluss erstellt hat usw.

Das gibt natürlich im Einzelnen noch keine letzte Sicherheit, reduziert aber die Risiken. Man muss schließlich bedenken, dass die Geschäftsidee auch richtig gut und durchdacht sein muss. Wenn ein Betrüger so etwas könnte, bräuchte er nicht zu betrügen. Es wird einem Betrüger zumeist überhaupt nicht gelingen, sich so weit in ein Thema einzuarbeiten. Wenn ihm das gelänge, würde es für ihn durchaus Sinn machen, das Start-up-Projekt durchzuziehen und zum erfolgreichen Unternehmer zu werden. Beim Crowdinvesting funktioniert es einfach nicht, kurz mal eben eine Story zu stricken, damit leichtgläubige Personen zu überzeugen, Geld zu kassieren und weg. Dazu sind die Plattformen, welche die Projekte auswählen, einfach nicht naiv genug. Dennoch: Im weniger austauschintensiven Crowdfunding (im engeren Sinne) wurde schon über Negativfälle berichtet. Ja, dort ist die Sache einfacher, da sich der Informations- und Dokumentenaustausch allein schon aufgrund der zumeist vergleichbar kleinen Projekte beim Crowdfunding viel stärker in Grenzen hält als beim Crowdinvesting.

Konkret gab es offensichtlich einen Betrugsversuch, der die weltweit größte Crowdfunding-Plattform *Kickstarter* betraf. Zitat:[93]

> *„So wurde bei rockpapershotgun.com nun ein größerer Betrugsversuch aufgedeckt. Das ‚Projekt' hörte auf den Namen Mythic: The Story of Gods and Men, das ist aber auch schon so ziemlich das einzige, was sich die ‚Verantwortlichen' selbst ausgedacht haben. Neben diversen Fotos der Büroräume der Burton Design Group, die mit der ganzen Sache nichts zu tun hat, wurden auch Fotos von Händlern für Schwerter-Repliken missbraucht. Die gesamte Beschreibung des vermeintlichen Projekts wurde gar 1:1 von The Banner Saga, ebenfalls ein Kickstarter-Projekt, übernommen.*
>
> *Die Initiatoren gaben sich als ehemalige Microsoft-, Activision- und Blizzardmitarbeiter aus, beim Spiel sollte es sich um ein ‚Action-Strategie-Rollenspiel' mit Open-World-Setting handeln. Dafür wollten die Verantwortlichen 80.000 Dollar haben. Das allein klingt schon sehr suspekt.*
>
> *Glücklicherweise konnte der Betrugsversuch rechtzeitig entdeckt werden, sodass nur knapp 5.000 Dollar von insgesamt 83 Unterstützern zusammenkamen. Selbst davon werden die Verantwortlichen allerdings nicht einen Cent zu Gesicht bekommen. "*

Beim Crowdfunding wird gelegentlich das Problem gesehen, dass Initiatoren von Projekten zwar Geld entgegennehmen, jedoch gar nicht ernstlich bemüht sind, die versprochenen Ergebnisse zu liefern. Irgendwann erklären sie dann später, dass ihre Bemühungen nicht gefruchtet hätten und das Geld nun verbraucht sei. Dazu dies:[94]

---

93 Zitiert aus: www.gamestar.de/news/branche/2567349/crowd_funding.html (Zugriff 1.1.2014).
94 Zitiert aus: www.tech.de/ratgeber/crowdfunding-projekte-so-schuetzt-ihr-euch-vor-betruegern-1002041.html (Zugriff 1.1.2014).

„Ein Projekt, bei dem von gezieltem Missbrauch gesprochen werden kann, ist Code Hero von Primer Labs. Das Spiel sollte ein Spiel über die Entwicklung von Spielen werden und erreichte auf Kickstarter 170.000 US-Dollar – und damit weit mehr als die ursprünglich angepeilten 100.000 US-Dollar. Am Ende standen die Spender jedoch ohne Produkt da. Code Hero kam bis heute nicht auf den Markt und Alex Peake, der Chef von Primer Labs, tauchte zunächst unter. Einige Wochen später äußerte er sich zu dem Projekt und erklärte, dass die Kosten für das Spiel massiv unterschätzt wurden und es einfach nicht finanzierbar wäre. Das Geld sei allerdings weg.

Wiederum etwas später kündigte Peake an, ein Code Hero MMO (Multi-Mass-Online-Game), ebenfalls über Crowdfunding, realisieren zu wollen. Zwischendurch gab es eine Alpha-Version des Spiels, aber auch sie ist wieder aus dem Internet verschwunden. Peake vertröstet seine Spender bis heute immer wieder und entschuldigt sich für die mangelnde Kommunikation. Mittlerweile kann man aber davon ausgehen, dass hier die Spender eindeutig und absichtlich betrogen wurden. "

Dass so etwas beim Crowdinvesting passiert, ist eher unwahrscheinlich, denn die Businesspläne der Projektinitiatoren werden beim Crowdinvesting von den Plattformen in der Regel eingehend überprüft, und dies von Sachkundigen. Unstimmigkeiten sollten dabei gemeinhin auffallen. Wenn etwas nicht passt, dann muss nachgearbeitet werden oder das Projekt geht nicht „auf Sendung". Klar, irgendwann wird dabei auch mal etwas schiefgehen, denn nicht alles lässt sich vorab sehen. Dennoch: Die Anfälligkeit gegenüber betrügerischen Aktionen hält sich meines Erachtens im Crowdinvesting deutlich in Grenzen, zumindest wenn die Crowdinvesting-Plattformen weiterhin sorgfältig prüfen und filtern. Beim Crowdfunding sind viele Projekte hingegen so klein, dass ein eingehender Prüfprozess unwirtschaftlich und damit faktisch nicht realisierbar ist. Ich sehe hier also sehr deutliche Unterschiede zwischen einem Crowdfunding im engeren Sinne und einem Crowdinvesting. Genau deshalb macht es auch wenig Sinn, beide Themen in einen Topf zu werfen. Die Problemlagen sind andere, und auch die Chancen.

Auch kann es passieren, dass im Rahmen eines Crowdfundings materielle Gegenleistungen fest zugesagt wurden, jedoch in minderwertiger Form beim Geldgeber eintreffen. Eine solche Problemlage lässt sich allerdings wiederum nicht auf das Crowdinvesting übertragen. Die durch Projektinitiatoren (also beim Crowdinvesting durch die Unternehmer) ausgelösten Betrugsrisiken sind beim Crowdfunding ungleich ausgeprägter als beim Crowdinvesting. Und weiter: Man sollte die sehr geringe Zahl von bekannt gewordenen Betrugsfällen im Crowdfunding zu der sehr hohen Gesamtzahl an Crowdfunding-Projekten in Relation stellen. Zwischenfazit: Ich bin diesbezüglich nicht ernsthaft besorgt.

Für virulenter als das Betrugsthema halte ich zwei Risiko-Dinge: 1. Die schleichende Aushöhlung, die sich im Grenzbereich der Legalität bewegt beziehungsweise bewegen kann. Das wird jetzt sofort aufgegriffen. 2. Das Problem der Erfolglosigkeit. Das wird gleich in Punkt 6.4 behandelt.

Bei der schleichenden Aushöhlung spreche ich nicht davon, dass der Kapitalnehmer mit dem Geld verschwindet. Er geht womöglich sehr viel subtiler vor. Nunmehr wird die Situation beschrieben, dass der Mikroinvestor von den Unternehmern gegebenenfalls in irgendeiner Weise übervorteilt wird. Dazu sei Folgendes angemerkt: Der Erfolg, an dem der Investor beteiligt wird, ist bei Weitem nicht immer objektiv feststellbar. Es gibt also womöglich Zweifel an der Höhe des vom Start-up-Unternehmen gezeigten Gewinns und/oder am Ausmaß der ermittelten Wertsteigerung. Selbst wenn die relevante Erfolgsgröße scheinbar eindeutig definiert ist, verbleiben Einflussmöglichkeiten der Gründer auf das ausgewiesene Ergebnis. Mittels legaler bilanzpolitischer Maßnahmen lässt sich der Gewinn (genau genommen der Jahresüberschuss) eines Unternehmens durchaus steuern. Eine entsprechende Bilanzpolitik kann über drei grundsätzliche Wege erfolgen:

1. **Ausnutzung gesetzlich zulässiger Wahlrechte**
2. **Nutzung von Ermessensspielräumen**
3. **Sachverhaltsgestaltungen**

Zu Punkt 1: Das der Bilanzierung in Deutschland zugrunde liegende Handelsgesetzbuch (HGB) überlässt dem Bilanzierenden Wahlrechte, die es ihm in gewissem Rahmen ermöglichen, Gewinne im Zeitverlauf zu verschieben. Allzu viele Wahlrechte gibt das HGB allerdings inzwischen nicht mehr her. Neu hinzugekommen ist gemäß § 248 Abs. 2 HGB jedoch das Wahlrecht, selbst geschaffene immaterielle Vermögensgegenstände des Anlagevermögens zu aktivieren, jedoch mit Ausnahme von Marken, Drucktiteln, Verlagsrechten, Kundenlisten und Ähnlichem. Je nach Art des Geschäfts kann dies durchaus

ein Wahlrecht mit nicht ganz unbeträchtlichen Auswirkungen auf den Ausweis der Jahresergebnisse sein. Ein weiteres Wahlrecht eröffnet § 250 Abs 3
HGB, in dem zugelassen wird, ein sogenanntes Disagio entweder in die Bilanz
aufzunehmen und über die Laufzeit aufzulösen oder dies zu unterlassen und
den Gesamtbetrag als sofortigen Aufwand in der Gewinn- und Verlustrechnung zu erfassen. Auch dies lässt Ergebnisgestaltungen zu, die eine zeitliche
Verschiebung von Ergebnissen zur Folge haben. § 255 Abs. 2 HGB überlässt
es dem Bilanzierenden, die Bestandteile der Herstellungskosten in gewissem
Rahmen zu gestalten und auch damit wieder zeitliche Verschiebungen im
Hinblick auf die Jahresergebnisse auszulösen. Und weiter: Nach § 274 Abs. 1
Satz 2 HGB lassen sich wahlweise aktive latente Steuern ausweisen oder eben
nicht. Die Ausnutzung dieser Wahlrechte wirkt auf die Ansätze in der Bilanz,
zumeist allerdings auch auf den Jahresüberschuss/-fehlbetrag aus und kann
damit zum Zwecke der Ergebnisregulierung eingesetzt werden. Dies war nur
eine Auswahl der Bilanzierungswahlrechte, die für eine Ergebnisgestaltung im
Zeitverlauf genutzt werden können.

Den Unternehmern wäre es also durchaus möglich, die Ergebnisse in den
ersten Jahren ihrer Unternehmertätigkeit in einem gewissen Rahmen niedriger werden zu lassen, um damit verbundene Geldflüsse (Ausschüttungen +
Abfindung) an die Crowdinvestoren möglichst gering zu halten. Wenn die
Mikroinvestoren dann ausgestiegen sind und ihre Gelder bereits erhalten
haben, können die Gründer die Ergebnisse des Unternehmens hingegen steigen
lassen und diese ungeteilt vereinnahmen. Ob sich ein solches Vorgehen für die
Gründer lohnt, hängt natürlich auch davon ab, ob – und wenn ja, in welchem
Maße – neue Investoren hinzukommen, wenn die Mikroinvestoren raus sind.

Hier soll nicht unterstellt werden, dass Gründer derart eigennützig handeln
und die Ergebnisse zu ihrem eigenen Vorteil „gestalten". Es geht lediglich
darum, auf die Möglichkeit hinzuweisen, dass so etwas passieren kann. Aus
Sicht der Investoren empfiehlt es sich also, diesen Punkt nicht völlig aus den
Augen zu lassen. Anzumerken ist hier allerdings, dass die Anzahl gesetzlich
zulässiger Wahlrechte in den letzten Jahren insgesamt reduziert wurde. Wahlrechte sind jedoch beileibe nicht die einzigen Ansatzpunkte für eine legale
Ergebnissteuerung. Oftmals finden sich Sachverhalte, die der Interpretation
bedürfen, wobei es nicht selten im Ermessen des Bilanzierenden steht, wie der
jeweilige Fall zu werten ist. Es bleiben also Ermessensspielräume.

Zu Punkt 2: Ermessenspielräume liegen insbesondere dann vor, wenn die rechtlichen Regelungen nicht bis ins Detail gehen. Es gibt immer wieder Fälle, in denen Zweifel über das jeweilige Ausmaß einer ergebniswirksamen Problematik bestehen. Folgendes Beispiel: Das Unternehmen wurde verklagt und der Ausgang des anhängigen Prozesses lässt sich schwer vorhersagen. Muss das Unternehmen nun eine Rückstellung bilden und wenn ja, in welcher Höhe? Wenn die Wahrscheinlichkeit, den Prozess zu verlieren, oberhalb von 50 Prozent liegt, ist eine Rückstellung zu bilden. Bei einer Wahrscheinlichkeit unterhalb von 50 Prozent hat der Ansatz einer Rückstellung zu unterbleiben. Was ist nun, wenn die Wahrscheinlichkeit um die 50-Prozent-Grenze herum liegt? Es ist durchaus von Belang, in welche Richtung der Ausschlag geht, denn: Die Bildung einer Rückstellung geht zulasten des Unternehmensergebnisses. Grenzfälle, die von der konkreten Argumentation abhängen, können also durchaus bedeutend dafür sein, wie hoch das jeweilige Jahresergebnis des Unternehmens ausgewiesen wird.

Und weiter: Wenn Forderungen aus Bilanzierungssicht kritisch sind, also die Wahrscheinlichkeit, diese einbringen zu können, unterhalb von 50 Prozent liegt, dann müssen diese zulasten des Ergebnisses wertberichtigt werden. Auch hier kann wieder ein Grenzfall vorliegen, denn teils lässt sich die Wahrscheinlichkeit nur recht grob einschätzen, was wiederum Gestaltungsspielräume zulässt. Der „bösartige" Gründer würde dann gegebenenfalls in dem Jahr noch viele Problemfälle zu Ungunsten des Ergebnisses einbuchen, in dem mit den Investoren endabgerechnet wird. Später, wenn die Investoren bereits abgefunden worden sind, dreht sich das Jahresergebnis dann wieder ins Bessere. Nicht benötigte Rückstellungen werden dann zugunsten des Ergebnisses aufgelöst.

Ein weiteres Beispiel zur Ausschöpfung von Ermessenspielräumen läge bei den Abschreibungen. So existieren etwa unterschiedliche Abschreibungsmethoden, die anwendbar sind. Wird z. B. eine degressive Abschreibung[95] auf bestimmte abnutzbare Vermögensgegenstände vorgenommen, dann werden die Abschreibungsbeträge in den ersten Jahren hoch sein und in diesem Zeitraum zu verminderten Ergebnissen führen. In späteren Jahren, wenn der Investor womöglich bereits ausgestiegen ist, dreht sich die Situation. Die Abschreibungsbeträge werden vergleichsweise gering sein und die Ergebnisse steigen. Dazu sei

---

95 Die degressive Abschreibung ist steuerlich zwar nicht mehr zulässig, kann aber handelsbilanziell weiterhin genutzt werden, dies unter der Voraussetzung, dass sie der Realität nicht widerspricht.

ein Vergleich zwischen degressiver und linearer Abschreibung vorgenommen, wobei Anschaffungskosten des betreffenden Vermögensgegenstands in Höhe von 40.000 Euro angesetzt, eine Nutzungsdauer von zehn Jahren unterstellt und bei der degressiven Abschreibung ein Satz von 25 Prozent angenommen wird:

Jahr	Degressive Abschreibung		Lineare Abschreibung	
	Abschreibung	Restbuchwert	Abschreibung	Restbuchwert
1	**10.000 €**	30.000 €	**4.000 €**	36.000 €
2	**7.500 €**	22.500 €	**4.000 €**	32.000 €
3	**5.625 €**	16.875 €	**4.000 €**	28.000 €
4	**4.219 €**	12.656 €	**4.000 €**	24.000 €
5	3.164 €	9.492 €	4.000 €	20.000 €
6	2.373 €	7.119 €	4.000 €	16.000 €
7	1.780 €	5.339 €	4.000 €	12.000 €
8	1.335 €	4.005 €	4.000 €	8.000 €
9	1.001 €	3.003 €	4.000 €	4.000 €
10	3.003 €*	0 €	4.000 €	0 €
* Abschreibung auf 0 € (oder auf 1 € Erinnerungswert) zum Ende der Nutzungsdauer				

Abb. 21: Vergleich degressive und lineare Abschreibung im Zeitverlauf

Betrachten wir die Summe der degressiven und der linearen Abschreibung in den ersten vier Jahren (in obiger Abbildung jeweils fett markiert). Aus der degressiven Abschreibung ergibt sich in Summe ein Aufwand in Höhe von 27.344 Euro, bei der linearen Abschreibung jedoch nur im Umfang von 16.000 Euro. Die Folge ist, dass das über die ersten vier Jahre summierte Ergebnis vor Steuern im Falle der degressiven Abschreibung um 11.344 Euro geringer wäre als bei Nutzung der linearen Abschreibung. Dies ist nur ein weiteres von zahlreichen denkbaren Beispielen, bei denen Wahlmöglichkeiten auf die Ergebnisse des Unternehmens im Zeitverlauf wirken können.

Zu Punkt 3: Die größte Problematik im Hinblick auf die Beeinflussung von Ergebnissen wird sich zumeist aus Sachverhaltsgestaltungen ergeben können. Unter Sachverhaltsgestaltungen wird verstanden, dass es dem Unternehmen grundsätzlich überlassen bleibt, die Geschäfte nach eigenem Ermessen zu führen, sprich: Verträge abzuschließen oder nicht, beziehungsweise Inhalte und Zeitpunkte von Verträgen zu bestimmen. Welche typischen Problemfälle können sich daraus ergeben? Eine erste Schwierigkeit ist, in welcher Höhe die

Gehälter der Geschäftsführer festgelegt werden. Über die Geschäftsführergehälter bestimmen die (stimmberechtigten) Eigentümer des Unternehmens,
und das werden bei einem Crowdinvesting entweder ausschließlich oder
zumindest mehrheitlich die Gründer sein, die dann in aller Regel auch die
Geschäftsführer sind. Das läuft faktisch darauf hinaus, dass die Gründer ihre
Gehälter als Geschäftsführer (oder als Angestellte) selbst festsetzen und „bei
Bedarf" erhöhen. Das geht noch weiter: Welche Nebenleistungen gönnen sich
die Gründer? Nette Dienstwagen? Luxuriöse Büros? Familienangehörigen
und Freunden werden Vorteile zu Lasten des Unternehmens verschafft? Der
Fantasie sind kaum Grenzen gesetzt.

An dieser Stelle lässt sich sagen, dass die Hauptproblematik vermutlich
weniger darin liegen wird, dass „kriminelle Energie" der Gründer zu Nachteilen für Investoren führen wird, sondern vielmehr das alltägliche Gezerre
darum, wer letztlich wie viel vom Kuchen erhält. Die Problematik spielt
sich in der Realität zumeist eher auf einer etwas subtileren Ebene ab, kann
aber manchmal auch ausarten. Das Subtile muss schlichtweg weitestgehend
hingenommen werden, denn nicht jeder Handgriff und jede Entscheidung
kann kontrolliert und bei Bedarf sanktioniert werden. Jedoch gilt es, die
groben Ungerechtigkeiten in den Griff zu bekommen. Hier drängen sich
folgende Fragen auf: Wie kann sich ein Investor vor Manipulationen größeren Ausmaßes schützen? Welche Informations- und Kontrollmöglichkeiten
benötigt er? Reicht es aus, wenn ein Wirtschaftsprüfer in die Bücher schaut
und ein Testat erteilt?

Letztlich muss die Sache praktikabel bleiben. Gut wäre es allerdings, einige
Eckpunkte vertraglich festzulegen:

1. Deckelung der Gehälter für die im Unternehmen mitwirkenden Gründer inklusive von Nebenleistungen an diese und an Angehörige; für
   den Fall, dass die Deckelung überschritten wird, könnte man auch
   eine rein rechnerische Korrektur der Ergebnisse vereinbaren, sodass der
   Mikroinvestor bezogen auf die Ausschüttungen und die Abfindung so
   gestellt wird, als wären die Gehälter (und Nebenleistungen) geringer.
2. Bestimmung von ergebnismindernden (weiteren) Tatbeständen, die bei
   der Ermittlung der Jahresergebnisse und der Wertsteigerung außen vor
   bleiben.

3. Verpflichtung des Start-up-Unternehmens, den Jahresabschluss von einem Wirtschaftsprüfer prüfen zu lassen und nicht nur das Testat, sondern auch den Prüfungsbericht an die Mikroinvestoren herauszureichen (diese Forderung geht aber fast schon zu weit).

Dazu ist zu sagen, dass im Grunde jedwedes Investment in Unternehmen der Gefahr unterliegt, dass die Geldgeber übervorteilt werden, also auch vermeintlich gut geschützte Aktionäre. Man sehe sich z. B. die riesigen Gehälter von Vorständen an, oder die pompösen Hauptverwaltungen von Konzernen. Auch hier fragt sich oftmals, ob das in diesem Ausmaß nötig ist, um gute Geschäfte zu machen, oder ob dies unnütze Ausgaben sind, die nur zulasten der Aktionäre gehen.

Die obigen Punkte 1. und 3. lassen sich recht problemlos vereinbaren. Deutlich mehr Schwierigkeiten bereitet der zweite Punkt, der darauf hinausläuft, faire Kriterien für die Bemessung der Wertsteigerung vorzugeben. Hier wird sich mit Sicherheit noch das eine oder andere im Hinblick auf das Crowdinvesting entwickeln müssen. Innerhalb der von mir durchgesehenen Verträge, die von den Plattformen vorgegeben und zwischen Investor und Start-up abgeschlossen werden, konnte ich regelmäßig Klauseln finden, die den Umgang mit der Bereinigung von Einmaleffekten oder z. B. unangemessen hohen Geschäftsführergehältern regeln. Keine einfache Angelegenheit und bislang nirgendwo so detailliert formuliert, dass alle Eventualitäten berücksichtigt wurden. Das ist aber auch extrem schwierig, denn der Einfallstore gibt es viele, sehr viele. Ein wenig Vertrauen muss einfach da sein. Das gilt nicht nur für das Crowdinvesting, sondern für alle anderen Arten der Beteiligung (auf Zeit) auch. Wer Aktien von DAX-Unternehmen hat, dem droht das gleiche Schicksal. Auch dort erfolgt bei Weitem nicht immer ein „fairer" Ausweis des Gewinns. Überzogene Vorstandsvergütungen und unnötig pompöse Hauptverwaltungen mindern dort die an mich fließenden Dividenden, ohne dass es ein Korrektiv gibt. Nur: Beim Crowdinvesting ist man seinem Investment viel näher und sieht dann naturgemäß auch mehr. Im Falle von Konzernen verschwindet fast alles in eine „Black Box" mit noch viel weniger Transparenz und mit deutlich umfangreicheren Manipulationsmöglichkeiten im Hintergrund.

Nun aber zurück zu etwaigen Manipulationen beim Crowdinvesting und den Möglichkeiten, diese in Schach zu halten. Die Plattform *Innovestment* weist darauf hin, dass die vorgegebenen Standardverträge die Missbrauchsproblematik berücksichtigen. Auf der Webseite von *Innovestment* heißt es in der Rubrik FAQ unter der Überschrift „Wie kann ich mich als Investor vor Missbrauch schützen?":[96]

> *„Mit dem Innovestment-Standardvertrag wird Missbrauch weitgehend ausgeschlossen und Ihre Rechte als Investor werden geschützt. So werden u. a. die Geschäftsführergehälter begrenzt und das Start-up zur regelmäßigen Information der Investoren verpflichtet. Als Investor haben Sie ein Sonderkündigungsrecht, insbesondere bei Veränderung des Geschäftsgegenstands, Verschiebung von Gewinnen, Überschreitung der vereinbarten Geschäftsführergehälter oder Verschiebungen in der Stammkapitalstruktur."*

Fazit: Aus Sicht des Investors wäre es nützlich, auf Vertragspasssagen zu achten, die derartige Problemfelder sinnvoll aufgreifen. Manche Plattformen haben dies in ihren Musterverträgen, andere wiederum nicht.

6.3.3 Illegaler Eingriff durch Dritte

Hier geht es in erster Linie um Sicherheitslücken im System, durch die ein außenstehender Dritter eindringt und sich des Geldes bemächtigt. Um dieses zu verhindern, müssen die Zahlungswege so sicher wie möglich sein und etwaige Kontodaten der Nutzer müssen vor unbefugtem Zugriff geschützt werden. Eine hundertprozentige Absicherung wird zwar nicht gelingen können, aber wo geht das schon?

Letztlich liegt es in allererster Linie in der Verantwortung der Crowdinvesting-Plattformen, ihre Webseiten und die darüber laufenden Informationen und Daten abzusichern, und natürlich auch die Zahlungswege. Doch auch Mikroinvestoren und Gründer sollten im ureigenen Interesse einige Sicherheitsbelange beachten, die für viele inzwischen selbstverständlich sind, meiner Erfahrung nach jedoch bei Weitem nicht für jeden. Also: Die Zahlungen in Richtung Plattform lassen sich per Überweisung (online oder offline) beziehungsweise per Lastschriftverfahren vornehmen und je nach Portal alternativ

---

96 www.innovestment.de/investors/faq.html (Zugriff: 4.1.2014).

auch über andere Zahlungswege. Wissenswert ist zudem, ob das Funding zunächst an den Plattformbetreiber fließt, direkt an die Start-ups oder an einen „zuverlässigen" Dritten, etwa auf ein Treuhandkonto. Letzteres ist die saubere Lösung! Meines Wissens ist bei keiner Plattform vorgesehen, dass die Gelder vom Mikroinvestor unmittelbar an die zu fundenden Unternehmen fließen. Hier ein Überblick:

Plattform	Zahlungsweise	Vehikel
Seedmatch	Lastschrift	Treuhandkonto bei der Fidor Bank
Companisto	Lastschrift, Kreditkarte, Sofortüberweisung, Giropay, Banküberweisung	Angabe dazu auf der Webseite des Anbieters nicht auffindbar
Innovestment	Überweisung	Angabe dazu auf der Webseite des Anbieters nicht auffindbar
Bergfürst	Überweisung	Treuhandkonto bei der Landesbank Berlin
Fundsters	Angabe dazu auf der Webseite des Anbieters nicht auffindbar	Treuhandkonto bei der Fidor Bank
Deutsche Mikroinvest	Lastschrift und Überweisung	Angabe dazu auf der Webseite des Anbieters nicht auffindbar
United Equity	Lastschrift und Überweisung	Treuhandkonto bei der Fidor Bank
bankless24	Überweisung	Treuhandkonto bei der Fidor Bank
Direct Startups	Banküberweisung, PayPal	Angabe dazu auf der Webseite des Anbieters nicht auffindbar

Abb. 22: Überblick der Zahlungsweisen bei ausgewählten Plattformen

Das Portal *Companisto* gibt an, mit einem SSL-Zertifikat[97] zu arbeiten. Dabei handelt es sich um eine Möglichkeit, die übertragenen Internetdaten zu verschlüsseln. Man sieht, ob eine Verschlüsselung vorhanden ist, wenn vor dem „http://" in der Eingabezeile des Web-Browsers ein Schloss abgebildet ist. Außer SSL existieren noch andere Verschlüsselungsmöglichkeiten. Bei *Seedmatch* findet sich ebenfalls ein Schloss links oben im Browser, Gleiches gilt für *Fundsters*, zunächst aber nicht für *Innovestment*. Erst wenn ich bei *Innovestment* in den Bereich „Investoren" klicke, erscheint das Schloss, also erst dort, wo es letztlich gebraucht wird. Alle Plattformen gehe ich jetzt nicht daraufhin durch, sonst werde ich nie fertig mit diesem Buch. Ist ja auch für jeden leicht zu finden.

---

97 Abkürzung für „Secure Sockets Layer", was sich mit „sichere Verbindungsebene" übersetzen lässt.

Ja, die meisten Crowdinvesting-Plattformen haben sich wirklich Mühe gemacht und gingen sehr gut vorbereitet auf Sendung. Je tiefer ich in das Thema einstieg, umso klarer wurde mir, dass zumindest bei den wichtigsten Plattformen keine „Heiopeis"[98] unterwegs sind. Vielleicht sind die Heiopeis aber unter den Gründern?

6.4 Erfolglosigkeit von Projekten

Was veranlasst mich dazu, deutlich weniger erfolglose über ein Crowdinvesting finanzierte Unternehmen zu erwarten als die aus verschiedenen Lagern stammenden Skeptiker? Zunächst: Die ein Crowdinvesting eingehenden Unternehmen durchlaufen – wie bereits dargelegt – eine Vorauswahl über die Crowdinvesting-Plattform, die bei herkömmlichen Start-up-Unternehmen so oder in ähnlicher Form in vielen Fällen nicht stattfindet. Zwar durchläuft manch ein herkömmliches Start-up-Unternehmen ebenfalls einen Auswahlprozess, z. B. wenn es über einen Business Angel finanziert wird, das gilt aber eben längst nicht für alle Start-ups, ganz anders als beim Crowdinvesting.

Eine zweite Selektionsstufe ist das Erreichen der Finanzierungsschwelle. Start-up-Unternehmen, die über ein Crowdinvesting nicht das vorgegebene Mindestkapital erhalten, werden nicht gefundet und scheiden aus der Crowdfinanzierung aus. Die Mikroinvestoren erhalten ihr Startgeld unmittelbar zurück, wenn klar ist, dass die Mindestsumme innerhalb des Funding-Zeitraums nicht erreicht wurde. Das Geld wird in einem solchen Falle erst gar nicht an das Start-up ausgezahlt. Folglich entsteht den Investoren hier kein finanzieller Schaden. Manchmal wird der Zeitraum auch verlängert, wenn eine realistische Chance gesehen wird, die Funding-Schwelle doch noch zu erreichen. Nicht gut sieht es natürlich aus, wenn die Finanzierungsschwelle überschritten wurde, das Funding folglich greift und das Start-up-Unternehmen zu einem späteren Zeitpunkt scheitert.

Positiv wirkt sich allerdings nicht nur die zweifache Selektion aus. Es geht weiter mit den Pluspunkten. Einer der Gründe, warum manche Start-up-Unternehmen aufgeben müssen, liegt darin, dass sie mit einer zu dünnen Kapitaldecke beginnen und die finanziellen Mittel zu Ende sind,

---

98 Vornehmlich im Ruhrgebiet gebräuchlicher Begriff für unzuverlässige, sprunghafte Personen.

noch bevor das Geschäft erfolgreich angelaufen ist. Es kann damit gerechnet werden, dass Unternehmen, die über ein Crowdinvesting finanziert werden, tendenziell über eine bessere Kapitalisierung verfügen und daher auch bessere Chancen haben, längere Startphasen und Durststrecken zu überwinden als manch ein anderes Start-up.

Hinzu kommt: Der eine oder andere „herkömmliche" Gründer gibt frühzeitig auf, weil sich für ihn z. B. andere und bessere Einkommensalternativen ergeben haben, er also etwa doch noch eine lukrative Festanstellung ergattern konnte und diese dem Risiko einer Selbstständigkeit vorzieht. Ein freiwilliges Aufhören ist für ein Crowdinvesting-Start-up hingegen äußerst unwahrscheinlich, da vertragliche und moralische Verpflichtungen gegenüber den Investoren bestehen. Übrigens: Auch ein freiwilliges Aufgeben steckt – nach außen hin oftmals nicht sichtbar – in mancher Misserfolgsstatistik für Start-up-Unternehmen.

Und weiter: Über die Mikroinvestoren (im Durchschnitt sind es mehr als 300 je Projekt, wenn man die beiden größten Plattformen betrachtet) verfügt das über ein Crowdinvesting finanzierte Unternehmen bereits über eine ganze Reihe von Unterstützern beziehungsweise von Multiplikatoren, die sich ein normales Start-up-Unternehmen erst einmal erarbeiten muss. Nicht zu unterschätzen ist des Weiteren der Werbeeffekt für das durch die Crowd gefundete Unternehmen, denn die Projekte werden zumeist nicht nur auf der jeweiligen Plattform präsentiert, sondern sie erscheinen auch in den Medien. Die meisten Crowdinvesting-Plattformen unterstützen die Medienkampagnen aktiv, dies natürlich auch im eigenen Interesse. Mit zwei Start-up-Unternehmen konnte ich ausführlich über ihre Motive diskutieren, ein Crowdinvesting einzugehen. Eines der beiden Unternehmen bekannte, dass ihm der über das Crowdinvesting erzielbare Marketing-Effekt genauso wichtig sei wie das erhaltene Kapital. Ersten Berichten weiterer Start-ups zufolge funktioniert der entsprechende Werbeeffekt sogar recht gut, kann aber natürlich nur einer von mehreren Bausteinen in der Marketing-Konzeption der Start-ups sein, denn seine Reichweite ist eben auch nur begrenzt. Da das Crowdinvesting derzeit in den Medien beliebt ist, darf der momentane Werbeeffekt nicht unterschätzt werden. Ob das dauerhaft so bleibt? Immer wieder tauchen im Rahmen des Crowdinvestings interessante neue Projekte auf, die den Medien gefallen. Zumindest solchen Projekten wird die Medienaufmerksamkeit wohl auch künftig sicher sein.

Als Negativargument wird gelegentlich vorgebracht, dass sich vornehmlich bei Venture-Capital-Gebern abgewiesene (und damit vorgeblich schwache) Gründungskandidaten an die Crowdinvesting-Plattformen wenden würden und daher nur „Restposten" auf den Plattformen zu finden seien. Das halte ich für unwahrscheinlich, denn die Venture-Capital-Geber steigen oft erst in einer späteren Phase ein und es kommt daher nur bedingt zu Überschneidungen mit dem Crowdinvesting. Zwar nicht statistisch relevant, aber dennoch aufschlussreich war ein Gespräch, das ich mit einem Start-up-Unternehmen im Hinblick auf den Überschneidungsbereich, also die Auswahl zwischen Venture-Capital und Crowdinvesting, hatte. Besagtes Start-up-Unternehmen entschied sich gegen einen Venture-Capital-Geber und nicht umgekehrt der Venture-Capital-Geber gegen das Start-up. Der Grund des Start-up-Unternehmens für die Nichtberücksichtigung des VC-Gebers waren die nicht zu akzeptierenden Bedingungen, die der VC-Geber durchsetzen wollte. Das Crowdinvesting erschien den Gründern als die bessere Alternative. Man könnte hier also auch so argumentieren, dass sich die besonders guten Start-ups womöglich eher auf ein Crowdinvesting einlassen als auf eine Venture-Capital-Finanzierung.

Nun gut: Ob letztlich die besseren oder die schlechteren Gründungsvorhaben beim Crowdinvesting oder bei Venture-Capital-Finanzierungen landen, wird nicht so ohne Weiteres zu ergründen sein. Was sicherlich bleibt ist, dass ein Crowdinvesting von der Tendenz her zeitlich früher greift als eine VC-Finanzierung und beide Kapitalbeschaffungsmaßnahmen sich recht gut ergänzen können.

Prognosen sind immer gewagt, besonders bei einem so frischen Thema wie dem Crowdinvesting. Dennoch soll hier eine Einschätzung erfolgen. Anlass dafür war, dass mir manche anderweitigen Vorhersagen nicht vernünftig begründet erschienen. Nimmt man die zuvor aufgeführten Argumentationen zusammen, dann folgt daraus, dass bisherige Statistiken zum Versagen von Start-ups nicht geeignet sind, die Ausfallquote in Bezug auf ein Crowdinvesting annähernd treffsicher vorherzusagen. Nicht so ohne Weiteres einzuschätzen ist natürlich, in welchem Umfang sich die zuvor aufgeführten Punkte auswirken. Nochmals: Die Überlebensquote beträgt bei den über ein Crowdinvesting finanzierten Unternehmen nach meinen Recherchen bislang noch 96 Prozent. Wer hätte das gedacht? Immerhin ist die Startphase des Crowdinvestings in Deutschland also gelungen.

Aber: Bitte nicht zu viel Optimismus! Ausfälle wird es im Laufe der Zeit natürlich geben. Es sind garantiert schon einige durch die Crowd finanzierte Start-ups im Umlauf, die nicht auf die Beine kommen werden. Ich rechne mittelfristig mit einer Ausfallquote, die in einer Größenordnung von 15 bis 20 Prozent liegt, also deutlich unter dem, was oft anderweitig prognostiziert wird. Dabei ist bereits berücksichtigt, dass früher oder später auch die eine oder andere weniger fähige oder weniger seriöse Crowdinvesting-Plattform (zumindest zeitweise) auftreten und in der Phase ihres Wirkens manche Flops erzeugen wird.

Das Kernproblem liegt aber eher woanders. Eine ganze Reihe der zunächst sehr aussichtsreich erscheinenden Start-ups wird sich den Schwierigkeiten des unternehmerischen Alltags gegenübersehen und nicht die erhofften Gewinnsprünge erzielen können. Ganz vereinzelte Unternehmen starten sicherlich richtig durch, andere werden gut laufen oder zumindest recht passabel über die Runden kommen, wieder andere werden letztlich aufgeben müssen. Die Mehrheit wird vermutlich nach einiger Zeit als normales Unternehmen arbeiten, durchaus zufrieden und ohne die ganz großen Renditen. Solche Unternehmen tragen aber unsere Wirtschaft. Es müssen nicht immer die High-Performer sein, auch wenn sich die Investoren das „heimlich" wünschen. Eine Verzinsung oberhalb des Sparkontos ist allenthalben etwas wert, zumal sich damit „en passant" etwas für die Wirtschaft tun lässt und das Wirtschaften mit unserem Geld so nicht den Banken, den Fonds und ähnlichen Playern überlassen wird.

Zurück zum Ausfallrisiko beim Crowdinvesting: Es sollte ausreichen, wenn jedem Mikroinvestor klar ist, dass sein Investment zwar womöglich hohe Gewinnchancen hat, aber auch als Flop enden kann und er einen „Beipackzettel" mit einem entsprechenden Warnhinweis erhält. Gesetzliche Einengungen des Crowdinvestings oder Bevormundungen der Mikroinvestoren (wie in den USA) können dann unterbleiben. Auch beim Lottospielen wird niemand daran gehindert, sein Geld einzusetzen, und dort ist die Verlustwahrscheinlichkeit um ein Vielfaches höher als beim Crowdinvesting. Erhöhte Chancen lassen sich eben oftmals nur mit erhöhten Risiken erkaufen. Insofern eignet sich das Crowdinvesting in allererster Linie für die Anlage von Geldern, die der Investor „übrig" hat, und für gute Taten am Standort Deutschland, soweit in hiesige Unternehmen investiert wird. Eine Risikostreuung (anhand von Investitionen in mehrere unterschiedliche Crowdinvesting-Projekte) wäre hier durchaus eine gute Taktik. Inzwischen werden sogar gelegentlich alteingesessene Unternehmen über ein Crowdinvesting mitfinanziert, die vergleichsweise risikoarm sind und eine relativ stabile Geldanlage erwarten lassen.

6.5 Schlechter Ruf von Plattformen und Fehlanreize für diese

Es ist eine Binsenweisheit, dass es für den weiteren Erfolg des Crowdinvestings zentral sein wird, nicht zu viele Misserfolge zu produzieren. Gleichfalls sollte klar sein, dass eine Investition über eine Crowdinvesting-Plattform als risikobehaftet einzustufen ist. Die Gefahr besteht, dass durch zahlreiche und sich herumsprechende Misserfolge ein schlechter Ruf für die Plattformen und damit auch für das Crowdinvesting insgesamt entsteht. Die Erfolgsquote steht und fällt nicht zuletzt mit der Auswahl geeigneter Projekte durch die Plattformbetreiber. Sieht sich der Betreiber lediglich als Mittler zwischen Kapitalgeber und Kapitalsuchendem, der sich bei jedweder Art von Schwierigkeit auf seine reine Mittlerfunktion beruft, dann sieht die Zukunft des Crowdinvestings vermutlich nicht allzu rosig aus. Sorgfältige Qualitätskontrollen für die Projekte versprach z. B. die inzwischen nicht mehr aktive Plattform *Group Capital*, die ein Projekt-Rating durchführte. Wenn wirklich Substanz hinter so einem Rating-System steckt und damit ein noch besserer Bewertungs- und Selektionsprozess entsteht, kann das durchaus eine gute Sache sein. Wie dem auch sei: Mit einem guten Selektionsprozess kann die Erfolgsquote der auf der Plattform freigeschalteten Projekte womöglich signifikant gesteigert werden.

Zunächst wäre allerdings zu überlegen, was tatsächlich als Erfolg beziehungsweise Misserfolg einzustufen ist. Gilt es bereits als Misserfolg, wenn das Funding-Limit nach Ablauf der Frist nicht erreicht wurde und die Mikroinvestoren ihr Geld zurückerhalten? Ich meine: nein. So etwas gehört zum Tagesgeschäft einer Kapitalvermittlung. Da die Mikroinvestoren ihren Einsatz zurückbekommen, ist ihnen zudem kein Schaden entstanden.

Oder liegt erst dann ein Misserfolg vor, wenn das zunächst erfolgreich finanzierte Unternehmen später in die Insolvenz läuft und die Investoren keinerlei Rückflüsse erhalten und zudem ihr eingesetztes Kapital verloren haben? Man könnte es aber auch bereits als Misserfolg werten, wenn die Crowdinvestoren zwar ihr eingesetztes Geld am Ende der Projektlaufzeit zurückerhalten, dieses jedoch unverzinst oder sehr gering verzinst blieb. Wo soll nun der Eichstrich für die Bestimmung dessen gezogen werden, was als erfolgreich und was als nicht

erfolgreich zu bezeichnen ist? Der „reinen Lehre" folgend wäre die Nulllinie dort
zu platzieren, wo das Ergebnis einer Alternativanlage des Investors liegt. Würde
etwa unterstellt, dass der Investor sein Geld hätte anderweitig anlegen können
und dieses dort bei gleichem Risiko mit sieben Prozent verzinst worden wäre,
läge genau an dieser Stelle der Eichstrich zur Bemessung des Erfolgs. Um die
Sache aber zu vereinfachen, wird hier schlichtweg unterstellt, dass ein Misserfolg
dann vorliegt, wenn der Investor weniger Geld zurückerhält, als er eingesetzt hat.

In der Presse wurde kritisiert, dass *Kickstarter* versucht habe, nicht erfolgreich
finanzierte Projekte zu verbergen, indem sie von der Webseite der Plattform
entfernt worden seien und zudem ihre Auffindbarkeit in Suchmaschinen ver-
hindert würde. Dazu ist zu sagen, dass von den Plattformen wohl kaum zu
verlangen ist, die nicht erfolgreich finanzierten Projekte auf der Webseite mitzu-
schleppen. Welches andere Unternehmen würde denn seine nicht gelungenen
Projekte auf seiner Webseite zeigen? Für ein etwaiges aktives Unterbinden der
Auffindbarkeit von nicht gelungenen Projekten im (gesamten) Internet wäre
allerdings kein solches Verständnis aufzubringen.

Positiv zu werten ist die Bekanntgabe eigener nicht erfolgreicher Finanzierungen auf der Webseite z. B. bei der Plattform *Innovestment*. Dies erfolgt in
der Weise, dass auf der Homepage von *Innovestment* die Anzahl erfolgreicher
Auktionen in Relation zur Gesamtzahl der begonnenen Auktionen gestellt
wird. Gute Sache.

Crowdinvesting-Plattformen schießen derzeit fast wie Unkraut aus dem
Boden, womit die Wahrscheinlichkeit steigt, dass sich darunter auch Plattformen befinden, die den Mindestanforderungen nicht gerecht werden und
letztlich vermehrt zu großen Enttäuschungen bei Gründern und Investoren
führen. Die Seriosität der Plattform ist ein wichtiges Kriterium, um das Risiko
zu reduzieren.

Es fragt sich aber auch, welchen Anreizen die Crowdinvesting-Portale unterliegen und welche Konsequenzen das hat. Crowdinvesting-Plattformen verdienen ihr Geld im Regelfall mit Provisionen für die Vermittlung von Kapital.
Diese Aufgabe werden sie erfüllen wollen, ohne einen unnötig hohen Aufwand
zu betreiben. Daraus ergibt sich, dass die Portale in erster Linie bestrebt sein
werden, möglichst viele Kapitalvermittlungen zu erreichen, und dies mit möglichst hohen Volumina. Für die Höhe der Provision spielt es vordergründig
keine Rolle, ob die zugrunde liegenden Projekte letztlich Erfolg haben. Der
Portalbetreiber ist in der Regel schon längst aus dem Schneider, wenn ein

Projekt scheitert, also vertraglich zu nichts mehr verpflichtet, und er behält seine Provision. Natürlich kann dem Betreiber nicht daran gelegen sein, dass seine Projekte erfolglos bleiben, denn darunter würde sein Ruf leiden. Es bleibt jedoch der grundsätzliche Anreiz der Betreiber, möglichst viele und voluminöse Projekte zu vermitteln und vielleicht die einen oder anderen Bedenken bei der Projektselektion zurückzustellen. Für den Plattformbetreiber ist es unter rein finanziellen Gesichtspunkten zunächst egal, ob ein Projekt einen geringen, einen mittleren oder einen großen Erfolg hat. Klar, große Erfolge lassen sich werbewirksam ausschlachten und sind deshalb höchst willkommen für den Kapitalvermittler, also hier den Plattformbetreiber. Was manchmal zu befürchten ist: Der Betreiber wird sich womöglich aus Kostengründen nicht mehr um das Nachverfolgen und Kontrollieren der Projekterfolge im Sinne der Mikroinvestoren kümmern. Der Investor steht womöglich allein da mit seinem Vertragswerk und muss sich um etwaige Probleme gegebenenfalls selbst kümmern.

Eines der Portale hat jedoch eine Anreizstruktur geschaffen, die definitiv kein kurzfristiges Engagement erwarten lässt. Es handelt sich um die schweizerische Plattform *Investiere*, die als Lohn für die Kapitalvermittlung kein Geld, sondern Anteile an den Start-ups erhält. Damit teilt *Investiere* das Schicksal der Crowdinvestoren und ist auf diesem Wege originär angereizt, langfristig im Interesse der Crowd zu denken und zu handeln.

Die Plattformbetreiber haben jedoch auch dann ein ureigenes Interesse daran, dass ihre Projekte glatt laufen, wenn sie nicht selbst langfristig involviert sind. Ihr Ruf steht auf dem Spiel. Für sie ist es von großem Vorteil, wenn die Erfolgsquote hoch ist und sich die Investoren – selbst im Falle eines Misserfolgs – gut aufgehoben fühlen. Insofern wird davon auszugehen sein, dass sich die Portale durchaus in Problemfälle einschalten und gemeinsam mit den übrigen Beteiligten nach Lösungen suchen. Nichts ist schlimmer für eine Plattform als ein schlechter Ruf, denn die Kunden können schnell auf andere Anbieter ausweichen. Letztlich heißt dies für die Plattformen, dass es aus ihrer Sicht sinnvoll ist, klare (vertragliche) Verhältnisse zu schaffen, damit möglichst wenige Probleme und Streitigkeiten aufkommen, sowie über das weitere Schicksal der Start-ups gut informiert zu bleiben und sich bei Bedarf helfend einzuschalten. Das bedeutet allerdings nicht, dass die Plattform etwaige Sanierungsaufgaben umsonst übernehmen muss. Nein, dafür kann und sollte sie auch ein Salär erhalten. Vorbeugend hilft selbstverständlich eine saubere

Projektauswahl durch die Plattform, um nach Möglichkeit erst gar keine potenziellen Flops aufkommen zu lassen.

Des Weiteren wird es Sinn machen, wenn die Portale in gewissem Rahmen auch eine Schlichterfunktion in Streitfällen übernehmen, was allerdings wiederum nicht ausarten sollte, denn wie gesagt: Das Crowdinvesting lebt u. a. von niedrigen Transaktionskosten auf Ebene der Kapitalvermittler. Sicherlich werden auch Portale aufkommen, die es mehr oder minder bei der Erstellung einer Webseite belassen möchten und deren Betreiber zuhause im Wohnzimmer warten, bis die Provisionen sprudeln. Solche „kostengünstigen" Modelle haben jedoch keine längerfristigen Erfolgsaussichten. Bevor sie vom Markt verschwinden, kann es ihnen allerdings durchaus gelingen, Schaden für Investoren und Start-ups anzurichten. Ein Crowdinvesting ist eben wesentlich komplexer als Käufe und Verkäufe von „normalen" Produkten, die z. B. über elektronische Marktplätze wie *eBay* laufen. Die vergleichsweise hohe Komplexität des Crowdinvestings erfordert ein entsprechend größeres Engagement des Vermittlers. Der Erklärungsbedarf ist höher, die rechtlichen Strukturen sind vertrackter und der Zeithorizont ist bedeutend länger als beim (Online-)Handel mit Produkten, der weitestgehend automatisiert laufen kann.

Die bisher in Deutschland freigeschalteten Crowdinvesting-Plattformen hinterlassen meines Erachtens einen guten und seriösen Eindruck. Um dem hier ganz pauschal erwähnten guten Eindruck näher auf die Spur zu kommen, seien nachfolgend die Anforderungen beschrieben, an denen sich messen lässt, was eine gute und was eine weniger gute Plattform ausmacht. Zuvor gibt es aber noch einen Gesamtblick auf die Risiken.

6.6   Risikoeinschätzung insgesamt

Wie zuvor schon gesagt, gibt es noch keine hinreichende Datenbasis, die eine auch nur annähernd valide Risikoeinschätzung im Hinblick auf das Crowdinvesting zulässt. Alles, was dazu bislang kommen konnte, kann nicht mehr als Sterndeuterei sein. Nun gut, es gibt Logiken, Argumente und Datenmaterial aus benachbarten Bereichen. Die Übertragbarkeit von Analysen aus anderen Bereichen ist allerdings höchst fraglich, denn das Crowdinvesting ist echtes Neuland und liegt nichts und niemandem wirklich so nahe, dass Ergebnisübernahmen – woher auch immer sie stammen – passen würden. Was jedoch geht: Die abweichende Ausgangslage beim Crowdinvesting gegenüber ähnlichen Bereichen lässt sich benennen. Daraus können zumindest Rückschlüsse gezogen werden, in welche Richtung – ausgehend von Statistiken aus Nachbardisziplinen – die Reise gehen wird. Nehmen wir als Ausgangspunkt Statistiken zum Versagen von „normalen" Start-up-Unternehmen, dann weist das Crowdinvesting eindeutig in Richtung einer höheren Erfolgsquote. Nur: Wie weit die Abweichung geht, kann nur die Zukunft zeigen.

Jedenfalls: Eine 50-prozentige Versagensquote, wie sie manchmal prognostiziert wird, ist extrem unwahrscheinlich. Innerhalb der Mindestlaufzeit der Investments gehe ich von einer Ausfallquote im Umfang von vielleicht 15 Prozent beziehungsweise etwas darüber aus. Das wären also drei Totalverluste bei 20 Investments oder eines von meinen bisherigen sechs Engagements, statistisch. Übrigens: Noch vor einigen Monaten lag meine Prognose bei rund 25 Prozent. So schnell kann das gehen. Was hat in die verbesserte Prognose hineingespielt? Zusätzliche Argumente, die in die positive Richtung gehen, und die bisher hohe Stabilität. Rein gefühlsmäßig hätte ich nämlich schon mehr scheiternde Projekte erwartet. In das Gefühl flossen freilich auch Erfahrungen mit gescheiterten (Start-up-)Unternehmen außerhalb des Crowdinvestings ein, mit denen ich in irgendeiner Weise in Berührung kam, z. B. als Unternehmensberater, der eingesetzt wurde, um die Scherben einzusammeln und wieder zusammenzusetzen, sprich gemeinsam mit dem Unternehmen noch kurz vor dem endgültigen Scheitern einen Turnaround hinzukriegen. Aus dieser Erfahrung lässt sich schließen, dass die Crowdinvesting-Plattformen sicherlich nicht tatenlos zusehen werden, wie ihre Start-ups vor die Hunde gehen. Nein, man wird vermutlich eingreifen, wenn sich ernste Probleme zeigen, und entweder selbst eine Turnaround-Beratung durchführen oder diese veranlassen. Schließlich hängt der Ruf der Plattformen auch ganz wesentlich davon ab, dass nur wenige der eigenen Start-ups scheitern. Tendenziell leichter haben es Plattformen, die nur Kapital für etablierte Unternehmen vermitteln, denn deren Überleben ist zumeist weniger gefährdet. Tja, aber bei etablierten Unternehmen bieten sich auch oft nur geringere Chancen als bei Start-ups.

Ergänzend sei hier noch eine Risikoquelle erwähnt, die im ersten Moment vielleicht überraschend klingen mag: der Anleger. Was sollte dieser denn anrichten können? Nun, der Anleger hat ein Widerrufsrecht[99], das er missbrauchen

---

99 Gemäß § 355 BGB in Verbindung mit § 312b BGB.

kann. Folgende Situation: Die Funding-Schwelle beläuft sich auf 50.000 Euro und diese wird nach Ablauf der Funding-Zeit gerade eben erreicht beziehungsweise knapp übertroffen. Es gibt einen Anleger, der ein Investment in Höhe von 10.000 Euro vertraglich zugesichert hat, der nach Abschluss des Fundings jedoch von seinem Widerrufsrecht Gebrauch macht. Das Funding rutscht damit unter die Funding-Schwelle zurück und die Situation wird für alle (anderen) Beteiligten schwierig. Die Plattformen lösen das im Allgemeinen so, dass sie nachträglich noch weitere Investoren zum Zuge kommen lassen. Nur was, wenn es keine weiteren Interessenten gibt? Das (14-tägige) Widerrufsrecht hat seinen Sinn, öffnet aber auch für Querulanten ein Tor. Für die Plattformen heißt es hier, sich auf eine solche Situation vorzubereiten. Im Zweifelsfall sollte die Plattform eine Geldreserve für so etwas vorhalten, um das Loch durch ein eigenes (eventuell verdecktes) Crowdinvestment in das betroffene Projekt zu schließen. Das geht aber nicht oft. Natürlich lässt sich gegen einen (mehrfach auftretenden) „Berufsquerulanten" auch rechtlich vorgehen.

7. KAPITEL

ANFORDERUNGEN AN CROWDINVESTING-PLATTFORMEN

7.1 Information und Erscheinungsbild

Eine klare und umfassende Information für die an einem Crowdinvesting Interessierten, also die potenziellen Kapitalgeber und die Kapitalsuchenden, sollte eigentlich selbstverständlich sein. Wenngleich es äußerst positive Bespiele gibt, werden nicht alle Crowdinvesting-Webseiten dieser Anforderung gerecht. Unübersichtliche und unvollständige Informationen sind leider keine Ausnahme. Insbesondere bei ausländischen Plattformen findet sich ein vergleichsweise höherer Anteil unübersichtlicher und mit irrelevanten Informationen überladener Webseiten. Des Weiteren gelingt es nicht allen Portalen, ihr Geschäftsmodell verständlich darzustellen. Besonders positiv in puncto Information und Erscheinungsbild fällt u.a. die Plattform *Seedmatch* auf: Modell und Prozedere werden übersichtlich und klar dargelegt. Die Konditionen sind transparent und schnell auffindbar. Die Aufmachung der Webseite von *Seedmatch* ist höchst ansprechend. Die auf der Homepage von *Seedmatch* angezeigten Seed-Levels der einzelnen Projekte sind ein Blickfang und unterstreichen die Dynamik des Geschehens. Erfolg kommt nicht von ungefähr. Möglicherweise hat *Seedmatch* den Durchbruch, auf den viele andere Plattformen noch warten, auch deshalb geschafft, weil die Webseite besonders gelungen gestaltet wurde.

Die Konkurrenz schläft allerdings nicht. Den Crowdinvesting-Portalen *Innovestment, Companisto* und *Fundsters* gelingt ebenfalls eine transparente

und verständliche Darlegung des eigenen Geschäftsmodells und des zugehörigen Prozederes. Auf der Homepage von *Companisto* finden sich u. a.
„Uhren", die ähnlich wie bei *Seedmatch* in sehr ansprechender Form den Stand
des jeweils projektbezogenen Finanzierungsvolumens anzeigen. *Companisto*
wartet des Weiteren mit einer sehr geschickten Einbindung der Investoren
(der sogenannten *Companisten*) auf, die dazu angereizt werden, ihr Start-up
nach Kräften zu unterstützen. Glückt die Einbindung der Investoren als
Promotoren des Projekts tatsächlich, kann sich dies durchaus deutlich positiv
auf den Projekterfolg auswirken. Eine sehr saubere und klare Präsentation
des angebotenen Crowdinvestings gelingt ebenfalls dem Portal *Innovestment*.
Hier wird nämlich unter der Rubrik „Für Investoren" auch ein Überblick
zum Beteiligungsvertrag gegeben. Die Informationsvermittlung über die
Webseite ist bei *Innovestment* meines Erachtens äußerst gelungen, wenngleich
die meisten anderen führenden Portale inzwischen nachziehen konnten, teils
sogar in wichtigen Punkten noch detaillierter informieren als *Innovestment*.
Es wird breitflächig immer besser.

Zum Erscheinungsbild eines Portals zählt auch die ausgestrahlte Seriosität,
die ein weiteres wichtiges Kriterium für Investoren und Start-ups sein sollte
und wird, genau diese Plattform auszuwählen. „Bösartige" Plattformbetreiber
könnten Geld von Investoren einsammeln, ohne ihnen dafür die zugesagte
Gegenleistung zu verschaffen. Wie lassen sich aber seriöse von weniger seriösen Portalen unterscheiden? Ein Ansatzpunkt wäre es einzuschätzen, wie
vertrauenswürdig die hinter der Plattform stehenden Personen sind. Natürlich
spielen auch die Qualifikation und die Berufserfahrung der Geschäftsführer
und Mitarbeiter der Plattform eine Rolle für deren Beurteilung. Eine gute
Ausbildung und umfangreiche für die Aufgabe relevante Berufserfahrungen
erhöhen die Wahrscheinlichkeit, dass es zu besonders geeigneten Strukturen
und Lösungen kommt. Wenn Plattformen ihre handelnden Personen nicht
vorstellen, dann gehe zumindest ich davon aus, dass es über diese Personen eben
nichts zu sagen gibt, sprich dass keine oder nur unwesentliche für die Aufgabe
relevante Erfahrungen vorliegen. Es bleibt zumindest ein gewisser Verdacht,
dass sich „Bastler" an ein solches Thema herangewagt haben.

Die eine oder andere Plattform beschreibt ihr Team recht ausführlich, sodass
sich Start-ups und Investoren einen guten Eindruck verschaffen können. Manche Portale haben sich einen Beirat zugelegt, der gestandene Unternehmer-
persönlichkeiten umfasst, die somit quasi mit ihrem guten Namen für die

jeweilige Plattform einstehen und bei Bedarf mit ihrem Wissen zur Stelle sein können. Auch das ist ein gewisses Qualitätsmerkmal, wenngleich die Beiratsmitglieder eben keine Geschäftsführer oder Mitarbeiter der Plattform sind, die täglich zur Verfügung stehen. Die Beiräte werden jedoch zumeist bei ganz grundsätzlichen Entscheidungen mit im Boot und/oder bei anderen sehr wichtigen Angelegenheiten mit ihrem Rat zur Stelle sein.

7.2   Projektselektion

Es macht wenig Sinn, wenn beliebige Projekte auf eine Plattform gestellt werden können, ohne dass eine Qualitätskontrolle und eine damit verbundene Selektion erfolgt, frei nach dem Motto: „Der Markt wird es schon richten." Dem Missbrauch wäre Tür und Tor geöffnet. Die Durchsetzung bestimmter Kriterien wird für die Überlebensfähigkeit einer Crowdinvesting-Plattform von entscheidender Bedeutung sein. Wie kann aber nun eine Selektion konkret aussehen? Betrachten wir dazu im ersten Schritt einige Verlautbarungen von Crowdinvesting-Anbietern.

Seedmatch gibt zum Thema Auswahl der Projekte auf seiner Webseite unter der Rubrik „FAQ" und dort unter der Frage „Wer wählt die Startups aus?" Folgendes bekannt:[100]

> „Die Startups werden intern durch das Team von Seedmatch und gegebenenfalls Experten aus unserem Netzwerk ausgewählt. Wichtige Kriterien sind dabei u. a. der Neuheitswert und die Nachhaltigkeit der Idee, eine durchdachte und realistische Umsetzungsplanung (Finanzplan) und ein starkes, überzeugendes Gründerteam."

Daraus lassen sich natürlich noch keine Rückschlüsse auf die Intensität und Tiefe des Auswahlprozesses bei Seedmatch ziehen.

Die Plattform Companisto hält sich hinsichtlich der Projektselektion offensichtlich stark zurück und äußerst sich unter der Rubrik „FAQ" unter der Frage „Nach welchen Kriterien sucht Companisto die Startups aus?" zu den Auswahlkriterien für die auf die Plattform gelangenden Start-ups so:[101]

---

100   www.seedmatch.de/faq#Startups (Zugriff: 7.1.2013).
101   www.companisto.de/faq#faq19 (Zugriff: 7.1.2014).

> *„Letztlich müssen Team und Geschäftsmodell die Companisten über-*
> *zeugen. Die Crowd entscheidet. "*

Das ist kurz und trocken und deutet in keiner Weise darauf hin, was *Compa-*
nisto an Intensität in die Vorauswahl steckt. Weiterhin heißt es in den auf der
Webseite von *Companisto* veröffentlichten AGB unter Punkt 3:[102]

> *„Eine Plausibilitätsprüfung der Angaben des Start-ups oder eine Prü-*
> *fung der Wirtschaftlichkeit des Start-ups durch Companisto findet*
> *nicht statt. "*

Hieraus aber schon zu schließen, dass bei *Companisto* kein ernst zu nehmender
Auswahlprozess stattfinde, ginge zu weit. *Companisto* möchte sich offensichtlich
rechtlich auf der ganz sicheren Seite wiederfinden, nach dem Motto: Wer nichts
verspricht, der kann im Ernstfall auf nichts „festgenagelt" werden. Tja, wie
manch ein sich bewerbendes Start-up jedoch sicherlich (schmerzlich) erfahren
hat, wird in der Realität wohl ordentlich gesiebt und nur eine Minderzahl der
Bewerber kommt zum Zuge. Zumindest ließ sich das den Hintergrundge-
sprächen mit einigen der führenden Plattformen entnehmen. Warum sollte
Companisto hier eine Ausnahme bilden?

Etwas gesprächiger zeigt sich *Innovestment* unter „Für Start-ups – Anforderungen". Dort heißt es zu den Kriterien, die an ein Start-up gerichtet werden
und die Basis des Auswahlprozesses sind:[103]

- Vielversprechende Geschäftsidee mit Alleinstellungsmerkmalen und
  Wachstumspotenzial
- Ausführlich ausgearbeiteter Business- und Finanzplan, der Ihr Geschäfts-
  modell einem nicht-fachkundigen Investor plausibel macht und diesen
  begeistern kann
- Bereits erfolgter oder unmittelbar bevorstehender Markteintritt
- Team mit benötigten (insbesondere betriebswirtschaftlichen) Kompe-
  tenzen besetzt
- Gesellschaftsform GmbH oder UG, bereits gegründet
- Bereitschaft, das eigene Vorhaben einem größeren Publikum vorzustellen

---

102 www.companisto.de/business-terms (Zugriff: 7.1.2014).
103 www.innovestment.de/startups/requirements.html (Zugriff: 7.1.2014).

Das sind klare Vorgaben, was allerdings noch nicht allzu viel über die von *Innovestment* getätigte Sorgfalt aussagt, mit der die Auswahl der Kandidaten erfolgt.

Die auf der Webseite von *Seedmatch* einzusehenden AGB (hier unter Punkt 3.2 und 3.3) machen zunächst wenig Mut, auf eine sorgfältige Vorauswahl der Start-ups zu treffen:[104]

> *„Seedmatch weist daher darauf hin, dass durch Seedmatch lediglich eine eingeschränkte Prüfung der Startups nach bestimmten formalen Kriterien stattfindet, die keine Aussagen darüber erlaubt, ob die von dem Startup auf der Plattform eingestellten Informationen und Angaben zu der Firmenneugründung zutreffend sind. Insbesondere wird durch Seedmatch nicht geprüft, ob und inwieweit ein Investment durch den Nutzer, gleich in welcher Form, an dem Startup wirtschaftlich sinnvoll ist. [...] Für die Richtigkeit, Vollständigkeit und Aktualität der Informationen – auch während der Laufzeit des Investments – ist allein das Startup verantwortlich."*

Für *Seedmatch* gilt das Gleiche wie für *Companisto*: Die eigene rechtliche Situation kann mit Blick auf etwaige Streitfälle durch Ausschlüsse obiger Art verbessert werden, obgleich das tatsächliche Handeln über die tiefgestapelten unter rechtlichen Aspekten getätigten Aussagen hinausgeht.

Also: Die auf den ersten Blick bezogen auf ihr Selektionsverhalten kritisch erscheinenden Portalbetreiber werden die Überprüfung der Start-ups durchaus viel aktiver und sorgfältiger vornehmen als in ihren AGB eingeräumt. Weiter: Über ein Interview mit einem Vertreter von *Seedmatch* konnten Klöhn/ Hornuf in Erfahrung bringen, dass bei dieser Plattform lediglich eine von 40 Bewerbungen zu einer abgeschlossenen Finanzierung gelangte.[105] Dafür kann es zwei Gründe geben. Zum einen erreicht nicht jedes auf der Plattform präsentierte Projekt die zum Wirksamwerden der Finanzierung erforderliche Funding-Schwelle. Das allein erklärt allerdings bei Weitem nicht die hohe Quote nicht finanzierter Projekte (39 von 40). *Seedmatch* wird also im Vorfeld schon kräftig selektiert und längst nicht alle Gründungsvorhaben überhaupt auf

104 www.seedmatch.de/agb (Zugriff: 7.1.2014).
105 Vgl. Klöhn, L./Hornuf, L. (2012), S. 245, mit Bezug auf ein Interview mit dem Seedmatch-Beirat RA Andreas Vogel am 21.6.2012.

die Plattform gestellt haben, was auf einen verantwortungsvollen Umgang von *Seedmatch* mit der Zulassung von Projekten hindeutet. Nichts grundsätzlich anderes wird für die übrigen Plattformen gelten, wenngleich diese sich durch die Anzahl der Bewerbungen unterscheiden werden, was natürlich nicht ganz ohne Einfluss auf die Ablehnungsquote bleiben wird. Zu vermuten ist, dass die Ablehnungsquote bei der führenden Plattform *Seedmatch* am höchsten ist, da dort aufgrund des hohen Bekanntheitsgrads wohl die meisten Bewerbungen eingehen werden.

7.3   Unternehmensbewertung

Die Unternehmensbewertung weist für die am Crowdinvesting Beteiligten einen enormen Stellenwert auf oder sollte dies zumindest tun, denn hier geht es um die Verteilung des Kuchens unter Kapitalgebern und -nehmern. Aufgrund der Komplexität und der sehr großen Ermessensspielräume bei der Bewertung kommt es gegebenenfalls zu Nachteilen bei denen, die sich mit dieser Thematik weniger intensiv befassen. Das werden im Regelfall die Mikroinvestoren sein. Was sich mit einiger Sicherheit behaupten lässt: Die Unternehmensbewertungen beim Crowdinvesting sind im Durchschnitt recht hoch gegriffen. Welche Konsequenzen das hat, wird nachfolgend geschildert.

Zunächst die Grundregel: Fällt die Unternehmensbewertung beim Einstieg des Anlegers sehr hoch aus, hat das zur Konsequenz, dass er mit seinem Investitionsbetrag nur einen vergleichsweise kleinen Anteil am Unternehmen erhält, da sein hingegebener Betrag in Relation zum Unternehmenswert gesetzt wird. Das sei anhand eines Beispiels verdeutlicht.

Die Unternehmensbewertung belaufe sich auf 1 Mio. Euro und der Kapitaleinsatz des Mikroinvestors betrage 250 Euro: Sein Anteil hätte somit einen Umfang von 0,025 Prozent (= 250 € ÷ 1 Mio. € × 100). Würde das Unternehmen nun doppelt so hoch bewertet, würde sich der Anteil auf nur noch 0,0125 % (= 250 € ÷ 2 Mio. € × 100) halbieren. Folglich würde sich sowohl der spätere Gewinnanteil als auch der Anteil an der Wertsteigerung halbieren. Die ganze Sache ginge zugunsten der Gründer aus, denn sie müssen umso weniger Anteile abgeben, je höher die Bewertung ist. Die Gründer werden den Unternehmenswert in der Praxis mit der Crowdinvesting-Plattform aushandeln, denn einen objektiven Unternehmenswert gibt es nicht. Den Plattformen sollte die

Aufgabe zukommen, die Interessen der Anleger zu vertreten. Die Realität zeigt allerdings, dass dies nur bedingt funktioniert.

Der Blickwinkel eines Investors: Im Falle einer unangemessen hohen Unternehmensbewertung nutzen auch spätere blendende Geschäfte des Start-ups nicht allzu viel, denn was bringt ein „mikroskopisch" kleiner Anteil an einem großen Kuchen? Eine sehr hohe Anfangsbewertung bedeutet im Grunde, dass ein wesentlicher Teil der später erwarteten Wertsteigerung schon zu Beginn eingepreist ist. Der Anleger muss diesen Preis beim Einstieg zahlen, indem sein Anteil am Start-up bei gleichem Geldeinsatz schlichtweg geringer bleibt, als er bei einer niedrigeren Unternehmensbewertung wäre. Letztlich bedeutet dies für den Investor, dass er sich mit dem Mechanismus der jeweiligen Erfolgsbeteiligung und dessen Auswirkung eigentlich näher befassen sollte. Das wird allerdings aus zwei Gründen schwierig sein:

1. Die weitaus meisten Mikroinvestoren werden keine Bewertungsfachleute sein, die sich in überschaubarer Zeit einen validen Eindruck über die Bewertung verschaffen können.
2. Außerdem fragt sich, wie viel Zeit ein Investor denn überhaupt in die Entscheidungsfindung stecken sollte beziehungsweise möchte, wenn er z. B. nur 100 Euro einsetzt. Eine halbwegs fundierte Bewertung lässt sich nicht mal eben mit der Mütze nebenbei machen.

Was bleibt uns geschundenen Anlegern? Ein kurzer Vergleich mit anderen Bewertungen, die aus dem Crowdinvesting oder aus anderen Quellen stammen. Zumindest lassen sich so größere Ausreißer erkennen. Noch besser: Man könnte sich ganz simpel auch auf die in verschiedenen Erfolgssituationen des Unternehmens zu erwartende Rendite stützen und die Bewertung komplett außen vor lassen. Also: Ich konzentriere mich auf die Rückflüsse, die meinem Kapitaleinsatz gegenüberstehen können. Leider gibt nicht jede Plattform die entsprechenden Basisinformationen an, die es uns ermöglichen, schnell damit weiterrechnen zu können.

Zur Unternehmensbewertung noch dieses: Nicht wenige von den Finanzplanungen, die im Businessplan der Start-ups stehen, die ein Crowdinvesting eingehen, lassen sich getrost als sogenannte „Hockey-Stick-Planungen" bezeichnen, die eher von Euphorie für die eigene Idee als von Realismus geprägt sind.

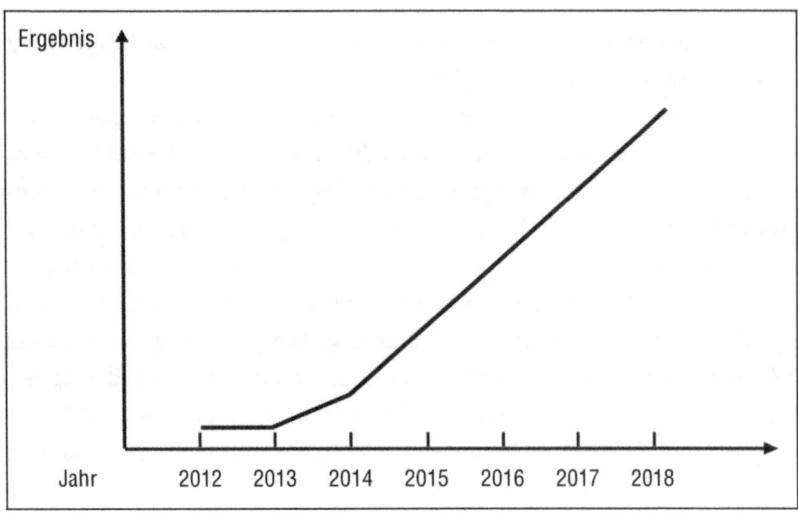

Abb. 23: Typische „Hockey-Stick-Planung"

Abbildung 23 zeigt ein typisches Beispiel für eine Planung, die einem Hockey-schläger („hockey stick") ähnelt. Der flache Bereich symbolisiert die bisherigen (Ist-) Ergebnisse des zugehörigen Start-up-Unternehmens und der steil anstei-gende Bereich die Zukunftsprognose, die den Zeitraum „ab morgen" betrifft. Das mag ja alles hinterher eintreffen, wenn alles gut läuft. Dennoch: Zweifel bleiben und darin drückt sich das unternehmerische Risiko aus. Nicht wenige Start-ups legen tatsächlich nach dem kostenintensiven und mit Anlaufverlusten behafteten Start eine satte Wachstumsphase hin und schaffen es zumindest, in Richtung der Prognose zu gelangen. Die meisten Plattformen lassen die Business-Pläne vorsichtshalber nach der Funding-Phase von der Webseite verschwinden, womöglich auch mit dem Ziel, größere Abweichungen nach unten nicht so auffällig werden zu lassen.

Tja, kritische Worte an dieser Stelle. Dennoch stecke ich inzwischen in sechs Crowdinvestings. Läge in meinem konkreten Fall die durchschnittliche Renditeerwartung bei rund 13 Prozent pro Jahr, dann müsste ich – um das zu erreichen – etwa doppelt so viel Geld zurückerhalten wie ich anfangs investiert habe, denn die Laufzeit meiner Crowdinvesting-Projekte beträgt im Schnitt 5,63 Jahre. Mal sehen, ob das klappen wird. Abrechnen lässt sich erst nach Jahren, denn in der ersten Zeit wird es in Ermangelung anfänglicher positiver Ergebnisse bei den meisten Projekten keine Gewinnausschüttung geben. Erst später und vor allem beim Ausstieg wird sich zeigen, ob das jeweilige Investment was war. Bei den schlechten Anlagealternativen anderswo ist das jedenfalls einen Versuch wert, keine Frage!

Zwischenfazit zur Unternehmensbewertung: Die Gründer werden sehr viel stärker von dem Erfolg ihres Unternehmens profitieren als die Mikroinvestoren. Ein fiktives, aber keineswegs unrealistisches Beispiel: Die Gründer erhalten für 50.000 Euro selbst eingebrachten Kapitals einen Anteil an Gewinn und Wertsteigerung im Umfang von 80 Prozent und die Summe der Mikroinvestoren bringt 200.000 Euro zusammen, um damit 20 Prozent Erfolgsanteil zu erlangen. Genau so etwas würde bei den gegebenen Zahlen passieren, wenn der Unternehmenswert auf 1 Mio. Euro taxiert würde, denn die 200.000 Euro der Crowd machen 20 Prozent der Million aus. Der Anteil der Gründer unterwirft sich diesen Regeln nicht. Sie erhalten schlichtweg den gesamten „Restanteil", der übrig bleibt, wenn das berechnet wurde, was die Mikroinvestoren erhalten (sollen). Also: Wenn wir mit unserer Rendite zufrieden sind, dann wird es sich bei den (ehemaligen) Gründern zumeist schon um Millionäre handeln. Das sei ihnen gegönnt, denn sie haben es geschafft, ihre Idee erfolgreich umzusetzen und unsere Wirtschaft wieder ein kleines Stück voranzubringen – mit allen zumeist positiven Nebenwirkungen (Arbeitsplätze etc.).

Nochmals auf den Punkt gebracht: Eine hohe Unternehmensbewertung zu Beginn sorgt dafür, dass wir als Investoren diskriminiert werden. Das ist aber auch zu verstehen, denn die Gründer haben zumeist ganz erhebliche Vorleistungen erbracht, die sich nicht selten über viele Jahre erstreckten, und sie geben oft ihr letztes Hemd, während wir nur unser überzähliges „Kleingeld" in die Waagschale werfen und gierig den großen Reibach haben wollen. Die (starke) Bevorzugung der Gründer geht durchaus in Ordnung. Für uns fragt sich nur: Wo ist unsere Schmerzgrenze? Im Zweifelsfall legen wir sie dort an, wo unsere Investitionsalternativen liegen, wobei wir dabei immer das Chance-Risiko-Verhältnis im Auge haben sollten. Unser Sparbuch ist zwar sicher, wirft aber momentan nichts ab. Die Verzinsung liegt derzeit sogar in der Regel unterhalb der Inflationsrate. Aktien sind ebenfalls risikobehaftet, wenngleich weniger als Crowdinvestments, jedoch sicherlich auch erheblich langweiliger. Ob das Risiko bei einer Anlage in Aktien tatsächlich so viel geringer ist als bei einem Crowdinvesting? Zu Endzeiten des Neuen Marktes gab es breitflächig massive Kursverluste und sogar Totalausfälle am entsprechenden Aktienmarkt. Übrigens: Es gibt eine Crowdinvesting-Plattform (*Bergfürst*), die das Instrument Aktie einsetzt. Doch nun zurück zur Bewertung.

Welche Bewertungsverfahren kommen eigentlich bei einem Crowd-investing in Betracht? Die beiden gängigsten Bewertungsmethoden sind das Discounted-Cashflow-Verfahren (WACC-Ansatz) sowie das EBIT-Multi-plikator-Verfahren. Das letztgenannte Verfahren greift auf Vergleichswerte zurück. Die Vergleichswerte werden entweder aus Börsenwerten oder aus Verkaufspreisen für ähnliche Unternehmen ermittelt. Dazu werden mög-lichst viele vom Geschäft her vergleichbare Unternehmen gesucht, für die entsprechende Werte vorliegen. Die Börsenwerte oder Verkaufspreise werden anschließend durch das jeweilige Ergebnis vor Zinsen und Steuern (EBIT) des zugehörigen Unternehmens geteilt. Dadurch erhält man den sogenannten EBIT-Multiplikator. Also: Aus einem Kaufpreis (nach Abzug der Nettofinanz-schulden) in Höhe von zwei Mio. Euro und einem EBIT von 250.000 Euro ergibt sich ein Multiplikator von acht (= 2 Mio. € ÷ 250.000 €). Aus allen so ermittelten EBIT-Multiplikatoren der Vergleichsunternehmen könnte man nun einen Mittelwert bilden und käme vielleicht auf einen Multiplikator von 7,5. Dieser wird auf den EBIT unseres zu bewertenden Unternehmens angewendet. Wenn für unser Start-up nun ein EBIT in Höhe von 100.000 Euro und Nettofinanzschulden von 50.000 Euro angesetzt würden, ergäbe sich Folgendes:

$$100.000\,€ \times 7,5 - 50.000\,€ = 700.000\,€$$

Der errechnete Unternehmenswert beliefe sich auf 700.000 Euro. Problem 1: Wo bekommen wir den EBIT für unser Start-up-Unternehmen her? Start-ups sind in der Regel „geschichtslose" Unternehmen, für die keine oder zumindest keine repräsentativen Vergangenheitswerte vorliegen, auf die wir für die Bewertung zurückgreifen können. Hm. Wir müssen also Planwerte ansetzen. Die Planung ist allerdings mit allen Unwägbarkeiten verbunden, die für neue Unternehmen gelten. Außerdem fragt sich, welches Planjahr wir denn nehmen sollen. Das jetzige, das nächste, das übernächste oder ein noch späteres? Neue Unternehmen starten oftmals zunächst mit Verlusten und haben womöglich erst nach zwei, drei oder vier Jahren ein erstes halbwegs repräsentatives Ergebnis. O.k., vielleicht greifen wir uns den EBIT des dritten oder vierten Planjahrs heraus, um die Bewertung durchzuführen. Problem 2: Wo bekommen wir eigentlich unsere Vergleichsunternehmen her? Und wenn wir welche haben: Sind diese wirklich vergleichbar mit unserem (speziellen)

Start-up, das womöglich eine ganz neue Idee umsetzen möchte? Problem 3: Wir wissen nicht, was hinter den Kaufpreisen für die Vergleichsunternehmen steht. Waren diese überhaupt vernünftig? Enthielten sie strategische Prämien, die wir nicht kennen? Dazu werden wir womöglich keine Informationen erlangen. Nun: Die EBIT-Multiplikator-Methode stößt an verschiedenen Stellen auf Probleme und kann letztlich nur einen groben Anhaltspunkt für die Bewertung liefern. Aber vielleicht reicht uns das ja schon.

Das Discounted-Cashflow-Verfahren gilt gemeinhin als treffsicherer als die EBIT-Multiplikator-Methode. Es wird dort nicht auf Vergleichswerte gesetzt, sondern es werden direkt die Planwerte (hier als Cashflows) für das zu bewertende Unternehmen herangezogen und auf den Gegenwartszeitpunkt abgezinst. Von der Summe der abgezinsten Cashflows werden wiederum die Nettofinanzschulden abgezogen, und der Unternehmenswert steht. Zwei Stellschrauben sind bei diesem Verfahren zentral: Die Planwerte, für die wir ebenfalls auf ein Planungsproblem treffen, da wir bei einem neuen Unternehmen aus der Vergangenheit nicht allzu viele Schlüsse ziehen können, die uns bei der Planung helfen. Jedoch haben wir beim Discounted-Cashflow-Verfahren immerhin nicht das Problem, ein bestimmtes repräsentatives Planjahr auswählen zu müssen, denn es fließen alle Planjahre in die Bewertung ein, sogar unendlich viele. Wir lösen das Thema der Unendlichkeit durch eine ab einem bestimmten Planungshorizont (z. B. nach fünf Jahren) angesetzten festen Planwert, der für alle Jahre danach (durchschnittlich) gelten soll, und errechnen daraus eine „ewige Rente". Letztere wird den abgezinsten Planwerten aus den vorherigen Planjahren hinzugerechnet.

Die zweite wichtige Stellschraube beim Discounted-Cashflow-Verfahren ist der Abzinsungsfaktor. Gerade bei Start-up-Unternehmen ist die Bandbreite der in der Praxis angesetzten Abzinsungsfaktoren groß. Der Abzinsungsfaktor enthält eine Zins- und eine Risikokomponente. Das einfließende Risiko wird allerdings von (fast) jedem anders eingeschätzt. Venture-Capital-Geber neigen oftmals zu extrem hohen Abzinsungsfaktoren. Das führt zu niedrigen Bewertungen und sie erhalten (wenn die Bewertung durchgeht) dann mit ihrem Kapitaleinsatz relativ hohe Anteile an den Unternehmen, in die sie einsteigen. Nicht selten liegen die Abzinsungsfaktoren dort zwischen 30 und 50 Prozent. Zum Vergleich: Bei etablierten Unternehmen hat man vielleicht etwas in der Größenordnung von 10 bis 15 Prozent. Die Höhe dieses Faktors schlägt enorm auf die Höhe des Unternehmenswerts durch.

Tja, beim Discounted-Cashflow-Verfahren treffen wir ebenfalls auf Bewertungsprobleme, die ernsthaft sind. Bei etablierten Unternehmen kommen wir mit dieser Methode bewerterisch zwar sehr gut zurecht, aber eben oft nicht bei den „geschichtslosen" Unternehmen. Insbesondere dann, wenn die Geschäftsidee ganz neu ist, können wir häufig nur per Glaskugel planen. Uns bleibt aber nichts anderes übrig; wir müssen planen, um bewerten zu können. Die Start-up-Unternehmen oder deren Berater nehmen uns das Planen allerdings dankenswerterweise ab. Uns bleibt, die Planung zu plausibilisieren, und wir werden dabei nicht selten die bereits zuvor geäußerte Befürchtung haben, dass recht euphorisch geplant wurde. Was tun? Wissen wir es denn besser? Schwer zu sagen, wie hoch der Anteil von Fantasie und der Anteil von Realismus in einer Planung sind, die uns (im Rahmen des Businessplans) vorgelegt wurde.

Was ich mit all dem sagen will: Wie man die Sache auch dreht und wendet, für viele Start-up-Unternehmen ist es sehr schwierig, auch nur eine halbwegs valide Planung hinzubekommen. Die Zukunft ist für die meisten dieser Unternehmen derart ungewiss, dass die Bandbreite der möglichen künftigen Ergebnisse groß ist. Etablierte Unternehmen sind zumeist schon in einem eingeschwungenen Zustand und dort weiß man aus langjähriger Erfahrung, was geht und was nicht geht, und kann daher genauer beziehungsweise realistischer planen – zumeist jedenfalls.

Die gesamte Problemlage und die Möglichkeiten, dennoch auch unter erschwerten Bedingungen noch bestmöglich zu bewerten, würde ein eigenes Buch füllen. Hm. Was rate ich den Investoren, den Start-ups und den Plattformen hinsichtlich der Unternehmensbewertung? Eine Lösung wäre es, auf Bewertungsprofis zu setzen, die sich mit der Bewertung junger Unternehmen gut auskennen. Die Start-ups können einen solchen wahrscheinlich durchaus einschalten (und bezahlen), die Mikroinvestoren wohl kaum. Die Crowdinvesting-Plattformen verfügen oft über eigene Expertise in der Unternehmensbewertung. Der großen Mehrheit der Investoren bleibt jedoch nur die Möglichkeit zu hoffen, dass die Werte schon halbwegs „stimmen" werden, beziehungsweise sie können Vergleichs-(Unternehmens-)werte aus anderen Crowdinvesting-Projekten heranziehen.

Ich selbst habe bislang für zwei Crowdinvesting-Start-ups Unternehmensbewertungen durchgeführt. Dabei griff ich sowohl auf eine Discounted-Cashflow- und eine EBIT-Multiplikator-Bewertung zurück als auch auf Vergleichswerte aus anderen Crowdinvestings ähnlichen Charakters. Eine seriöse Herleitung von Planwerten als Eingangsdaten für die beiden erstgenannten Verfahren war sehr aufwendig, aber dennoch machbar, da jeweils Finanzdaten von anderen Unternehmen vorlagen, die bereits ein ähnliches Entwicklungsstadium in einem vergleichbar strukturierten Geschäft durchlaufen hatten.

7.4   Verträge

Neben dem Erfolg des Start-ups sind tragfähige Vertragswerke ein elementarer Erfolgsfaktor für ein Crowdinvestment. Eine gewisse Transparenz schafft diesbezüglich die Plattform *Innovestment*, die unter der Rubrik „Für Investoren – Beteiligungsvertrag" erste Basisinformationen darüber gibt, was in den abzuschließenden Verträgen stehen wird.[106] Obgleich es sich um eine Kurzversion des endgültigen Vertrags handelt, kann der Investor sich bereits etwas besser auf das einstellen, was ihn konkret erwartet, und muss bei der Entscheidungsfindung nicht allein auf das vertrauen, was auf der Webseite der Plattform frei formuliert zu lesen ist. Natürlich sieht der Investor dann später den jeweils konkreten Vertrag, bevor er in ein Projekt investiert. Ich meinte hier vielmehr die allgemeine Vorbereitung eines noch nicht registrierten Nutzers, der erst einmal sehen möchte, wie die Bedingungen der Plattform sind. *Innovestment* ist an dieser Stelle ein positives Beispiel im Hinblick auf die Informationsversorgung der potenziellen Investoren und der Start-ups, dies allerdings mit leichten Einschränkungen. Schade ist, dass darauf verzichtet wurde, Näheres zur Unternehmensbewertung zu vermelden, die für den Investor schließlich von großem Belang im Hinblick auf seinen Ausstieg ist. Der gezeigte Beteiligungsvertrag in Form eines partiarischen Nachrangdarlehens des Portals *Companisto* ist hingegen vollständig.[107] Die Informationspolitik von *Companisto* ist absolut vorbildlich.

Die frühzeitige Informationsbereitstellung über die abzuschließenden Vertragswerke sagt allerdings noch nichts darüber aus, ob diese wirklich tragfähig sind. Was macht einen guten Vertrag aus? Enthalten sein sollten der Status sowie die Rechte und Pflichten der Vertragsparteien, z. B. aufgeteilt in folgende Punkte:

---

106 Vgl. www.innovestment.de/investors/vertrag.html (Zugriff: 7.1.2014).
107 Siehe www.companisto.de/assets/1370161265_Beteiligungsvertrag.pdf (Zugriff: 7.1.2014).

§ 1   Vertragsparteien (Unternehmen und Mikroinvestor)

§ 2   Art und Höhe der Beteiligung beziehungsweise des Darlehens

§ 3   Beginn und Dauer der Beteiligung beziehungsweise des Darlehens

§ 4   Jahresabschluss des Unternehmens (insbesondere auch Fristen dazu)

§ 5   Beteiligung an Gewinn, Verlust und Veräußerungserlös; Abfindung
      beim Exit beziehungsweise Verzinsung und Rückzahlung

§ 6   Ergebnisermittlung, Ergebnisbereinigung und Bewertung

§ 7   Informationspflichten des Unternehmens

§ 8   Informations- und Kontrollrechte des Mikroinvestors

§ 9   Änderung der Kapitalverhältnisse und Verwässerungsschutz (regelt
      die Folgen des Beitritts neuer Gesellschafter)

§ 10 Übertragung der Beteiligung beziehungsweise des Darlehens;
      Kündigung und Tod eines Beteiligten

§ 11 Schlussbestimmungen (Gerichtsstand, Vertragsänderungen,
      Salvatorische Klausel)

Die Verlässlichkeit und Sicherheit der Zahlungsabwicklung ist ein weiteres wichtiges Kriterium für den ordnungsmäßigen Verlauf eines Crowdinvestings. Dabei kommt es nicht nur darauf an, dass der Finanzierungsbetrag an das Start-up-Unternehmen gelangt und nicht irgendwo verschwindet, sondern auch darauf, dass die späteren Rückflüsse an den Mikroinvestor tatsächlich fließen. Üblich ist es, dass die eingehenden Zahlungen nicht auf das Konto des Portalbetreibers und auch nicht direkt an die zu finanzierenden Unternehmen gelangen, sondern zunächst von einem dritten Unternehmen entgegengenommen und treuhänderisch verwaltet werden, z. B. von einer Bank. Erst wenn das Funding abgeschlossen ist, d. h., wenn die Frist für das Funding (z. B. 60 Tage) abgelaufen ist und am Ende dieser Zeit das Funding-Limit erreicht beziehungsweise überschritten wurde, fließt das eingesammelte Geld vom Treuhandkonto an das zugehörige Start-up-Unternehmen, gegebenenfalls abzüglich der Provision, die dem Plattformbetreiber gutgeschrieben wird.

Als Beispiel soll erneut die Plattform *Seedmatch* herangezogen werden. Die gesamte Zahlungsabwicklung erfolgt hier über die *Secupay AG*. Diese Gesellschaft hat sich auf Zahlungen über das Internet spezialisiert. Über diese Gesellschaft laufen nach Auskunft von *Seedmatch* zum einen die Geldflüsse an die Start-ups, die dann erforderlich werden, wenn das Funding erfolgreich war, zum anderen aber auch dann, wenn die Geldgeber Ansprüche auf Auszahlung von Gewinnanteilen, Zinsen, Abfindungen beim Exit beziehungsweise auf Rückzahlungen haben. Die zwischenzeitliche treuhänderische Geldverwahrung läuft bei *Seedmatch* über die *Fidor Bank*.

7.5   Engagement nach Vertragsabschluss

Die Plattform *Investiere* aus der Schweiz besticht durch ihr für den Investor besonders faires und höchst glaubwürdiges Modell. Der Portalbetreiber von *Investiere* dokumentiert sein langfristiges Interesse am Schicksal der Start-ups dadurch, dass er den Erfolg beziehungsweise Misserfolg der Start-ups mit den angeworbenen Investoren teilt. Der Erfolg der Start-ups ist für *Investiere* gleichsam überlebenswichtig, weshalb der Plattformbetreiber von *Investiere* bestrebt sein muss, die Start-ups nach Kräften zu unterstützen, und zwar bis zum Exit.

Natürlich kostet Unterstützung auch Zeit und Geld. *Investiere* tut also gut daran, die Start-ups zu beobachten und dort, wo (gegebenenfalls mit wenig Aufwand) Hilfe geleistet werden kann, diese zu geben. Die Hilfestellung könnte etwa darin bestehen, dass Kontakte geschaffen werden etc. Weiterhin wird *Investiere* noch stärker als andere Plattformen daran interessiert sein, dass die Vertragswerke zwischen Investor und Start-up langfristig tragfähig sind. Wenn die Verträge Lücken haben, unklar formuliert sind, nicht eingehalten werden beziehungsweise nicht durchsetzbar sind, dann kann es trotz guter Entwicklung des Start-ups gegebenenfalls zu Verlusten oder entgangenen Gewinnen bei Investoren kommen. Da *Investiere* am Wohl und Wehe der Anleger teilhat, wird es im Vorfeld bereits sehr bemüht sein – mehr noch als andere Portale –, die Verträge sowie deren Nachverfolgung möglichst „wasserdicht" zu gestalten. Das Portal *Investiere* handelt sich durch das besonders faire Modell allerdings einen Nachteil ein: Der eigene Verdienst lässt auf sich warten (bis die Start-ups genug abwerfen) und für *Investiere* wird ein sehr langer Atem bis zum Erreichen der Gewinnzone nötig sein.

Investiere verfügt aufgrund des gewählten Geschäftsmodells also über ein intrinsisches Interesse daran, dass nach Vertragsabschluss alles reibungslos weiterläuft. Welche Mindestanforderungen wären aber an andere Plattformen zu richten, die keinen entsprechenden intrinsischen Anreiz haben wie *Investiere*, sich nach Vertragsabschluss noch ernsthaft zu engagieren beziehungsweise schon von Beginn an dafür Sorge zu tragen, dass die gesamte Laufzeit des

Investments sauber verläuft? Hier stellt sich die Frage, welche Pflichten die Plattformen aus gesetzlicher und aus vertraglicher Sicht haben. Des Weiteren könnten die Plattformen natürlich auch freiwillig bestimmte Aufgaben übernehmen, die über das Pflichtpaket hinausgehen, etwa um ihr Image aufzupolieren oder um an Nebenverdienste zu gelangen. Tatsächlich ist es so, dass einige Plattformen diverse Zusatzleitungen für die Start-ups anbieten, die aus dem Funding gespeist werden. Manch eine Crowdinvesting-Plattform erhält also nicht nur die Provision für ihre Kapitalvermittlungstätigkeit, sondern auch ein Entgelt für spätere weitere Leistungen. Damit gelingt es den Plattformen gelegentlich, einen durchaus nennenswerten Anteil aus dem Funding „zu behalten", erbringen dafür jedoch auch (sehr) Nützliches für die Start-ups.

Die Plattform *Fundsters* bleibt deshalb langfristig im Boot, weil die Investoren nicht unmittelbar an ihrem Start-up beteiligt sind, sondern per typisch stiller Beteiligung an der *Fundsters AG*. Letztgenannter Portalbetreiber ist dann atypisch still an den Start-ups beteiligt. Sämtliche vertraglichen Abwicklungen, die den Investor betreffen, laufen also über *Fundsters*. Eine unmittelbare Verbindung zwischen Anleger und Start-up entsteht nicht, wenngleich der Investor am Erfolg des Start-ups auf indirektem Wege teilnimmt. Damit hat *Fundsters* zwar keine dem Portal *Investiere* vergleichbar intensive intrinsische Motivation, das Schicksal der Start-ups aktiv (positiv) zu beeinflussen, bleibt aber hinsichtlich der weiteren Information über die Entwicklung der Start-up-Unternehmen und der weiteren Abwicklungsarbeiten in der Verantwortung. Das lässt durchaus eine gute Nachsorge erwarten. Und: *Fundsters* bietet im Sinne einer Nachsorge eine professionelle Anlegerbetreuung an. Dafür muss der Investor der Plattform zehn Prozent seines Gewinns überlassen. Tja: Ich brauche eine solche Betreuung aber nicht und würde diese gerne abwählen. Geht nicht, denn die Abwahloption besteht nicht. Ich vermute: Bei *Fundsters* steht ein wenig der „Fonds-Gedanke" hinter dem Modell, bei welchem vom Anleger eine „Gebühr" für die Verwaltung und das Handling des Fonds (hier des Crowdinvestments) genommen wird. Die anderen Crowdinvesting-Plattformen belasten ihre Gebühren allein den gefundeten Unternehmen. *Fundsters* teilt die Gebühr hingegen auf Unternehmen und Investoren auf. Jedoch: Wenn ich als Anleger keine Gewinnanteile erhalte, dann fällt auch keine Gebühr für mich bei *Fundsters* an. Man zahlt für die Betreuung nur im Erfolgsfall. Womöglich ist es gar nicht so verkehrt, dass *Fundsters* sich um die Start-ups kümmert beziehungsweise kümmern muss, vor allem, wenn es (zwischenzeitlich) dort nicht so glatt läuft. Dadurch, dass

Fundsters an den Unternehmen direkt beteiligt ist, besteht automatisch eine enge Verbindung von *Fundsters* zu diesen, was bei anderen Plattformen so nicht der Fall ist und dort nur auf „Freiwilligkeit" beruht.

Ein anderer Blick auf die Nachsorge: Finden sich umfängliche Haftungs-freizeichnungen in den Allgemeinen Geschäftsbedingungen der Portale, dann kann davon ausgegangen werden, dass die Plattformen auf der Flucht vor etwaigen Ansprüchen sind und des Weiteren darauf bedacht sind, sich mit keinerlei Schadenersatzansprüchen konfrontiert zu sehen, ihre zuvor eingezo-genen Gebühren unter allen Umständen zu bewahren sowie nach Möglichkeit keine zwingenden nachlaufenden Arbeiten mit den Projekten zu haben. Eine übertrieben von Juristen optimierte Abwehrhaltung der Plattformen hat den Nachteil, dass die übrigen Beteiligten nicht allzu begeistert sein werden, denn dadurch können sogar berechtigte Ansprüche für sie unterlaufen, ausgehöhlt oder erschwert werden.

Zur Information und Kommunikation: Ein positives Kriterium ist etwa, wenn das Portal gewisse Regeln für die weitere Kommunikation zwischen Investoren und Start-ups vorgibt und über seine Webseite Raum für den Informationsaustausch zwischen diesen beiden Gruppen bereitstellt. Dies kann offen einsehbar für all diejenigen sein, welche die Webseite besuchen oder aber in einem geschützten Bereich stehen, der nur für die unmittelbar Beteiligten, z. B. über ein Kennwort, zugänglich ist.

7.6 Anforderungskatalog

Aus dem zuvor Dargelegten ergeben sich folgende Anforderungen, die an gute Crowdinvesting-Portale beziehungsweise an deren Betreiber zu richten wären:

1. **Erscheinungsbild und Seriosität:** Eine attraktive Gestaltung der Web-seite des Crowdinvesting-Portals ist ein wichtiger Überlebensfaktor für den Anbieter. Bei einigen Plattformen finden sich spannende Ticker, die den aktuellen Funding-Status der Projekte anzeigen. Ab und zu wirken die Webseiten allerdings ein wenig überladen, worunter der Auftritt leidet. Weiter: Die Seriosität der Plattformen definiert sich in erster Linie über die handelnden Personen, jedoch auch über gute Inhalte, gute Strukturen und Vertragswerke.

2. **Transparenz:** Nicht jeder Plattform gelingt eine vollständige, verständliche und übersichtliche Darstellung. Es gibt Plattform-Webseiten die zur Unübersichtlichkeit neigen, denn es werden manchmal zu viele Informationen und optische Eindrücke auf die einzelnen Seiten gepackt. Das ist für den Einsteiger schwierig. Erst nach zahlreichen Besuchen auf der jeweiligen Webseite findet der Nutzer sich dann gut zurecht. Als problematisch anzusehen ist, dass trotz der Informationsfülle gelegentlich wichtige Informationen fehlen oder an versteckter Stelle stehen. Vereinzelt bleibt z. B. unklar, was den Mikroinvestor bei seinem Exit konkret erwartet. Dieser einstmals größte Schwachpunkt vieler der betrachteten Portale hat inzwischen jedoch eher schon Seltenheitswert erlangt. Schöne Entwicklung, aber noch nicht am Ende angelangt.

3. **Konditionen:** Die Vorgabe eines gut handhabbaren und fairen Rahmens für das Verhältnis zwischen Mikroinvestor und Start-up ist elementar für den weiteren Erfolg. Eine hohe Flexibilität bei den Modellen und Bedingungen kann zwar dazu führen, dass die Konditionen sich flexibler an die Bedarfe der Start-ups anpassen lassen, erschwert aber die Einschätzbarkeit der Situation für die Investoren. Nicht alle Crowdinvesting-Plattformen bieten tatsächlich gute Bedingungen für den Exit der Mikroinvestoren, und das, obgleich ein guter Exit höchstwahrscheinlich der Hauptantrieb für einen Investor ist, sich auf ein Crowdinvesting einzulassen. Bezogen auf die Konditionen ist zu sagen, dass diese möglichst einfach und klar sein sollten, damit der typische Crowdinvestor sie gut nachvollziehen kann. Ihm wird es leichter fallen, sich für ein Investment zu entscheiden, wenn die Rahmenbedingungen dafür deutlich werden und er nicht in eine „Black Box" schaut.

4. **Verträge:** Die Konditionen müssen in tragfähige Vertragswerke gegossen werden, was keineswegs einfach ist. Die Verträge sollten (von den Plattformen) unbedingt mit juristischer Expertise entwickelt werden. Ansonsten besteht die Gefahr, dass es zu Missverständnissen und/oder zu Überraschungen kommt beziehungsweise zu späteren unnötigen Streitigkeiten zwischen den Parteien. Wichtig dabei ist: Es muss Klarheit über den Exit und dessen Bedingungen herrschen, was Gegenstand des Beteiligungsvertrags zu sein hat. Ein obligatorischer Bestandteil der Verträge, die zwischen Mikroinvestoren und Start-ups abgeschlossen werden, sollte des Weiteren sein, dass Missbrauchstatbestände aufgegriffen werden, die sich etwa durch

die Manipulation von Unternehmensergebnissen seitens der Gründer ergeben könnten. Dazu gehört z. B. eine Begrenzung der Geschäftsführergehälter, die sich die Gründer gönnen und deren Höhe natürlich den Gewinn
beeinflusst. Was ebenfalls in die Verträge gehört, sind die Konditionen, zu
denen neue Kapitalgeber aufgenommen werden können, die vor Ablauf
der Mindestbeteiligungsdauer der Mikroinvestoren hinzutreten, sowie ein
Passus zum Verwässerungsschutz.

5. **Sicherheit und Datenschutz:** Wichtig ist natürlich auch, dass die Zahlungsabwicklung sauber läuft. Dazu zählt, dass die Einzahlungen der Investoren
zunächst auf einem treuhänderisch geführten Konto „geparkt" werden
und erst nach dem erfolgreichen Abschluss des Funding-Prozesses an das
Start-up-Unternehmen fließen. Des Weiteren ist dafür Sorge zu tragen,
dass keine von den beteiligten Personen als sensibel eingestufte Angaben
und Daten in Umlauf geraten. Da die Kommunikation und Abwicklung
bezüglich des Crowdinvestings oft ausschließlich über die Webseite der
Plattform erfolgt, sind dort entsprechende Vorkehrungen zu treffen. Konkret
bedeutet dies beispielsweise, dass auf bestimmte Teilnehmergruppen bezogene Zugriffs- und Leserechte eingerichtet und verwaltet werden müssen.
Zu überlegen ist z. B., ob wirklich alle Informationen, die von den bereits
gefundeten Start-ups an die Investoren geliefert werden, für alle Besucher
der Plattform-Webseite sichtbar gemacht werden sollen oder ob dafür ein
passwortgeschützter Bereich eingerichtet wird, der nur den Mikroinvestoren
zugänglich ist, die sich an dem betreffenden Start-up beteiligt haben. Klar:
Etwaige Online-Zahlungswege müssen abgesichert sein.

6. **Langfristiges Engagement:** Sollte die Plattform den einfachen Weg gehen
wollen und als reiner Kapitalvermittler agieren, der sich nach Erhalt seiner
Provision um die zugehörigen Projekte nicht mehr bemüht, dann wird sie
früher oder später vermutlich Schiffbruch erleiden. Sicher sein, dass die
Plattform sich längerfristig engagiert, kann sich der Investor dann, wenn
das Anreizsystem so gestaltet ist, dass der Betreiber „gezwungen" ist, langfristig im Boot zu bleiben, was etwa beim schweizerischen Portal *Investiere*
der Fall ist. Auch die deutsche Plattform *Fundsters* wird mehr als andere
Plattformen nicht umhinkommen, langfristig engagiert zu bleiben, denn
an ihr sind die Mikroinvestoren unmittelbar beteiligt, und nur mittelbar an
den Start-ups. Da *Fundsters* selbst per atypisch stiller Beteiligung mit den
Start-ups verbunden ist, kommt man dort um das Kümmern wohl kaum

herum. Die übrigen Plattformen könnten ihr nachsorgendes Engagement dadurch dokumentieren, dass sie sich vertraglich oder per AGB dazu verpflichten.

7. **Unterstützungsleistungen:** Es ist durchaus sinnvoll, wenn die jeweilige Crowdinvesting-Plattform das Marketing der Start-ups unterstützt, indem sie sich dazu als Kommunikationsebene zur Verfügung stellt. Ein positives Beispiel ist hier das Portal *Companisto*, das seine Mikroinvestoren (*„Companisten"*) aktiv zur Unterstützung der Projekte ermuntert. Gute Kontakte der Plattformen zur Presse sind ebenso von Wert wie Beweglichkeit in sozialen Netzwerken. Die werbliche Unterstützung der Start-ups durch die Plattform kann ein wesentlicher Erfolgsfaktor für die jungen Unternehmen sein. Unterstützung kann aber auch bedeuten, dass die Portale ihren Start-ups in kritischen Situationen mit Rat und Tat zu Seite stehen. Das könnte über Netzwerke geschehen, welche die Plattformen aufbauen. Bei Bedarf würden die Portale dann ihre Start-ups etwa gezielt an Fachexperten aus ihrem Netzwerk weiterleiten. Natürlich muss das nicht alles kostenfrei erbracht werden, denn Fachexperten werden wohl kaum ehrenamtlich antreten. Der Nutzen liegt hier eher darin, dass von der Plattform eine gezielte und sachgerechte Weiterleitung erfolgt, und dies zudem an vertrauenswürdige und bewährte Spezialisten. Die Einbeziehung von Business Angels, mit dem Ziel, eventuell verbliebene Finanzierungslücken bei Start-ups zu schließen, wäre ebenfalls eine von Crowdinvesting-Plattformen leistbare und womöglich sehr nützliche Unterstützung. Des Weiteren könnte die Crowdinvesting-Plattform eine Bündelung von Leistungen für ihre Start-ups organisieren, die dann gegebenenfalls auf kostengünstige Dienstleistungen zugreifen können.

Ja, seit Erscheinen der 1. Auflage meines Buches hat sich bei den Plattformen in der Tat einiges im positiven Sinne getan. Die Anforderungen werden (im Durchschnitt) inzwischen sichtbar besser erfüllt. Nur wenige Plattformen schwelgen im Autismus, aber solche gibt es eben vereinzelt auch. Viele Portale entwickeln sich qualitativ positiv weiter, manche sogar erstaunlich schnell.

8. KAPITEL

MARKTENTWICKLUNG UND PERSPEKTIVEN DES CROWDINVESTINGS

8.1 Internationale Entwicklung des Crowdinvestings

Es ist inzwischen äußerst schwierig, auf internationaler Ebene zeitnah nachzuverfolgen, welche Plattformen ein Crowdinvesting anbieten, was unter anderem daran liegt, dass sich der Markt enorm schnell entwickelt, sprich: ständig neue Plattformen hinzukommen und zudem Portale, die bislang lediglich Crowdfunding-Projekte im engeren Sinne angeboten haben, von einem auf den anderen Tag auch ein Crowdinvesting ermöglichen. Außerdem ist es auch deshalb nicht einfach, den Überblick zu behalten, weil manch eine Plattform in einer Landessprache verfasst ist, die den Erfassern nicht geläufig ist. In solchen Fällen dauert es oft eine gewisse Zeit, bis so etwas „weltweit" bekannt wird. Auf der übernächsten Seite wurden die von mir identifizierten im Ausland beheimateten Crowdinvesting-Plattformen beziehungsweise diejenigen Portale, welche ein Crowdinvesting neben anderen Leistungen mit anbieten, aufgeführt (Stand 4.1.2014). Der Crowdinvesting-Markt entwickelt sich dermaßen dynamisch, dass garantiert nicht alle international in diesem Bereich tätigen Plattformen gefunden werden konnten.

Ein kurzer Rückblick: Im Jahr 2009 startete die US-amerikanische Plattform *ProFunder* ein Crowdinvesting, verschwand jedoch 2011 wieder vom Markt, weil die rechtlichen Voraussetzungen für ihr Tun nicht als erfüllt galten. Ebenfalls 2009 wurde in den USA das Portal *MicroVentures* begründet, wobei es sich wahrscheinlich um die weltweit erste heute noch existente Plattform handelt, die ein Crowdinvesting anbietet.

Obgleich das Schweizer Portal *Investiere* einen definitiv nicht mehr crowdfähigen Mindesteinsatz der Kapitalgeber in Höhe von 6.000 Schweizer Franken (knapp 5.000 Euro) verlangt, wird auf diese Plattform näher eingegangen, weil sie ein höchst interessantes Modell anbietet, indem sie als Lohn einen 4,5-prozentigen Anteil am Investment des Anlegers erhält. Dies ist eine besonders glaubwürdige Art und Weise der Kapitalvermittlung, denn die Plattform teilt das Schicksal der Investoren, indem sie nur dann (anteilig) profitiert, wenn der Investor seinen Profit erhält. Somit endet das echte Interesse der Plattform an den Investments nicht schon dann, wenn die Finanzierung zustande kommt, sondern geht weit darüber hinaus. Während für andere Plattformen der Erfolg der Start-ups zumeist lediglich aus einem wichtigen Grund willkommen ist, nämlich weil die Erfolgsstorys werbewirksam sind, hat der Betreiber des Portals *Investiere* ein noch viel lebhafteres Interesse daran, dass die Start-ups bestens laufen, denn er verdient nur in dem Maße, wie seine finanzierten Start-ups bis zum Exit performen. *Investiere* wird also einen Anreiz haben, die Start-ups weiter zu beobachten, ihnen gegebenenfalls Hilfestellung zu leisten und sich gemeinsam mit den übrigen Anlegern darum zu bemühen, etwaige Schwierigkeiten zu überwinden, die z. B. aus (späteren) Vertragsverletzungen der Gründer stammen mögen.

Die nebenstehende Liste erhebt keinen Anspruch auf Vollständigkeit, denn das ist bei der Schnelligkeit der Entwicklung unmöglich. Hinzu kommt, dass Crowdinvesting-Plattformen manchmal nur in einer (exotischen) Landessprache auftreten und nicht so ohne Weiteres zu identifizieren sind. Die nach meinen Recherchen derzeit vollständigste Auflistung von Crowdfunding-Plattformen im weiteren Sinne findet sich unter:

www.thecrowdcafe.com/crowdfunding-platforms/database/

Unter dieser Adresse sind die Crowdinvesting-Plattformen in der dritten Spalte unter der Überschrift „security" an dem Stichwort „Equity" auszumachen.

Eine der weltweit größten Crowdinvesting-Plattformen, gemessen am Finanzierungsvolumen, ist derzeit (noch) die deutsche Plattform *Seedmatch*. Zu erwarten ist allerdings, dass US-amerikanische Plattformen in Kürze auch

Plattform	Land (Europa)	Plattform	Land (restl. Welt)
FundTheG_P	Großbritannien	CircleUp	USA
Bank to the Future	Großbritannien	Crowdfunder	USA
Seedrs	Großbritannien	SeedUps	USA
crowdcube	Großbritannien	Wefunder	USA
GrowVC	Großbritannien	MicroVentures	USA
Syndicate	Großbritannien	Launcht	USA
c-crowd	Schweiz	FundersClub	USA
FundedByMe	Schweden	StartupValley	USA
Symbid	Niederlande	EarlyShares	USA
seeds	Niederlande	I-Bankers	USA
Conda	Österreich	RockThePost	USA
1000x1000	Österreich	AngelList	USA
Investiere	Österreich	SeedInvest	USA
WiSeed	Frankreich	Rocket Hub	USA
Finance Utile	Frankreich	Second Market	USA
afexios	Frankreich	Fundable	USA
MyMircoinvest	Belgien	Invested.In	USA
lookandfin	Belgien	iCrowd	USA
Bihoop	Spanien	CommunityLeader	USA
cielex	Spanien	EquityNet	USA
thecrowdangel	Spanien	Angel.me	USA
CrowfundMe	Italien	americrowdfunding	USA
WeAreStarting	Italien	axial	USA
UnicaSeed	Italien	ASSOB	Australien
fundera	Italien	eureeca	Dubai (VAE)
Stars Up	Italien	Crowdinvest	Südafrika
agis.co	Italien	broota	Chile
Startify	Italien	crowdcapital	Kanada
Invesdor	Finnland	crowdmii	Israel
venturebonsai	Finnland	Ourcrowd	Israel
smartmarket	Russland		

Abb. 24: Im Ausland ansässige Crowdinvesting-Plattformen (auszugsweise)

breitflächig ein Crowdinvesting (Equity Crowdfunding) anbieten können, das sich nicht nur an (wenige) akkreditierte Investoren richtet, und dann innerhalb relativ kurzer Zeit das Volumen von *Seedmatch* übertreffen werden. Zwar rechne ich mit einem weiterhin starken Zuwachs bei *Seedmatch* und auch bei einigen anderen deutschen Plattformen, aber wie ich die US-Amerikaner kenne, legen die ein nochmals größeres Wachstumstempo vor, lassen sich die Leute dort doch schneller für neue, gut klingende Dinge begeistern als hierzulande.

In Deutschland überwiegt – wie so oft bei Neuerungen – bei vielen zunächst die Bedenkenträgerei. Oder ist das nur ein Vorurteil? Ich denke: nein. Wie sonst ist z. B. unsere Langsamkeit bei der Entwicklung des Crowdfundings im engeren Sinne im Vergleich zu den USA zu erklären? Zwar schreitet das Crowdinvesting bei uns schneller voran als das Crowdfunding und legt satte Wachstumsraten vor. Dennoch: Es wäre mehr drin, deutlich mehr, wenn wir schneller auf neue Dinge umzuschalten in der Lage wären. He, wo wollt ihr euer Geld eigentlich anlegen, momentan? Zu welchen Zinsen? O.k., es sollte nicht alles ins relativ risikobehaftete Crowdinvesting fließen, aber ein gewisser Teil geht schon, zumal wenn das Risiko auf möglichst viele (kleine) Crowdinvestments verteilt wird.

8.2   Entwicklung des deutschen Crowdinvesting-Marktes

Der Crowdinvesting-Markt legte in Deutschland, ausgehend von einer sehr geringen Basis im Jahr 2011 in Höhe von 0,45 Mio. Euro, ein enormes Wachstum vor und wird sich 2014 sicherlich oberhalb von 25 Mio. Euro bezogen auf das Jahresvolumen der vermittelten Finanzierungen bewegen. Das ist bei Weitem nicht das, was am Kredit- oder Aktienmarkt läuft, aber das Crowdinvesting steht erst am Anfang, während die beiden anderen genannten Bereiche schon eine ellenlange Historie hinter sich haben. Mit den 2013 erreichten ca. 15 Mio. Euro ist der Crowdinvesting-Markt in Deutschland im Vergleich zum Kredit- und Aktienmarkt mikroskopisch klein – noch. Die Lücke ist allerdings nicht in ein paar Jahren zu schließen. Das dauert.

Wenn es sich um Geschäftstätigkeiten handelt, die über das Internet abgewickelt werden, stellt sich oftmals die Frage, wie dies mit einer regionalen Zuordnung in Verbindung gebracht werden kann. Konkret fragt sich hier, was unter dem deutschen Crowdinvesting-Markt genau zu verstehen ist. Es böten sich zwei unterschiedliche Abgrenzungsweisen an: Zum einen könnte die Ansässigkeit des Plattformbetreibers, also der Sitz der Betreibergesellschaft, als Kriterium herangezogen werden. Zum anderen ließe sich die Zuordnung zum deutschen Markt dann annehmen, wenn das Crowdinvesting in deutscher Sprache über die Plattform präsentiert wird. Für letztgenannte Abgrenzung spricht, dass ein ganz wesentliches Kriterium dafür, ob sich Kapitalgeber und Kapitalsuchende aus Deutschland an dem Angebot der Plattform beteiligen, eben die Sprache ist. Bei dieser Art der Abgrenzung würden auch Plattformen dem deutschen Markt zugerechnet, die im Ausland ansässig sind, jedoch ihre Webseite (auch) in deutscher Sprache laufen lassen, also etwa auch Plattformen aus der Schweiz und aus Österreich. Noch eine andere Abgrenzung läge vor, wenn man alle Plattformen einbezöge, die deutsche Anleger beziehungsweise deutsche Unternehmen zulassen.

Nachfolgend sind die auf dem deutschen Markt tätigen Plattformen (mit Sitz in Deutschland) aufgeführt, die ein Crowdinvesting anbieten, gestaffelt nach dem bis dato abgeschlossenen Finanzierungsvolumen (Stand: 30.12.2013):

Plattform	Start der Plattform	Anzahl abgeschlosse-ner Deals	Anzahl laufender Deals	abgeschlosse-nes Finanzie-rungsvolumen
Seedmatch	2011	51	3	10,4 Mio. €
Innovestment	2011	25	3	2,1 Mio. €
Companisto	2012	24	3	3,2 Mio. €
Deutsche Mikroinvest	2012	8	13	unbekannt
Fundsters	2012	4	2	0,3 Mio. €
bankless24	2012	4	0	0,2 Mio. €
United Equity	2012	2	0	0,1 Mio. €
Bergfürst	2012	1	0	3,0 Mio. €
Direct Startups	2012	1	4	unbekannt

Abb. 25: Volumina der aktivsten in Deutschland ansässigen Crowdinvesting-Plattformen bis Ende 2013

Dies sind die wichtigsten in Deutschland aktiven Crowdinvesting-Plattformen zum jetzigen Zeitpunkt (eine vollständige Auflistung findet sich in Anhang 4), wenngleich sich das Blatt schnell wenden kann und z. B. eine der hier nicht aufgeführten Plattformen an Bedeutung zunimmt.

Kriterium	Seedmatch	Companisto	Innovest-ment	Fundsters	Deutsche Mikroinvest
Einschrän-kungen	keine	keine	Finanzie-rung in der Regel auf 100.000 € begrenzt	keine	keine
Beteili-gungsform	partiarische Nachrang-darlehen	partiarische Nachrang-darlehen	stille Beteiligun-gen	stille Beteiligungen (indirekt)	ganz unterschied-lich
Mindest-investment	250 €	5 €	500 €	1 €	100 €
Laufzeit	in der Regel 5 Jahre	in der Regel 8 Jahre		in der Regel 5 Jahre	1–5 Jahre
Konditi-onen für Investoren	1 % Basisver-zinsung + Beteiligung an Gewinn + Wertstei-gerung	Beteiligung an Gewinn + Wertsteige-rung	Beteiligung an Gewinn + Wertstei-gerung	Beteiligung an Gewinn + Wertsteige-rung	oft nur Basisverz-insung; zunehmend auch gewisse Beteiligung an Gewinn + Wertstei-gerung
Gebühren für Investoren	keine	keine	keine	10 % vom Gewinn	keine
Gebühren für Unter-nehmen	5–10 %	10 %	10 %	9 %	bis 250.000 € 7,75 % plus 1.794 €[108]
Sonstiges	–	–	–	sehr gute Be-dingungen für Anschluss-finanzierung	–

Abb. 26a: Eigenschaften der aktivsten in Deutschland ansässigen Crowdinvesting-Plattformen Teil 1[108]

Bei der Plattform *Innovestment* gab es bis vor Kurzem eine nicht ganz uner-hebliche Einschränkung, die dazu führte, dass es sich hier um einen Grenz-fall eines Crowdinvestings handelte. Der Mindestinvestitionsbetrag lag bei 1.000 Euro (je nach konkreter Situation sogar darüber), womit ein großer

---

108　Die Gebühren staffeln sich je nach Umfang der Finanzierung, wenngleich ich dazu derzeit keine Angaben auf der Webseite der *Deutschen Mikroinvest* mehr finden kann (Stand 7.1.2014).

Teil der potenziellen Crowd nicht mehr erreicht werden konnte. „Wir wollen unerfahrene Anleger abschrecken, weil es eine hochriskante Anlageklasse ist", räumte Thomas Herzog als Sprecher von *Innovestment* sogar ein.[109] Inzwischen hat *Innovestment* die Mindestbeteiligung bei einzelnen Projekten auf 500 Euro herabgesetzt und die eigene Plattform damit „crowdfähiger" gemacht.

Kriterium	Bergfürst	United Equity	Direct Startups	bankless24
Einschränkungen	keine	nur etablierte Unternehmen, keine Startups	keine	keine
Beteiligungsform	Aktien	Genussrechte oder stille Beteiligungen	unbekannt	Genussrechte
Mindestinvestment	250 €	100 €	2,50–50,00 €	100 €
Laufzeit	keine feste Laufzeit; die Aktien können jederzeit gehandelt werden	5–10 Jahre	unterschiedlich	5–7 Jahre
Konditionen für Investoren	Beteiligung an Gewinn + Wertsteigerung	Grund- u. Zusatzverzinsung beziehungsweise Gewinnbeteiligung; keine Beteiligung an Wertsteigerung	Beteiligung an Gewinn + Wertsteigerung	Grundverzinsung + Gewinnbeteiligung; keine Beteiligung an Wertsteigerung
Gebühren für Investoren	keine	keine	keine	keine
Gebühren für Unternehmen	unbekannt	8–10 % plus 199 beziehungsweise 599 €	unbekannt	unterschiedlich
Sonstiges	Zweitmarkt verfügbar; hohe Kosten für Prospekterstellung	kombiniert mit Crowd-Rating; hohe Kosten für Verkaufsprospekt, wenn Projekt über 100.000 € liegt	auf der Webseite fehlen wichtige Informationen	hohe Kosten für Verkaufsprospekt, wenn Projekt über 100.000 € liegt

Abb. 26b: Eigenschaften der aktivsten in Deutschland ansässigen Crowdinvesting-Plattformen Teil 2

---

109 www.tagesspiegel.de/wirtschaft/crowdinvesting-das-risiko-des-investors-ist-auf-seine-einlage-beschraenkt-/7041170-2.html (Zugriff 30.12.2013).

In Anhang 4 findet sich eine vollständige Liste sowohl der aktiven als auch der inaktiven Crowdinvesting-Plattformen hierzulande. Aufgegriffen wurden dort auch Plattformen, bei denen Crowdinvesting nur ein (untergeordneter) Teil der Aktivitäten ist. Beispiel: Das Portal *Startnext* ist der größte deutsche Crowdfunding-Anbieter, konnte aber auch ein Crowdinvesting arrangieren und wird dies künftig womöglich erneut anbieten.

Seedmatch war die erste in Deutschland tätige Crowdinvesting-Plattform und verfügt daher über die längste Erfahrung auf dem deutschen Markt, wenngleich nur mit knappem Vorsprung vor einigen anderen Portalen. Zum gegenwärtigen Zeitpunkt kann *Seedmatch* allerdings als einzige deutsche Crowdinvesting-Plattform von sich behaupten, den Durchbruch geschafft zu haben, wenngleich inzwischen auch *Innovestment* im gewissen Maße auf der Erfolgsspur ist und vor allem auch *Companisto* in Anbetracht der vergleichsweise kurzen Zeit ihres Bestehens bereits sehr gut läuft.

Nahezu zeitgleich mit *Seedmatch* ging die Plattform *Innovestment* an den Start und etablierte sich zunächst als Nr. 2 im Crowdfunding-Markt, ohne allerdings ein vergleichbar konstantes Wachstum hinlegen zu können wie der Marktführer *Seedmatch*. *Innovestment* gelang es offensichtlich nicht, Start-ups und Investoren in gleicher Weise zu begeistern. Nachteilig ist für *Innovestment* insbesondere das Festkleben an der 100.000-Euro-Marke in Bezug auf das maximale Funding-Volumen für die Startups sowie die Tatsache, dass lange Zeit daran festgehalten wurde, den Investoren eine Mindestbeteiligung in Höhe von 1.000 Euro aufzubürden. Inzwischen hat *Innovestment* den Mindestbetrag bei einigen Projekten auf 500 Euro abgesenkt. Ein erster Schritt.

Companisto ging zwar rund neun Monate später auf Sendung als *Innovestment*, zog jedoch innerhalb eines Jahres an der ehemaligen Nr. 2 im Markt (*Innovestment*) vorbei. Investoren können bei *Companisto* bereits mit fünf Euro in Projekte einsteigen. Das zieht viele Investoren an. Des Weiteren bietet *Companisto* die Möglichkeit des Überspringens der 100.000-Euro-Grenze im Hinblick auf die Finanzierung der Start-ups. Hinzu kommt ein sehr gelungener Außenauftritt über die Webseite. Kein Wunder also, dass sich *Companisto* erfolgreich zeigt. Allerdings ist bei *Companisto* die Mindest-Beteiligungsdauer mit acht Jahren recht lang.

Das Grundmodell von *Fundsters* besticht durch seine Robustheit gegenüber etwaigen Verschlechterungen der rechtlichen Situation für das Crowdinvesting.

Die *Deutsche Mikroinvest* bietet verschiedenste Formen des Crowdfundings im weiteren Sinne an, wobei auch unterschiedlichste Formen des Crowdinvestings möglich sind, je nachdem, welche Struktur der Kapitalsuchende im Einzelfall für sein Projekt bevorzugt. Die deshalb fehlende Standardisierung hat für die Gründer den Vorteil, auf maßgeschneiderte Lösungen für ihr Projekt setzen zu können, erkauft wird dies jedoch mit dem nicht unbedeutenden Nachteil, dass die Angelegenheit dadurch für den Investor vergleichsweise komplex wird und ein wenig an „Crowdfähigkeit" einbüßt. Da es hier oft keine Beteiligung der Investoren an der Wertsteigerung der Unternehmen gibt, fehlt mir (als Investor) der wesentliche Anreiz.

Hinter der Plattform *Bergfürst* steht ein von der Bundesanstalt für Finanzdienstleistungsaufsicht (BaFin) lizenzierter Finanzdienstleister. *Bergfürst* verlangt von den Kapitalsuchenden einen BaFin-genehmigten Verkaufsprospekt. Dadurch gelingt es zwar, die 100.000-Euro-Begrenzung für Investments auszuschalten, den Start-ups wird allerdings eine erhebliche formale Sorgfalt und viel Arbeit bei der Prospekterstellung aufgebürdet, was diese im Regelfall nicht ohne fremde Hilfe werden erledigen können. Und: Das kostet ordentlich, denn die Prospekterstellung wird kaum unter 20.000 Euro zuzüglich viel Eigenarbeit zu machen sein. Die Besonderheit des *Bergfürst*-Modells liegt darin, dass der Investor seine Anteile (Aktien) jederzeit verkaufen kann, also keiner Mindestlaufzeit unterliegt. Dazu bieten *Bergfürst* einen Handelsplatz an. Nicht uninteressant.

Um die Beurteilung der Plattformen aus Investorensicht zu unterstützen, sei nochmals auf einen wichtigen Punkt für denjenigen Investor hingewiesen, der (wie ich) auf eine Wertsteigerung seines Projekts setzt. Alle Portale, die neben der Erfolgsbeteiligung lediglich eine Rückzahlung des Einsatzes anbieten, entsprechen dieser Zielsetzung des Investors definitiv nicht. Eine gewisse Vorsicht ist auch dann geboten, wenn lediglich eine Beteiligung am Veräußerungserlös vereinbart wird, denn es ist nicht klar, ob eine Veräußerung bis zum Exit-Zeitpunkt überhaupt realisiert werden kann. Sollte dies nicht der Fall sein, kann der Mikroinvestor auch nicht von der Wertsteigerung profitieren. Diejenigen Modelle, welche über eine Gewinnbeteiligung hinaus eine (erfolgsabhängige) Abfindung anbieten, die über eine schlichte Rückzahlung des Einsatzes hinausgeht, sind geeignet, die Mikroinvestoren relativ gesichert an einer erzielten Wertsteigerung teilhaben zu lassen (z. B. bei *Seedmatch*). Letztlich profitiert der Investor je nach Plattform in höchst unterschiedlichem Maße vom Projekterfolg und sollte sich insbesondere die Konditionen für den Exit exakt zu Gemüte führen, damit er bei seinem Ausstieg keine Enttäuschung erlebt.

Erneut: Auch die Unternehmensbewertung ist sehr wichtig, denn je höher die anfänglichen Bewertungen sind, umso geringer ist der Anteil des Mikroinvestors. Ein Beispiel dazu: Dem Unternehmen *Aoterra* wurde ein Unternehmenswert in Höhe von 12,5 Mio. Euro zugesprochen. Das halte ich im konkreten Fall für höchst abenteuerlich. Was passiert dadurch? Ein großer Teil der später erhofften Wertsteigerung wurde hier meines Erachtens schon vorweggenommen, sodass dem Investor nur noch wenig Potenzial für Wertzuwächse bleibt. Ich denke: Erst wenn die Gründer von *Aoterra* Multimillionäre sind, wird der Mikroinvestor eine halbwegs erfreuliche zweistellige Rendite (pro Jahr) erhalten. In überzogenen Anfangsbewertungen liegt meines Erachtens eine der größten Gefahren des Crowdinvestings. Wenn erstmals abgerechnet wird, also am Ende der Mindestlaufzeit, wird es sicherlich die eine oder andere Enttäuschung bei den Mikroinvestoren geben. Das ist zumindest zu befürchten.

Man kann anhand der auf den beiden vorherigen Seiten beschriebenen Dinge schon sehen: Keine der Crowdinvesting-Plattformen ist die eierlegende Wollmilchsau. Keine der Plattformen vereint alle Vorteile auf sich! Und: Auch bislang noch unauffällige und weniger erfolgreiche Plattformen weisen Potenziale auf, die sich eventuell durch ein geschicktes Marketing heben lassen. Was ebenfalls extrem wichtig ist: Die Lern- und Anpassungsfähigkeit der Plattformen. Manche reagieren schnell auf neue Situationen und/oder einen mangelnden Durchsatz, andere wiederum sind recht autistisch und halten an den ursprünglich gefassten Entscheidungen sehr lange fest.

Schließlich: Zur Erinnerung sei nochmals darauf verwiesen, dass ein Crowdinvesting auch ohne das Zwischenschalten einer Plattform möglich ist, indem die potenziellen Gründer selbst aktiv werden und das erforderliche Kapital in Eigenregie über das Internet einsammeln. Für potenzielle Investoren wiederum bedeutet das, nicht nur auf den Webseiten der Plattformen zu suchen, sondern auch anhand geeigneter Stichworte im restlichen Web.

8.3   Kombination von Crowdinvesting, -sourcing, -voting und -testing

Aus einer dem Crowdinvesting vorgeschalteten Bewertung der jeweiligen Vorhaben lässt sich die Zustimmung der Community ablesen. Ein solcher Bewertungs- beziehungsweise Filterprozess wird auch als Crowdvoting bezeichnet. So etwas gibt es bei der Crowdinvesting-Plattform *United Equity*. Dieses Portal nimmt nur Projekte auf, die zuvor von der Crowd hinreichend oft und gut bewertet wurden, während fast alle anderen Plattformen allein auf ihr eigenes Votum beziehungsweise ihren eigenen Auswahlprozess setzen. Bei Auswahlprozessen, die durch das Plattformpersonal erfolgen, kommt es immer wieder mal zu Einseitigkeiten, weil beispielsweise ein gewisser Optimismus besteht, dass Online-Geschäfte besonders gut laufen. Das mag teils daran liegen, dass die Plattform-Teams manchmal (fast nur) aus recht jungen Leuten bestehen, die eine mehr „online-bezogene" Denkweise aufweisen. Bei der Begleitung von Crowdinvesting-Projekten aus Sicht von Start-ups konnte ich diese Erfahrung konkret machen. Während gute Online-Projekte glatt durchgingen, hakelte es bei vergleichbar guten Projekten aus der „realen" Welt deutlich und der Bewerbungsprozess war erheblich schwieriger. Eine stärker gemischte Crowd würde hier womöglich anders votieren.

Für das Start-up-Unternehmen kann es durchaus von großem Interesse sein, sich über die Crowdinvesting-Plattform von Nutzern bewerten zu lassen und somit einen gewissen Attraktivitätstest durchlaufen zu haben, vielleicht sogar nützliche Hinweise für eine Verbesserung ihres Tuns zu erhalten. Aus Sicht der Plattformen könnte der Projektstart etwa auch daran geknüpft werden, dass eine bestimmte Zustimmung der Community vorhanden sein muss, so wie es *United Equity* umsetzt. Ein freiwilliger Stimmungstest ist – wie gesagt – auch für die Start-ups durchaus hilfreich, weshalb die Organisation eines Crowdvotings über die Plattform sinnvoll ist – kann so etwas doch bei geschickter Fragetechnik sogar eine preisgünstige Form einer Marktstudie sein.

Unternehmen wie *Tchibo* lassen sich Produktideen und dazu passende Lösungen über die Crowd via Internet frei Haus liefern.[110] Dies ist eine Art des Crowdsourcings, die auch als *Open Innovation* bezeichnet wird.[111]

---

110 Das erfolgt über die unternehmenseigene Plattform *Tchibo ideas* (www.tchibo-ideas.de).
111 Vgl. zum Thema „Open Innovation" etwa auch Chesbrough, H.W. (2003).

Dabei wird der Innovationsprozess eines Unternehmens (teilweise) an die Crowd ausgegliedert. Die Community wird in die Entwicklung von Produktideen sowie in die Gestaltung von Produkten einbezogen. Dadurch kann es gelingen, zusätzliche Produktideen kostengünstig zu generieren; dies unter der Voraussetzung, dass ein derartiges Crowdsourcing gut organisiert wird. Letztlich werden dabei vielfach auch die Kunden via Internet zum Partner des Innovationsprozesses. Das kann natürlich auch auf die Finanzierung von Innovationen ausgedehnt werden und verbindet sich so mit dem Gedanken des Crowdinvestings. Zwar können etablierte Unternehmen die Markteinführung neuer Produkte zumeist ohne Weiteres selbst finanzieren, jedoch mag bei ihnen der Risikoaspekt eine Rolle spielen, um über ein Crowdinvesting nachzudenken. Das mit einem Scheitern der Produkteinführung verbundene finanzielle Risiko kann auf die Mikroinvestoren verlagert oder zumindest mit ihnen geteilt werden. Im Gegenzug erhalten die Mikroinvestoren dann aber auch die Chance, an Erfolgen des Produkts teilzuhaben. Schlussendlich geht es hier darum, aus unternehmerischer Sicht sämtliche Möglichkeiten auszuschöpfen, die Masse an außenstehenden Personen als Unterstützer für ihr Unternehmen aktiv mit einzubeziehen.

Selbstverständlich kann sich nicht nur ein etabliertes Unternehmen die gesamte Kette des „Crowd-Instrumentariums" (Crowdsourcing, -voting, -investing und -testing) zunutze machen, sondern auch ein Start-up-Unternehmen. Letztere könnten die (Weiter-)Entwicklung ihrer Produkte und Leistungen systematisch an Ideen aus der Crowd ausrichten und über diese per Internetabfrage sogar abstimmen beziehungsweise eine Bewertung der zuvor entwickelten Ideen vornehmen lassen. Crowdinvesting-Plattformen könnten hier durchaus ein zusätzliches (gegebenenfalls kostenpflichtiges) Serviceangebot für die Start-ups aufbauen, indem sie auch als Open-Innovation-Plattformen agieren. Ergänzende Serviceleistungen werden von einigen Crowdinvesting-Portalen ohnehin schon angeboten, jedoch meines Wissens bislang noch nicht in Form einer Open-Innovation-Konzeption.

Abb. 27: Möglichkeiten der Einbeziehung der Crowd in unternehmerische Prozesse

Wo lässt du denken? *Jovoto* ist eine Plattform, über die man denken lassen kann. Die Crowd hilft hier, Produktideen und damit natürlich auch Geschäftsideen zu entwickeln. Wenn man das zu Ende denkt, können wir eigentlich alles an die Crowd auslagern und uns strohdumm zurücklehnen. Nein, organisieren müssen wir das schon selber. Wir lassen uns über *Jovoto* oder wen auch immer unsere Idee produzieren, diese Idee irgendwo bewerten, das exakte Produkt kreieren, dieses ebenfalls bewerten, dann funden, bauen und testen, alles über Plattformen. Das müsste heute eigentlich so schon umsetzbar sein. Ein wenig Organisationstalent brauchen wir freilich schon, und ganz ohne Startgeld kommen wir womöglich auch nicht allzu weit. Kommunikationsgeschick und Durchhaltevermögen wären auch nicht direkt von Nachteil. Ja, das sind ein paar Einschränkungen. Dennoch: Möglichkeiten, uns von der Crowd helfen zu lassen, bestehen auf verschiedenen Ebenen.

9. KAPITEL

VOLKSWIRTSCHAFTLICHER NUTZEN
EINES CROWDINVESTINGS

Um es vorwegzunehmen: Ich halte das Crowdinvesting für eine Finanzierungsvariante mit hohem volkswirtschaftlichen Nutzen, sogar sehr hohem. Bestehen doch seit jeher deutliche Engpässe dabei, neue Ideen und Innovationen zu finanzieren. Die eigenen Mittel der Gründer reichen oftmals nicht aus, auch wenn Familie und Freude mit einbezogen werden. Frühzeitig einsteigende Business Angels sind rar. Banken, aber auch andere Geldgeber, sind oftmals sehr vorsichtig und warten erst einmal ab, bis sich eine Geschäftsidee am Markt etabliert hat, um Geld zur Verfügung zu stellen. Selbst Venture-Capital-Gesellschaften, die eigentlich antreten, um Risikokapital bereitzustellen, agieren oftmals äußerst vorsichtig und sind sehr selektiv bei ihren Finanzierungsengagements. Dadurch gehen viele Chancen für innovative Gründungen verloren. Besonders wenig Nutzen stiften Banken im Hinblick auf neue Unternehmen, stellen sie doch, etwas überzeichnet dargestellt, dem Grunde nach erst dann Geld zur Verfügung, wenn eigentlich keines mehr gebraucht wird. Kreditinstitute treten nahezu ausschließlich dann bei Unternehmensgründungen in Erscheinung, wenn es gilt, öffentliche Förderprogramme „durchzuleiten" und/oder wenn ihnen hinreichend umfängliche Sicherheiten gestellt werden.

Das Crowdinvesting ist hier durchaus in der Lage, bestehende Finanzierungslücken spürbar zu reduzieren. Da moderne Volkswirtschaften auf die Umsetzung von Innovationen in marktfähige Projekte angewiesen sind, ist von einem hohen volkswirtschaftlichen Nutzen des Crowdinvestings auszugehen.

Zwar schaffen es auch etablierte Unternehmen, innovativ tätig zu werden, jedoch ist deren Innovationsfähigkeit bekanntermaßen durchaus begrenzt. Die meisten wirklich wesentlichen Innovationen stammen von neuen Unternehmen.

Ein weiterer volkswirtschaftlich wünschenswerter Effekt ist, dass eine Finanzierung über die Crowd andere Finanzierungsakteure etwas zurückdrängen kann, die inzwischen manchmal eine zu starke Marktstellung erreicht haben. Auch hier ist in erster Linie an Kreditinstitute zu denken, die heutzutage nicht selten in der Lage sind, einerseits Gewinne einzustecken und andererseits Verluste zu sozialisieren, indem sie über „Rettungsschirme" auf die Steuerzahler verlagert werden. Es entsteht derzeit sogar der Eindruck, dass der Steuerzahler nicht nur die Verluste ausgleicht, sondern sogar die Gewinne der Banken mitfinanziert. Ein Zurückdrängen der Banken würde die Erpressbarkeit von Ländern und ihrer Bevölkerung vermindern. Dazu könnte das Crowdinvesting sicherlich nicht allein die Lösung sein, im Falle des Erreichens eines hohen Finanzierungsvolumens über dieses Vehikel aber immerhin einen gewissen Einfluss nehmen. Jeder Euro, der nicht über Banken läuft, sondern direkt zwischen den Beteiligten, hilft, die Bankenmacht zu reduzieren.

Das Crowdinvesting ist des Weiteren dazu geeignet, staatlich gelenkte und finanzierte Gründungs-Förderprogramme teilweise zu ersetzen und damit zum einen kostenentlastend für die öffentliche Hand zu wirken und zum anderen eine „neutrale" Allokation über den Marktmechanismus zu ermöglichen, ohne dass der Staat lenkend in die Gründungsaktivitäten eingreift.

Viele Großunternehmen und Konzerne bauen (im Inland) mehr Arbeitsplätze ab, als sie schaffen. Im Hinblick auf die Arbeitsplätze ist in Deutschland der Mittelstand die tragende Säule. Der Nachwuchs an kleinen und mittleren Unternehmen ist ganz entscheidend für den Bestand und den Erfolg einer heutigen Volkswirtschaft. Woran auch zu denken ist: Es werden Jungunternehmer gebraucht, die für eine Unternehmensnachfolge zur Verfügung stehen. An dieser Stelle, also der Unternehmensnachfolge, kann das Crowdinvesting zumindest in seiner bisherigen Ausgestaltung nichts beitragen. Andererseits werden Unternehmer benötigt, die Start-ups aus der Taufe heben, und genau für diese kann das Crowdinvesting verbesserte Rahmenbedingungen schaffen. Das „Hochziehen" neuer Unternehmen ist mühsam, aber ohne Alternative. Zu wichtig ist es für Volkswirtschaften, dass neue Unternehmen entstehen und wachsen. Jedwede Art vom Hemmnis – und die Finanzierung ist eines der wesentlichen – muss verringert, am besten sogar beseitigt werden. Auf dem Weg dorthin kann das Crowdinvesting eine nicht ganz unwesentliche Rolle spielen und die wirtschaftliche Prosperität sichtbar verbessern.

Bislang beschränkt sich das Crowdinvesting weitaus überwiegend noch auf sehr junge Unternehmen beziehungsweise auf Gründungsvorhaben. Das muss aber nicht so bleiben. Es ist durchaus denkbar, dass etablierte Unternehmen vermehrt auf ein Crowdinvesting zurückgreifen und diese Form der Finanzierung als zusätzliche Möglichkeit sehen, um etwa neue Produkte auf den Markt zu bringen, was ansonsten aufgrund einer gegebenenfalls ausgeprägten Risikoaversion nicht erfolgt wäre. Gerade bei etablierten Unternehmen könnte das Crowdinvesting aber auch in unmittelbare Konkurrenz zu anderen Finanzierungsformen treten und diese vielleicht im gewissen Rahmen substituieren. Insbesondere auch in Kombination mit einem Crowdsourcing, bei dem Außenstehende in die Entwicklung neuer Produkte mit einbezogen werden, böte sich eine begleitende Crowdinvesting-Lösung an. Gelänge die Nutzung eines Crowdinvestings in nennenswertem Umfang auch in der Expansions- und Wachstumsphase von etablierten Unternehmen, dann ließe sich dadurch möglicherweise der Einfluss von Banken ein wenig zurückdrängen, was volkswirtschaftlich betrachtet sicherlich ein Plus wäre.

Ein wichtiger Aspekt ist, dass sich die Entwicklungsmöglichkeiten einer Volkswirtschaft über ein Crowdinvesting letztlich noch besser ausschöpfen lassen als ohne dieses Finanzierungsinstrument. Ideal wäre es natürlich, die Ressourcen „der Vielen" insgesamt ausgiebiger in den Entwicklungsprozess der Wirtschaft einzubinden, was über eine Kombination von Crowdsourcing, -voting, -investing und -testing gelingen kann. Manch ein ansonsten brachliegendes Potenzial, sei es Wissen oder Geld, lässt sich über das Internet anhand der Crowd-Instrumentarien gegebenenfalls zugunsten der eigenen Volkswirtschaft aktivieren. Man muss es nur tun.

10. KAPITEL

FAZIT UND AUSBLICK

Das Crowdinvesting bietet eine höchst interessante und für fast jedermann leicht zugängliche Möglichkeit, in junge innovative Unternehmen zu investieren. Wenn das von den Mikroinvestoren jeweils finanzierte Start-up-Unternehmen erfolgreich ist, können die Investoren womöglich sogar satte Gewinne aus ihrem Crowdinvestment einstreichen. Die Angelegenheit ist allerdings auch mit Problemen behaftet. Die Wahrscheinlichkeit, dass das eingesetzte Geld verloren geht, ist durchaus nicht als vernachlässigbar einzustufen. Zwar liegt die Ausfallquote bislang noch unterhalb von fünf Prozent, jedoch wird das nicht so bleiben. Die meisten Start-up-Unternehmen sind mit ihrem Geschäft noch nicht allzu lange unterwegs, sodass ihnen das Geld noch nicht endgültig ausgehen konnte. Im Laufe des Jahres 2014 wird es sicherlich ernst für das eine oder andere über ein Crowdinvesting finanzierte Jungunternehmen. Im Februar 2014 gab es bereits zwei Ausfälle, nach nur einem einzigen Ausfall in den Vorjahren. Zu erwarten ist jedoch, dass die Ausfallquote sehr weit unter dem bleiben wird, was einige Skeptiker (in Unkenntnis der Rahmenbedingungen eines Crowdinvestings) vorhergesagt haben, die Ausfälle in einer Größenordnung von 50 Prozent und mehr prognostizierten. Schwer zu sagen: Letztlich werden es vielleicht 15 Prozent oder etwas darüber sein. Wir werden sehen. Im Gegenzug sind die Renditechancen hoch, lassen sich allerdings aufgrund der sehr individuellen Projekte, die zudem oftmals recht neuartig sind, nicht allgemein vorhersagen. Bestimmt wird es einige Projekte geben, bei denen der Investor bis zum Ende der Laufzeit ein Mehrfaches seines Einsatzes zurückerhält.

Auf der Suche nach etwaigen Problemen trifft der Anleger auf dies: Die abgeschlossenen Verträge mit der Crowdinvesting-Plattform und/oder den Start-up-Unternehmen können mit Tücken behaftet sein, was dazu führen kann, dass die Mikroinvestoren trotz eines gut laufenden Projekts nur wenig profitieren. Ein Knackpunkt ist die Unternehmensbewertung zu Beginn des Crowdinvestings. Ist diese sehr hoch, dann erhält der Investor nur einen vergleichsweise geringen Anteil am Erfolg. Dennoch bietet das Crowdinvesting enorme Chancen für den Investor auf gute oder sogar sehr gute Renditen. Um die Risiken in Schach zu halten, bietet sich eine Streuung des Geldeinsatzes auf mehrere oder viele Projekte an. Aufgrund der oftmals geringen Einstiegsbeträge ist das auch für echte Mikroinvestoren möglich.

Schwenken wir von der Sicht der Mikroinvestoren um zu den kapitalsuchenden Unternehmern. Gründungswillige treffen mit dem Crowdinvesting auf eine zusätzliche Möglichkeit, Geld für ihr Gründungsvorhaben einzuwerben. Dort wo andere Kapitalgeber, z. B. Banken, nicht zur Verfügung stehen, kann das Crowdinvesting einspringen und ansonsten brachliegende Gründungspotenziale zu heben helfen. Also: Das Crowdinvesting wird sowohl auf der Angebots- als auch auf der Nachfrageseite auf hohes Interesse stoßen. So ist es nicht verwunderlich, dass dieses noch sehr junge Finanzierungsinstrument derzeit hohe Wachstumsraten aufweist.

Ausgehend von einer sehr niedrigen Basis hat das Marktwachstum im Hinblick auf das Crowdinvesting in der zweiten Hälfte des Jahres 2012 in Deutschland einen großen Sprung nach vorne vollzogen. Dies gilt zum einen für die Anzahl der über ein Crowdinvesting finanzierten Projekte sowie für das zugehörige Finanzierungsvolumen und zum anderen für das Entstehen neuer Plattformen, die ein Crowdinvesting anbieten. Das sieht alles schwer nach Durchbruch aus. Und weiter: Ab Mitte des Jahres 2014 wird die neue Gesetzeslage in den USA ein – bis dahin in diesem Lande so gut wie nicht durchführbares – Crowdinvesting breitflächig ermöglichen. Da die US-amerikanischen Crowdfunding-Plattformen bereits ein sehr großes Rad drehen, werden sie sich schnell in der Lage sehen, auch im großen Stil ein Crowdinvesting zu initiieren. Das ist zumindest zu erwarten.

Kein Zweifel: Das Crowdinvesting hat Zukunft, und das nicht zu knapp. Interessant wird es sein zu beobachten, wie steil der Aufstieg des Crowdinvestings sein wird, ob und wo er letztlich endet. Es könnte sich durchaus weltweit zu einem Milliardenmarkt entwickeln, den das benachbarte

Crowdfunding bereits erreicht hat. Die Entwicklung des Crowdinvestings wird von einigen wesentlichen Parametern abhängen, wobei die kommende Gelingensquote der zugrunde liegenden Projekte natürlich ganz wesentlich für den Ruf und den Erfolg des Crowdinvestings sein wird. Erleiden viele Investoren Enttäuschungen und die Presse für das Crowdinvesting wird schlecht, dann kann sich der Wind drehen, hemmend auf das Wachstum wirken und den Gesetzgeber womöglich mit restriktiven Eingriffen auf den Plan rufen. Man wird abwarten müssen, wie sich die gesetzliche Regulierung des Crowdinvestings entwickelt. Momentan sind die Voraussetzungen in Deutschland recht gut und nur in einem wichtigen Punkt für ein Crowd-investing nachteilig, nämlich der Prospektpflicht für die – einer breiten Öffentlichkeit angebotenen – Investments, deren Finanzierungsvolumen 100.000 Euro übersteigt. Gute Rahmenbedingungen für ein Crowdinvesting werden von großem Nutzen für die Gründungsaktivitäten sein und sind deshalb volkswirtschaftlich wichtig. Oder sollte das Crowdinvesting zum (vermeintlichen) Schutz von Investoren stärker reglementiert werden? Nein.

Das Crowdinvesting liegt für den Mikroinvestor irgendwo auf der Stre-cke zwischen Aktie und Lotto, eher jedoch näher an der Aktie. Solange dem Crowdinvestor das verdeutlicht wird, sollte es ihm (als mündigem Investor) selbst zur Entscheidung überlassen werden, ob er sein Geld über ein Crowdinvesting anlegen möchte oder nicht. Immerhin ist es möglich, bereits mit recht geringen Beträgen in junge innovative Unternehmen ein-zusteigen und unserer Volkswirtschaft damit ganz nebenbei auch noch behilflich sein zu können.

Eine sehr interessante Weiterentwicklung des Crowdinvestings könnte darin liegen, dass vermehrt auch bereits etablierte Unternehmen auf diese neue Form der Finanzierung zurückgreifen, um etwa neue Produkte auf den Markt zu bringen. Ideal für die Unternehmen wäre es gegebenenfalls sogar, das Crowdinvesting mit einem Crowdsourcing zu kombinieren, bei dem „die Vielen" in die Entwicklung von Produkten mit einbezogen werden und sich gleichzeitig an deren Markterfolg beteiligen können.

Letztlich bleibt die Frage, warum das Crowdinvesting so neu ist und faktisch erst seit 2009 existiert, in Deutschland erst seit Ende 2010. Die Antwort: In der Vergangenheit waren die mit dem Einsammeln geringer Geldbeträge von vielen kleinen Investoren verbundenen Transaktionskosten zu hoch, um so etwas wirtschaftlich werden zu lassen. Mit dem Aufkommen des Internets änderte sich das. Plötzlich wurde es möglich, eine sehr große Menge an Personen kostengünstig zu erreichen. Aber: Das Internet gibt es inzwischen schon seit geraumer Zeit. Warum also diese zeitliche Verzögerung? Nun: Wahrscheinlich liegt es daran, dass in diesem Zusammenhang zunächst niemand an die schon seit jeher möglichen einfachen Lösungen gedacht hat, sich formell unkompliziert und kostengünstig an einem Unternehmen beteiligen zu können, etwa via stiller Beteiligung oder anhand von Genussrechten oder partiarischen Darlehen. Erst die Kombination von Internet und passender Art der Beteiligung führte zum Durchbruch. Verantwortlich für die Verzögerung wird ohne Zweifel auch sein, dass sich die ansonsten oftmals schneller und sich mutiger in neue Entwicklungen stürzenden US-Amerikaner von einer extrem restriktiven Gesetzgebung – das Crowdinvesting betreffend – gestoppt wurden. Die Anfangsinitiative musste also ihren Ursprung anderswo nehmen, was bekanntlich nicht unsere Stärke hier in Deutschland ist. Dennoch: Momentan ist eine der weltweit aktivsten Crowdinvesting-Plattformen (*Seedmatch*) bei uns in Deutschland zu finden. Seit Mitte des Jahres 2012 verzeichnen wir hierzulande des Weiteren wohl die weltweit höchste Gründungsdichte in Bezug auf Crowdinvesting-Plattformen. Manchmal denke ich: Nur wenn andere über die eigenen Füße stolpern (wie beim Crowdinvesting die USA), gelingt es uns, den Trend zu setzen, aber nur manchmal.

Wie dem auch sei: Das Potenzial des Crowdinvestings ist enorm, kein Zweifel. Derzeit zeichnet sich ab, dass die Risiken bedeutend geringer sind als zunächst von vielen befürchtet. Nun müssen sich noch die Chancen realisieren. Um Letzteres zu sehen, müssen wir allerdings noch ein wenig abwarten, denn abgerechnet wird zumeist erst am Laufzeitende der Investments, beim Ausstieg der Anleger, wenn die Abfindung winkt. Erste Projekte enden am Schluss des Jahres 2014. Dann wissen wir schon ein wenig mehr.

Abschließend nun der *Quick Check* für den Mikroinvestor, der ein Crowdinvesting eingehen möchte. Folgendes sollte er sich fragen:

1. Ist eine Beteiligung an Gewinn *und* Wertsteigerung gegeben? Wenn die Wertsteigerungskomponente fehlt, dann hat sich das Thema zumindest für mich schon hier erledigt, denn das Verhältnis von Chance und Risiko ist in solchen Fällen zumeist weniger günstig.

2. Ist mein Verlustrisiko auf meinen Kapitaleinsatz begrenzt oder gibt es etwa eine Nachschusspflicht?

3. Wie hoch werden meine Rückflüsse sein? Gibt die Plattform dazu konkrete Informationen, die mit der vorgelegten Planung korrespondieren, und werden auch Rückflüsse für Situationen dargestellt, in denen die Planwerte nicht erreicht werden?

4. Attraktivität des Geschäftsmodells? Video ansehen; Businessplan lesen; ein wenig Recherche (etwa im Internet), ob es so etwas schon in gleicher Weise gibt; wo liegt die Besonderheit? Kann die Idee in Geld umgemünzt werden? Ansonsten: Intuition.

5. Markt- und Wettbewerbssituation? Ist ein Markt für das Produkt oder die Leistung da oder zu erwarten? Gibt es Wettbewerber und wie kann sich unser Unternehmen dagegen durchsetzen? Lässt sich die Position verteidigen? Dabei hilft mir gegebenenfalls ein von der Crowdinvesting-Plattform eingerichteter Blog zum Thema.

6. Qualifikation, Fähigkeiten und Erfahrungen des Gründer-Teams? Es ist wichtig, die Eignung der Teammitglieder abzuchecken. Welchen Hintergrund haben diese und passen sie zum Projekt?

7. Blick in die Finanzplanung: Wie sollen sich laut Planung der Umsatz und der Jahresüberschuss entwickeln? Wie wird die Entwicklung begründet?

8. Unternehmensbewertung? Vergleich mit anderen Projekten, wobei die Ergebnisplanung in Relation zum Unternehmenswert gestellt werden sollte.

9. Ist eine spätere Kapitalerhöhung im Businessplan enthalten? Falls der Businessplan eine solche enthält: Muss ich mit einer womöglich nachteiligen Verwässerung meiner Anteile rechnen, die ich bisher noch nicht einkalkuliert habe?

10. Enthält der Beteiligungsvertrag eine Regelung zur Ergebniskorrektur für den Fall außerordentlicher Ereignisse und z. B. auch hinsichtlich „zu hoher" Geschäftsführergehälter?

11. Gibt es eine Verwässerungsschutzklausel und wie sieht diese aus?

12. Mindestlaufzeit der Beteiligung und konkrete Konditionen beim Ausstieg? Was passiert bei einem Verkauf?

Dies ist ein Leitfaden, der auf dem basiert, was ich selbst inzwischen mache, wobei die Intensität des Checks von der Höhe meines jeweiligen Geldeinsatzes abhängt, klar. Beim ersten Projekt wird die genaue Durchsicht noch recht viel Zeit beanspruchen, hinterher findet man die Dinge schneller und erlangt mehr und mehr Routine. Bei geringem Kapitaleinsatz lässt sich die Sache mit gutem Gewissen abkürzen. Wichtig ist natürlich: Wer viel Geld reinstecken möchte, der sollte sich deutlich mehr Zeit für den Check nehmen. Viel Glück und ein gutes Händchen!

ANHANG

Anhang 1

Beispiele für große Projekte, die über ein Crowdinvesting/ Crowdfunding finanziert wurden beziehungsweise derzeit werden:

Crowdinvesting-Projekte:

- **Equity for Punks:** Die britische Brauerei *BrewDog* sammelte über ein Crowdinvesting unter dem Projektnamen „Equity for Punks" in Eigenregie, also ohne das Zwischenschalten einer Plattform, insgesamt 2,2 Mio. Britische Pfund ein. Das 2009 begonnene und in zwei Finanzierungsrunden bis 2011 gelaufene erfolgreiche Funding gilt als das erste ganz spektakuläre Crowdinvesting-Projekt.

- **Urbanara:** Dabei handelt es sich um eine Online-Plattform, die Heimtextilien vertreibt. *Urbanara* wirbt damit, den Kunden einen Direktbezug von den Produzenten zu ermöglichen und die hohen Handelsspannen auszuschalten. Dafür erhält die Plattform *Urbanara* eine Provision, die allerdings wesentlich geringer ist als die üblichen Preisaufschläge des Handels. 2.992.000 Euro konnten für *Urbanara* über die Crowdinvesting-Plattform *Bergfürst* eingesammelt werden. Die Mikroinvestoren erhielten Aktien an der Gesellschaft.

Crowdfunding-Projekte (im engeren Sinne):

- **Stromberg-Kinofilm:** Innerhalb von lediglich einer Woche nach dem Aufruf am 15.11.2011 zur Finanzierung des geplanten Kinofilms *Stromberg* standen über 3.000 Investoren und 1 Mio. Euro an eingesammeltem Kapital zur Verfügung. Das entsprechende Crowdfunding-Projekt lief nicht über eine Crowdfunding-Plattform, sondern erfolgte in Eigenregie der Produzenten mithilfe der Webseite *Myspass*. Der Film soll nun 2014 in die Kinos kommen und die Kapitalgeber werden anschließend an den Erlösen beteiligt. Bei bis zu 1 Mio. verkauften Tickets erhält der Investorenpool pro Ticket einen Euro. Für jedes weitere veräußerte Ticket fließen der Investorengemeinschaft 0,50 Euro zu. Wenn ein Investor 1.000 Euro eingesetzt hat, fließen ihm bei 1 Mio. zahlender Zuschauer exakt 1.000 Euro zu und er erhält somit seinen Einsatz zurück. Sobald die Ticketverkäufe die Grenze von 1 Mio. Euro überschreiten, macht der Investor ein Plus. Bei 2 Mio. Zuschauern beliefe sich sein Plus auf 500 Euro und bei 3 Mio. verkauften Kinokarten auf 1.000 Euro. Wer 1.000 Euro investiert hat, erhält zusätzlich Vergünstigungen wie einen Zugang zur Investoren-Lounge, eine namentliche Nennung im Abspann des Kinofilms und zwei Premieren-Tickets.[112] Üppige Gewinne sind für die Geldgeber dieses Films kaum zu erwarten, denn nur die wenigsten deutschen Kinofilme schaffen es, mehr als 1 Mio. Zuschauer anzulocken.[113]

- **Star Citizen:** Das bis heute größte Crowdfunding-Projekt weltweit ist *Star Citizen*, wobei bis Anfang 2014 bereits 36 Mio. US-Dollar für dieses PC-Spiel eingesammelt werden konnten. Das Funding läuft allerdings noch weiter, und zwar über eine Webseite von *Roberts Space Industries (RSI)* sowie über die Plattform *Kickstarter*. Der Hauptteil des Geldes kam über die eigene Webseite von *RSI* zusammen. Mehr als 330.000 Spieler beteiligten sich bislang an der Finanzierung der Weltraum-Simulation *Star Citizen*.

- **Ubuntu Edge:** 12,8 Mio US-Dollar wurden für das Smartphone-Projekt *Ubuntu Edge* über die Plattform *Indiegogo* hereingebracht.

- **Pebble:** Bei *Pebble: E-Paper Watch for iPhone and Android* handelt es sich um eine mit Smartphones kommunikationsfähige Uhr (Smartwatch). Über das Portal *Kickstarter* kamen fast 70.000 Geldgeber zusammen, die in Summe 10,2 Mio. US-Dollar finanzierten.

- **Ouya:** Für die Android-Spielekonsole *Ouya* wurde die Crowdfunding-Runde über die Plattform *Kickstarter* mit knapp 8,6 Mio. US-Dollar abgeschlossen.

---

112   Vgl. www.myspass.de/myspass/specials/stromberg-kinofilm/fragen-und-antworten/ faq/#projekt (Zugriff: 4.12.2012).

113   Vgl. dazu: FFA (2012), S. 16 f. Dort sind es lediglich 12 von insgesamt 100 im Jahr 2011 gezeigten deutschen Kinofilmen, die seit ihrem Start mehr als 1 Mio. Besucher aufwiesen.

- **Veronica Mars:** Für *The Veronica Mars Movie Project* kamen über die Platt-form Kickstarter 5,7 Mio. US-Dollar zusammen.

- **Tortment:** Wiederum über Kickstarter wurden 4,2 Mio. US-Dollar für das Projekt *Tortment: Tides of Numenera* eingesammelt.

- **Eternity:** 4,0 Mio. US-Dollar wurden anhand eines Crowdfundings über die Plattform *Kickstarter* für *Project Eternity* aufgebracht.

- **Mighty No. 9:** 3,8 Mio. US-Dollar kamen für *Migthy No. 9* zusammen (erneut über *Kickstarter*).

- **Reaper Miniatures Bones:** Über die Plattform *Kickstarter* brachten 17.774 Geldgeber gemeinsam 3,4 Mio. US-Dollar für dieses Projekt auf, wobei es sich um ein Sortiment von mehr als 200 Fantasie-Figuren (*Bones*) handelt. Das Folge-Projekt *Reaper Miniatures Bones II* spielte rund 3,2 Mio. US-Dol-lar über ein Crowdfunding ein, wiederum organisiert über *Kickstarter*.

Anhang 2

Checkliste für Investoren:

1. Welche Plattformen kommen grundsätzlich in Betracht?

1.1 Für wie zuverlässig halte ich die in Betracht kommenden Plattformen?

1.2 Welcher Art ist meine Erfolgsbeteiligung?

1.3 Wie sind die Konditionen für den Exit definiert?

1.4 Werde ich zum Miteigentümer an dem Start-up?

1.5 Wie fungibel ist meine Beteiligung (Mindestlaufzeit; Möglichkeiten eines vorzeitigen Ausstiegs)?

2. Welches Projekt beziehungsweise welche Projekte wähle ich aus?

2.1 Wie tragfähig erscheint die Projektidee?

2.2 Halte ich das Gründerteam für fähig, das Projekt erfolgreich umzusetzen?

3. Wie viel Kapital möchte ich einsetzen?

3.1 Kann ich einen etwaigen Totalverlust des eingesetzten Kapitals verschmerzen?

3.2 Alles auf eine Karte setzen oder Aufteilung des Betrags auf zwei oder mehr Projekte?

4. Wie kann ich das Projekt jenseits der anteiligen Finanzierung gegebenenfalls noch unterstützen (z. B. durch Marketingaktivitäten)?

5. Wie informiere ich mich turnusmäßig über den Projektfortschritt?

Anhang 3

Checkliste für Start-ups:

1. Ist es wahrscheinlich, dass ich mit meiner Projektidee außenstehende Kapitalgeber begeistern kann?

2. Bin ich – beziehungsweise ist das Gründungsteam – in der Lage, die Projektidee erfolgreich umzusetzen, oder benötigen wir weitere Unterstützung?

3. Wie hoch ist der über ein Crowdinvesting zu deckende Kapitalbedarf und wo setzte ich die Funding-Schwelle und das Funding-Limit an?

4. Welche Belohnung kann und will ich den Investoren als Gegenleistung für die Finanzierung zusagen?

5. Welche Rechte kann beziehungsweise will ich den Investoren einräumen?

6. Auf welche Weise kann ich die Investoren sinnvoll in mein Marketing einbinden?

7. Organisiere ich das Crowdinvesting selbst oder nutze ich eine Plattform?

8. Wenn ich mich für die Plattformvariante entschieden habe: Welche Plattform passt am besten zu meinem Projekt?

9. Kann ich alle für die Bewerbung bei der ausgewählten Plattform erforderlichen Informationen, Unterlagen und gegebenenfalls einen kurzen Video-Clip zu meinem Gründungsvorhaben beibringen?

10. In welchen Schritten soll die Umsetzung des Projekts erfolgen, wenn das Geld der Investoren eingetroffen ist?

11. Wie sieht „Plan B" aus, wenn die Funding-Schwelle nicht erreicht wird und ich keine Finanzierung über die Crowd erhalte?

Anhang 4:

Liste der deutschen Crowdinvesting-Plattformen:

1.	Seedmatch (Marktführer)
2.	Companisto
3.	Innovestment
4.	Fundsters (bietet auch Crowdfundings im engeren Sinne an)
5.	Deutsche Mikroinvest
6.	Bergfürst
7.	United Equity (keine Startups, nur etablierte Unternehmen)
8.	bankless24
9.	Mashup Finance (begrenzt auf München und Umgebung)
10.	Startnext (fast ausschließlich Crowdfunding im engeren Sinne, nur ganz vereinzelte Crowdinvestings)
11.	Startkapital Online (bietet auch Crowdfundings im engeren Sinne an)
12.	Direct Startups (Mischung von Crowdinvesting und Crowdfunding im engeren Sinne)
13.	Seed Experts
14.	Crowdrange
15.	LightFin
16.	Crowd Nine
17.	Easy crowdfunding
18.	die-beteiligungsplattform.de
19.	microseeds24 (bietet auch Crowdfundings im engeren Sinne an)
20.	Econeers (nur „grüne" Projekte, Ableger von Seedmatch)
21.	Berlin Crowd (begrenzt auf Berlin)
22.	Universso (Lizenzmodell)
23.	Power4Projects (Tourismus)
24.	bettervest (nur Energieeffizienz-Projekte)
25.	crowdEner.gy (nur Erneuerbare-Energien-Projekte)

26.	Group Capital (keine eigene Aktivität mehr)
27.	My Business Backer (White-Label-Plattform, keine eigenen Projekte)
28.	Devexo (Aktivität eingestellt)
29.	Gründerplus (Aktivität eingestellt)
30.	bestBC (Aktivität eingestellt, Zusammenschluss mit Investor TV)
31.	Lhinker (schon seit Langem angekündigt, jedoch bisher nicht aktiv)
32.	Meet & Seed (schon seit Langem angekündigt, jedoch bisher nicht aktiv)
33.	foundingcrowd (keine Einzelauswahl der Start-ups möglich)
34.	Investor TV (Aktivität ruhte Ende 2013, Aufleben 2014 angekündigt)
35.	Welcome Investment (soll nach „Fehlstart" 2014 erneut kommen)

Anhang 5:

Liste der größten Crowdinvestings in Deutschland bis Ende 2013:

1.	Urbanara (Bergfürst)	3.000.000 Euro
2.	e-volo (Seedmatch)	1.200.000 Euro
3.	Aoterra (Seedmatch)	1.000.000 Euro
4.	Tollabox (Seedmatch)	600.000 Euro
5.	Tiefschwarz (Econeers)	570.000 Euro
6.	Wonderpots (Companisto)	500.000 Euro
7.	Secucloud (Seedmatch)	500.000 Euro
8.	Lottohelden (Seedmatch)	467.000 Euro
9.	foodiesquare 2 (Seedmatch)	433.750 Euro
10.	Refined Investment 2 (Seedmatch)	350.000 Euro

Anhang 6:

Erfolgreiche Folgefinanzierungen:[114]

A. Anschlussfinanzierung durch Venture-Capital-Geber beziehungsweise Business Angel	
1.	BluePatent (8/2012)
2.	nextsocial (8/2012)
3.	lifeaction games (9/2012)
4.	Smarchive (11/2012)
5.	Doxter (12/2012)
6.	foodiesquare (1/2013)
7.	BluePatent (2/2013)
8.	rankseller (2/1013)
9.	miBaby (5/2013)
10.	SugarShape (6/2013)
11.	Protonet (6/2013)
12.	BloomyDays (6/2013)
13.	Protonet (7/2013)
14.	Honestly (7/2013)
15.	Tame (7/2013)
16.	Lendstar (7/2013)
17.	Front Row Society (11/2013)
18.	lifeaction (11/2013)
19.	Doxter (12/2013)
B. Anschlussfinanzierung über ein weiteres Crowdinvesting	
1.	Ludufactor (11/2012; 1. Runde: Innovestment, 2. Runde: Companisto)
2.	LeaseRad (12/2012; beide Runden über Seedmatch)
3.	swabr (4/2013; 1. Runde: Innovestment, 2. Runde: Companisto)
4.	Front Row Society (2/2013; beide Runden über Seedmatch)
5.	Honestly (2/2013; beide Runden über Seedmatch)
6.	Refinded Investment (3/2013; beide Runden über Seedmatch)
7.	easyPep (8/2013; beide Runden über Seedmatch)
8.	foodiesquare (9/2013; beide Runden über Seedmatch)
9.	miBaby (9/2013; beide Runden über Seedmatch)

114 Basis: http://crowdstreet.de/2012/12/26/liste-von-crowdfundings-mit-erfolgreicher-anschlussfinanzierung/ (Zugriff: 29.12.2013); anhand eigener Recherchen ergänzt. Die Liste erhebt keinen Anspruch auf Vollständigkeit, da womöglich nicht alle Anschlussfinanzierungen bekannt sind.

Quellenverzeichnis

BERK, J./DEMARZO, P. (2011): *Grundlagen der Finanzwirtschaft – Analyse, Entscheidung und Umsetzung*, München 2011.

BLOHM, I./LEIMEISTER, J.M./WENZLAFF, K./GEBERT, M. (Hrsg.) (2013): Crowdfunding-Studie 2013/14 – *Analyse, Perspektiven und Erfolgsfaktoren innovativer Unternehmens- und Projektfinanzierungsformen*, Berlin 2013.

BRADFORD, C.S. (2012): „Crowdfunding and the Federal Securities Law", in: *Columbia Business Law Review*, Vol. 2012, S. 1–150.

BROKAMP, J./ERNST, D./HOLLASCH, K./LEHMANN, G./WEIGEL, K. (2008): *Mezzanine-Finanzierungen*, München 2008.

CHESBROUGH, H.W. (2003): *Open Innovation: The New Imperative for Creating and Profiting from Technology*, Harvard Business School Press, Boston 2003.

FFA (2012): „Zahlen aus der Filmwirtschaft", FFA info 1/2012.

ELSCHEN, R. (1993): „Eigen- und Fremdfinanzierung – Steuerliche Vorteilhaftigkeit und betriebliche Risikopolitik, in: *Handwörterbuch des Finanzmanagements*, hrsg. v. Günther Gebhardt, Wolfgang Gerke, Manfred Steiner, München (1993), S. 585–617.

GASSMANN, O. (2010): Crowdsourcing: *Innovationsmanagement mit Schwarmintelligenz*, München 2010.

HACKL, E./JANDL, H. (2004): „Beteiligungsfinanzierung durch Venture Capital und Private Equity", in: *Die neue Unternehmensfinanzierung – Strategisch finanzieren mit bank- und kapitalmarktorientierten Instrumenten*, hrsg. von Stadler, W., Frankfurt 2004, S. 194–210.

HECKMANN, M. (2009): *Erfolgschancen neu gegründeter Betriebe*, Bielefeld 2009.

HEMER, J./SCHNEIDER, U./DORNBUSCH, F./FREY, S. (2011): „Crowdfunding und andere Formen informeller Mikrofinanzierung in der Projekt- und Innovationsfinanzierung", Fraunhofer ISI-Schriftenreihe *Innovationspotentiale*, Stuttgart 2011.

HOWE, J. (2006): „The Rise of Crowdsourcing", *Wired Magazine*, Juni 2006, unter: www.wired.com/wired/archive/14.06/crowds.html (Zugriff: 26.11.2012)

INSTITUT DER WIRTSCHAFTSPRÜFER (1994), Stellungnahme HFA 1/1994: „Zur Behandlung von Genussrechten im Jahresabschluss von Kapitalgesellschaften", in: *WPg* Heft 13/1994, S. 419–423.

KLETZSCH, M. (2013): *Crowdinvesting – Schwarmfinanzierung – Praxis-Handbuch für Gründer*, Norderstedt 2013.

KLÖHN, L./HORNUF, L. (2012): „Crowdinvesting in Deutschland. Markt, Rechtslage und Regulierungsperspektiven", in: *Zeitschrift für Bankrecht und Bankwirtschaft*, Heft 4, 15. August 2012, S. 237–266.

KLÖHN, L./HORNUF, L. (2013): „Crowdinvesting und Portfoliodiversifizierung – Eine rechtsökonomische Analyse", in: *VentureCapital Magazin* 2/2013, S. 34–35.

KOCH, R. (2012): *Crowdinvesting und Peer-to-Peer-Lending: Genossenschaftsbanking 2.0 als neue Strategie der Unternehmensfinanzierung*, Berlin 2012.

KORTLEBEN, H./VOLLMAR, B. H. (2012): „Crowdinvesting – eine Alternative in der Gründungsfinanzierung?", *PFH Forschungspapiere*, No. 2012/06.

MASSOLUTION (2012): *Crowdfunding Industry Report – Market Trends, Composition and Crowdfunding Platforms*, Mai 2012.

MESCHKOWSKI, A./WILHELMI F. K. (2013): „Investorenschutz im Crowdinvesting", in: *Betriebs-Berater*, BB 24.2013, 10.6.2013, S. 1411–1418.

PERRIDON, L./STEINER, M./RATHGEBER, A. (2009): *Finanzwirtschaft der Unternehmung*, 15. Aufl., München 2009.

SCHEFCZYK, M. (2000): *Finanzieren mit Venture-Capital: Grundlagen für Investoren, Finanzintermediäre, Unternehmer und Wissenschaftler*, Stuttgart 2000.

STAHLMANN, M. (2013): *Crowdinvesting als Finanzierungsalternative für Startups – Die Mehrwerte im Vergleich zu anderen Finanzierungsinstrumenten*, Hermannstal 2013.

STEINBERG, S./DEMARIA, R. (2012): *The Crowdfunding Bible – How to raise money for any startup, video game or project*.

WÖHE, G./BILSTEIN, J./ERNST, D./HÄCKER, J. (2009): *Grundzüge der Unternehmensfinanzierung*, 10. Auflage, München 2009.

Internet-Links

http://crowdstreet.de/

www.fuer-gruender.de/kapital/eigenkapital/crowd-investing/

www.gruenderszene.de/crowdfunding

www.crowd-investing.info/

http://crowd-investment.de/

www.crowdfinance-portal.com

http://crowdcommunity.de/crowdfunding/plattformen-fur-crowdinvesting/

www.crowdinvestor24.de/ (derzeit ohne neue Beiträge)

www.crowdfunding.de/

www.crowdbiz.de/

www.crowdfunding-deutschland.de/

Abkürzungsverzeichnis

AG	Aktiengesellschaft
BA	Bundesagentur für Arbeit
BaFin	Bundesanstalt für Finanzdienstleistungsaufsicht
BMBF	Bundesministerium für Bildung und Forschung
BMWi	Bundesministerium für Wirtschaft
ca.	circa
d. h.	das heißt
EStG	Einkommensteuergesetz
FAQ	Frequently Asked Questions (häufig gestellte Fragen plus zugehörige Antworten)
FFA	Filmförderungsanstalt
GBP	Britisches Pfund (Währung)
GbR	Gesellschaft bürgerlichen Rechts; auch: BGB-Gesellschaft
GewStG	Gewerbesteuergesetz
GmbH	Gesellschaft mit beschränkter Haftung
GmbHG	Gesetz betreffend die Gesellschaft mit beschränkter Haftung
GuV	Gewinn- und Verlustrechnung
HFA	Hauptfachausschuss (des IDW)
HGB	Handelsgesetzbuch
HTGF	Hightech-Gründerfonds
IDW	Institut der Wirtschaftsprüfer
IKT	Informations- und Kommunikationstechnologie
IPO	Initial Public Offering (Börsengang)
IRR	Internal Rate of Return (interner Zinsfuß)
KfW	Kreditanstalt für Wiederaufbau
KG	Kommanditgesellschaft
KWG	Gesetz über das Kreditwesen
Mio.	Million
Mrd.	Milliarde
OHG	Offene Handelsgesellschaft
SEC	Securities and Exchange Commission (US-amerikanische Börsenaufsichtsbehörde)
u. a.	unter anderem

UG	Unternehmergesellschaft
VC	Venture-Capital (Risikokapital)
VerkProspG	Verkaufsprospektgesetz; auch: Wertpapier-Verkaufsprospektgesetz
VermAnlG	Vermögensanlagengesetz
vgl.	vergleiche
WPg	Die Wirtschaftsprüfung (Fachzeitschrift)
z. B.	zum Beispiel
ZBB	Zeitschrift für Bankrecht und Bankwirtschaft

Glossar

akkreditiert	mit einem auf eine spezifische Eigenschaft gerichteten Eignungsnachweis von einer anerkannten Instanz
Angel Investor	auch: Business Angel; vermögende Person, die Unternehmensgründern in einer frühen Phase Kapital zur Verfügung stellt und zumeist zusätzlich Kontakte und Know-how beisteuert
BaFin-Lizenz	auch: Banklizenz; dabei handelt es sich um die behördliche Genehmigung dafür, Bank- oder Finanzdienstleistungsgeschäfte betreiben zu dürfen
Blog	Form der Publikation über das Internet, bei der Personen regelmäßig über sich und ihre Gedanken berichten (öffentliches Tagebuch) oder themenbezogen Stellung beziehen
Bridge-Phase	Überbrückungsfinanzierung; in der Regel Bezeichnung für diejenige Finanzierungsphase, die einem Börsengang vorausgeht
Business Angel	auch: Angel Investor; vermögende Person, die Unternehmensgründern in einer frühen Phase Kapital zur Verfügung stellt und zumeist zusätzlich Kontakte und Know-how beisteuert
Businessplan	umfassende und systematische schriftliche Darstellung eines Geschäftsvorhabens
Business-to-Business	auch: B2B; Geschäftsbeziehung zwischen zwei oder mehr Unternehmen (im Gegensatz zur Geschäftsbeziehung von Unternehmen zu Endkunden)
Buy-out-Phase	Phase, in der die Veräußerung eines reifen Unternehmens typischerweise stattfindet
Cashflow	Zahlungsüberschuss
Community	Gemeinschaft von Personen (der Begriff wird oft auch für die Gesamtheit der Internet-Nutzer benutzt)

Crowd	Menschenmenge; hier konkret: eine größere Anzahl an Personen, die an der Unterstützung eines oder mehrerer Projekte interessiert sind
crowdfähig	Für eine große Anzahl an Personen geeignet
Crowdfunding	Finanzierung von Projekten durch viele Personen (Investoren), die über das Internet organisiert wird.
CROWD-FUNDING Act	Mit dem Crowdfunding befasster Teil eines neuen US-amerikanischen Gesetzes, des JOBS Acts
Crowdinvesting	Sonderfall des Crowdfundings, bei welchem die Investoren anhand hybrider Finanzierungsinstrumente am Projekterfolg beteiligt werden.
Crowdinvestor	Person, die über ein Crowdinvesting Geld zur Finanzierung von Start-up-Unternehmen zur Verfügung stellt; auch als Mikroinvestor bezeichnet
Crowdsourcing	Auslagerung von Unternehmensaufgaben an eine breite Masse von außenstehenden Personen in der Regel über das Internet; auch als Schwarmauslagerung bezeichnet
Crowdtesting	Testen von Produkten durch die Crowd
Crowdvoting	Etwas wird über das Internet (oder ein anderes Massenmedium) zur Abstimmung beziehungsweise zur Bewertung gestellt
Disagio	Abschlag vom Nennwert (Rückzahlungsbetrag); ist z. B. dann gegeben, wenn der anfängliche Auszahlungsbetrag für einen Kredit geringer ist als der später fällige Rückzahlungsbetrag; auch Damnum oder Abgeld genannt
Discounted-Cashflow-Verfahren	das international anerkannteste Verfahren der Unternehmensbewertung, beruhend auf einer Abzinsung von geplanten Cashflows des zu bewertenden Unternehmens
Dotcom-Blase	die durch neue (Internet-)Technologien ausgelöste Euphorie Mitte der 90er-Jahre führte zu zahlreichen neuen Unternehmen, die stark überbewertet wurden. Anfang 2000 kam es weltweit zu einem massenhaften Absturz der Börsenkurse solcher Unternehmen.

Emittent	Herausgeber von Wertpapieren zur Kapitalbeschaffung
empirisch	anhand der Realität systematisch überprüft
Equity Crowd-funding	Auch: Equity-based Crowdfunding; Form des Crowd-fundings, bei welcher der Geldgeber am Eigenkapital des Start-up-Unternehmens beteiligt wird
Equity-Kicker	das Recht eines Fremdkapitalgebers, sein hingegebenes Fremdkapital unter bestimmten Bedingungen in Eigen-kapital umzuwandeln
Exit	Beendigung der Beteiligung an einem Projekt
funden	finanzieren, finanziell unterstützen
Funding	Finanzierung, Aufbringung finanzieller Mittel
Funding-Limit	maximaler Finanzierungsbetrag
Funding-Schwelle	Mindestfinanzierungsbetrag, der erreicht werden muss, damit die Finanzierung wirksam wird. Wird die Schwelle nicht erreicht, dann erhalten die Kapitalgeber ihr Geld zurück
Funding-Zeitraum	festgelegter Zeitraum, in dem die Mikroinvestoren ihre Investition tätigen können
gefundet	finanziert, finanziell unterstützt
Genussrecht	schuldrechtliche Anlageform, die Eigenschaften eines herkömmlichen Kredits hat, jedoch mit einer Erfolgsbe-teiligung und mit einer Beteiligung am Liquidationserlös gekoppelt ist
Genussschein	verbriefte Form des Genussrechts
GmbH & Still	GmbH, an der stille Gesellschafter beteiligt sind
Gewinnschwelle	bezeichnet den Punkt, an welchem ein Unternehmen weder einen Gewinn noch einen Verlust erzielt; auch: Break-even-Point
hybride Finanzierungs-instrumente	Mischformen der Finanzierung, die sowohl Eigen- als auch Fremdkapitalcharakter aufweisen; auch: Mezzanine-Finan-zierungen

intrinsisch	selbst motivierend; von innen her kommend
Investor Relations	Informationsaustausch und Kontaktpflege eines Unternehmens mit Investoren
Investor-Relations-Kanal	Weg, über den der Informationsaustausch und die Kontaktpflege eines Unternehmens mit Investoren erfolgt
JOBS Act	Jumpstart Our Business Start-ups Act; Bundesgesetz in den USA, das den Zugang zum öffentlichen Kapitalmarkt der USA erleichtern und damit die Gründung von Unternehmen fördern soll.
launchen	eine Webseite erstmals für die Benutzer freigeben; eingedeutschter englischsprachiger Begriff, abstammend von dem Englischen Wort „launch", übersetzt: Start, Einführung, Inbetriebnahme, Stapellauf
Mezzanine-Kapital	anhand von hybriden Finanzierungsinstrumenten aufgebrachtes Kapital
Mikroinvestor	Person, die einen kleinen Geldbetrag zur Finanzierung von Start-up-Unternehmen zur Verfügung stellt; auch als Crowdinvestor bezeichnet
Mikrokredit	Kleinstkredit
Nachrang	im Zusammenhang mit Darlehen: Im Falle einer Insolvenz führt ein Nachrang dazu, dass die entsprechenden Gläubiger erst dann einen Anspruch haben, wenn alle anderen Fremdkapitalgeber befriedigt wurden.
Nettofinanzschulden	verzinsliche Verbindlichkeiten eines Unternehmens abzüglich der verzinslichen Guthaben und der liquiden Mittel
Neuer Markt	Börsensegment, das 1997 in Deutschland entstand und nach einem Absturz der Börsenkurse der zugehörigen Unternehmen 2003 wieder geschlossen wurde. Das Börsensegment bestand aus den Neuer-Markt-Indizes Nemax und Nemax50.
Non-Equity-Kicker	liegt vor, wenn dem Fremdkapitalgeber neben einer festen Verzinsung eine erfolgsabhängige Sonderzahlung zusteht, die er am Laufzeitende des Darlehens erhält

Open Innovation	offener Innovationsprozess, der viele außenstehende Personen (z.B. über das Internet) in die Entwicklung von Produkten einbezieht
Open-Source-Software	für jedermann frei zugängliche Software
partiarisches Darlehen	besondere Form des Darlehens, bei dem der Gläubiger Anteile an Gewinn, Umsatz oder einer anderen Erfolgskomponente des finanzierten Unternehmens erhält
performen	erfolgreich sein, Erfolg haben
Private Equity	außerbörsliches Eigenkapital, das über private Anleger oder Kapitalbeteiligungsgesellschaften beigesteuert wird
Prospektpflicht	gesetzliche Verpflichtung für Herausgeber öffentlich angebotener Wertpapiere (Emittenten), einen Prospekt mit ausführlichen Angaben zu den Wertpapieren zu veröffentlichen
Seed-Level	Umfang des zu einem bestimmten Zeitpunkt erreichten Finanzierungsvolumens
Seed-Phase	Phase vor der formellen Gründung eines Unternehmens, in der die Geschäftsidee entwickelt und die Gründung vorbereitet wird
shit storm	Sturm der Entrüstung im Internet, bei dem sich sehr viele Personen negativ zu einer Person, einer Institution oder zu einem Unternehmen äußern, eine sachliche Kritik völlig in den Hintergrund gelangt und oft beleidigende und attackierende Äußerungen im Vordergrund stehen
smart money	zur Verfügung gestelltes Geld, das mit zusätzlichen Leistungen der Geldgeber verbunden ist, z.B. mit Geschäftskontakten; steht im Gegensatz zu „stupid money"
soziale Netzwerke	überwiegend lockere Verbindungen von Personen, bei denen die Nutzer untereinander Kontakte über Internetnetzwerke aufnehmen und pflegen (z.B. Facebook, Xing, Stayfriends, Twitter)
Start-up	neu gegründetes oder noch zu gründendes Unternehmen

Start-up-Phase	Phase, die mit der formellen Gründung des Unternehmens beginnt und je nach Definition mit dem Erreichen der Marktfähigkeit beziehungsweise der Gewinnschwelle endet
still Beteiligter	jemand, der eine stille Beteiligung eingeht
stille Beteiligung	eine natürliche oder juristische Person beteiligt sich (in der Regel) mit einer Vermögenseinlage am Handelsgewerbe einer anderen, ohne dabei (zwingend) offen nach außen in Erscheinung zu treten
stupid money	Gegenpol zu „smart money"; Geld, das ohne jedwede zusätzliche Leistung (etwa in Form von Geschäftskontakten) von den Geldgebern zur Verfügung gestellt wird; Bankkredite gelten beispielsweise als „stupid money"
success fee	Erfolgshonorar
Transaktions-kosten	Kosten, die im Zusammenhang mit dem Eingehen von Geschäften, für Suche und Information sowie für das Vorbereiten, Aushandeln und den Abschluss von Verträgen anfallen
Venture-Capital	Risikokapital
Verbriefung	Schaffung von handelbaren Wertpapieren
WACC-Ansatz	WACC ist die Abkürzung für „Weighted Average Cost of Capital" (gewichtete durchschnittliche Kapitalkosten); der WACC-Ansatz gehört zum Discounted-Cashflow-Verfahren, das der Unternehmensbewertung dient; die Kapitalkostenermittlung anhand des WACC dient der Bestimmung der Mindestrendite und wird zum Zwecke der Abzinsung eingesetzt.